家族

DER LING

族

黄柳菱◎著

一个传播研究的视角

A PERSPECTIVE OF
COMMUNICATION RESEARCH

 ZHEJIANG UNIVERSITY PRESS
浙江大学出版社

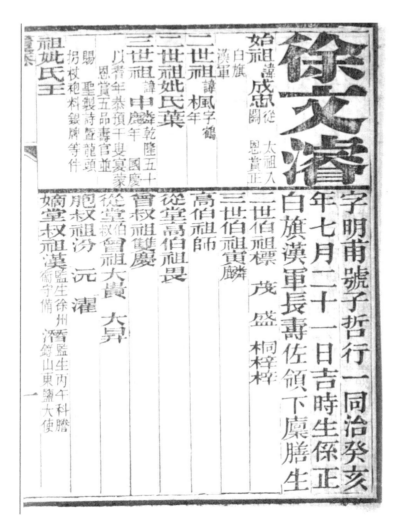

图1　光绪十七年(1891)举人徐文澍的家族关系显示，德龄家族始祖徐成忠是1644年"从龙入关"的清朝开国元老，八旗正白旗汉军旗籍，揭示出(原名《光绪辛卯科乡试同年齿录·徐文澍》，本书统称《徐文澍齿录》)德龄家族文化传承的脉络。图片来自陈万华私藏的铅印本《徐文澍齿录》。

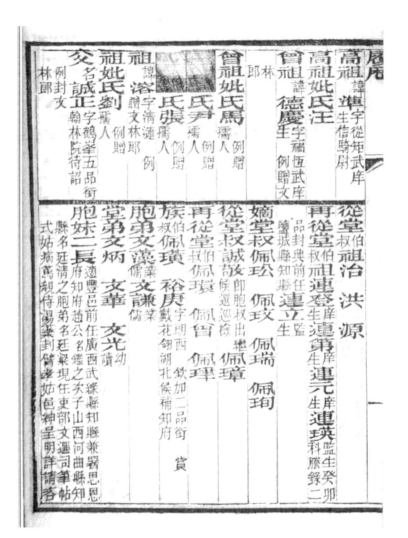

图 2　光绪十七年举人徐文潏的家族关系显示，德龄的父亲裕庚是其族叔，可见德龄原姓徐，这一资料也可以通过辛亥革命后德龄的哥哥勋龄和弟弟馨龄复用徐姓，以及德龄的妹妹容龄亲口证实自己原籍河北玉田而得到互证。世代传承的家族文化资本为其后代的成功成名，名人辈出，以及百年以来家族文化在海内外持续不断的影响力和生生不息的生命力奠定了基础。图片来自陈万华私藏的铅印本《徐文潏齿录》。

S.Yamamoto
PEKING.

山本讚七郎
北京

图 3　德龄的母亲路易莎·皮尔森(Louisa Pierson)。照片衬板上印有日本摄影师"山本赞七郎"的照相馆名，这位日本摄影师 1895 年底到北京开照相馆，这张照片的拍照时间可能在 1899 年仲春。照片来自枫影斜渡的博客。

Princess Der Ling

As a Chinese Dancing Girl of the Seventh Century, T'ang Dynasty

图 4　德龄（Princess Der Ling）作为具有巨大国际影响力的中华文化名人，与好莱坞华人影星李时敏（James Zee-Min）于 1927 年 5 月 17 日起在上海卡尔登大剧院主演取材于中国唐朝梅妃故事，德龄自编自导的英文歌舞剧《梅妃怨》轰动一时，用当时国际前卫的百老汇形式传播中国传统文化之美。图片来自德龄家族后人丘拉·那拉廊（Chula Na-Ranong）的收藏。

图 5　德龄的妹妹容龄（Princess Shou Shan）是当时国际知名的中国芭蕾舞先驱和中国宫廷古典舞蹈家，嫁给中华民国第一任总理唐绍仪的侄子唐宝潮，作为上流社会的社交名媛，被国际媒体争相报道。容龄身体力行地传播中国传统文化之美。图片来自 1930 年 10 月 21 日出版的《北洋画报》。

图 6　德龄的外甥女、容龄的养女唐丽题(Lydia Dan)曾任职于中华民国外交部,是民国时期罕见的政府公派留美女博士,后嫁给泰国华裔望族那拉廊氏。唐丽题在海外不遗余力地传播中国传统文化之美。这是她 20 世纪 50 年代左右穿着清宫服饰的照片。图片来自德龄家族后人丘拉·那拉廊的私藏。

前　言

　　家族是民族文化传承与传播的重要组织,对家族的研究有助于认识文化传承与传播的规律。德龄家族这一国际上流社会知名的华裔混血贵族,三百多年以来的兴衰,折射了中国社会的剧变与中外文化交流的过程,具有重要的学术研究价值。笔者联系到了德龄家族谱系相关记录的收藏者以及至今在世的德龄家族在泰国的支系等重要信息源,获得了可以与其他信息源互证的中国古代家族谱系、海外家书、海外私人照片等珍贵的一手文物资料,从时间和空间方面极大拓展了前人对德龄家族关系范围的认知。

　　本书将心理学的"人生剧本"概念引入家族传播的研究中,运用扎根理论和框架分析法,为德龄家族"量体裁衣"建立起拟剧分析框架,辅以定性研究法、三角互证法、内容分析法和深描研究法,基于德龄家族与当代人在人生剧本方面的传播关系,把德龄家族在各种媒介上的信息视为人生剧本的文本,从他者呈现、自我呈现、个性失真与个性归真等方面进行人生剧本的拟剧分析,从文化传承与传播的角度,把德龄家族作为一个整体的研究对象,对其传播特征进行探讨。

　　笔者发现,德龄家族是被反复消费和过度阐释的,他者呈现的经过压缩或注水①改编而成的常见传播文本只是其家族命运中的冰山一角，埋没了德龄家族的真实个性。目前德龄家族还有大量未被媒体放大的，尚待开发的文化资源，以他们的人生剧本作为文本互文②对象，可成为人们个性化的情感寄托，为人们提供个性化的生活体验，成为不同趣味的人们的共同话题，成为人们自我实现的参照。

---

① "注水"在这里是"压缩"的反义词，是"道听途说""添油加醋"等改编行为的委婉说法。注水会导致严重的个性失真传播状况。

② 互文性理论作为当代西方重要的一种文本理论，其基本内涵是，每一个文本都是其他文本的镜子，每一文本都是对其他文本的吸收与改造，它们相互参照，彼此牵连，形成一个潜力无限的开放网络，以此构成文本过去、现在、将来的巨大开放体系。"互文"一词在此表示人生剧本文本的开放性特征，受众可以进行互文性阅读并生成新的文本，即"一千个读者眼中有一千个哈姆雷特"。

目　录

第一章　家族是什么样的研究对象

旅美民族学家许光教授,曾以三个 c 开头的英文名词 clan(家族)、club(社团)、caste(种姓)来概括中国、美国和印度三种迥然不同的社会结构。中国,在世界各国中别具一格,具有强烈的"文化整体性",社会阶层则是以士农工商为序,贯穿其间的,则是基本结构——家族。

"家族"一词,出自《管子·小匡》:"公修公族,家修家族,使相连以事,相及以禄。"家族的形成要追溯到中国上古时代,那时称之为部落和氏族,比如轩辕氏族、炎帝部落……到了周朝有了姓氏一说,有了姓氏,就有了正式的家族概念,之后就慢慢以亲属血缘关系形成了家族。

家族,是指一个大家庭,指具有姻亲、收养及血缘关系的人组成一个社会群体,通常有几代人。家族是古代中国最基层的社会单位,中华传统的社会习俗主要是在家族的基础上完成了发生、演化和传承的全过程。

第一节　家族的传播研究价值

唐代诗人张籍《哭胡十八遇》中写道:"文场继续成三代,家族辉华在一身。"家族文化的传承与传播不局限于家族内部,更是中华文脉传承与传播的基础。对于家族这一中国社会古老的文化现象,本书是从传播这一崭新的视角来展开研究的。

从文化传承与传播的角度来看,文化生成的过程就像一条河,需要源头有活水,否则只是死水一潭。如果用手术刀来解剖文化,只能看到静态的文化断面。因此,文化应该是活态的,就像水里游的鱼,是会动的。文化就像是地面上长出来的植物,是有根的。文化不能脱离人而存在。无论传播技术如何发展,无论社会如何进步,都不能改变文化这种以人为本的特性。只有以人为本的文化才能跨人、跨代、跨国地传播。

过去从传播学的角度去研究文化遗产传承与传播的成果为数不少,但真正能够做到以人为本的研究并不多。传播学对于传统文化的理解通常是断面式的,不能深究其根。由于过分局限于社会学视角的影响,传播学常常把家庭看作社会的细胞、无差别的可量化的统计单位,就像收视率所调查的家庭样本一样,可以随机抽样,随意替换。但在人类学和心理学看来,家族是一个人出生以后所能接触到的最初的社会形态,对于一个人一生命运的影响至关重要。

家族是民族与国家文化传承和传播的重要组织,对家族的研究可以看到文化传承与传播的规律。从人类历史发展的角度来说,中国奴隶社会的炎黄部落,最初都是家族。而中国漫长的封建社会历史中,都是皇室家族的"家天下"。一直到近现代,不同的家族,其所传承的文化和物质财富是不一样的,对社会的影响力也是差别极大的。因此,妈妈们常常告诫未出嫁的女儿说:"你以为你嫁的就是那个人,其实嫁过去以后才发现是嫁给他的家庭,甚至是嫁给他的家族。"由此可见,根深蒂固的家族文化在当代仍然深深地影响着每一个个体以及后代的命运。文化原本就是以人为载体,以家族组织为单位,"以文化之"的活态生成过程,而不是现成的固化的物。家族能使人在日常生活的潜移默化中获得文化熏陶,是民族和国家文化的根,应受到传播学的重视。

本书的研究对象——德龄家族,是一个充满传奇色彩的神秘家族,其兴衰实际上是中国社会的剧变与中外文化交流过程的缩影,作为一个对海外华人社会和中外关系产生过,并且至今仍然发挥着重要影响的家族组织,具有重要的学术价值。百年以来,以德龄家族人生经历进行创作的文艺作品层出不穷。如民国蔡东藩所著的《慈禧太后演义》(1908年出版)里面有不少章节详细描述了德龄一家进宫的经历,均是根据德龄本人所写的原著加以想象发挥。小说如徐小斌著《德龄公主》(2004 年出版)、谈宝森著《清宫秘事：光绪与德龄秘恋》(2011 年出版)。戏剧如香港话剧团《德龄与慈禧》，由电视剧《新白娘子传奇》的编剧之一何冀平创作，1998 年 11 月首演，首演时倾倒剧坛，好评如潮，囊括 1999 年度香港舞台剧五大奖项，包括"最佳整体演出""最佳剧本""最佳导演""最佳服装设计""十大最受欢迎制作"，之后五次重演，刷新香港史上话剧演出最高纪录；2008 年，还入选香港特区唯一参加奥运展演的剧目。由此改编的国家京剧院新编历史剧《慈禧与德龄》(原名《曙色紫禁城》)，2014 年 9 月作为广州艺术节惠民演出季暨 2014 中国国际演艺交易会开幕式演出在广州大剧院上映。影视作品如《清宫残梦》(1970 年台湾首部彩色电视剧)、《清宫残梦》(1975 年 3 月 31 日 TVB 播映的 45 集宫廷古装电视剧)、《瀛台泣血》(香港邵氏电影公司出品，著名电影导演李翰祥执导，著名影星狄龙等主演，于 1976 年上映的剧情电影)、《十三格格》(2003 年播出的由当红影星李小璐、李晨主演的古装喜剧)、《德龄公主》(2006 年在中央电视台播出)、《十三格格新传》(2013 年播出的由当红影星袁珊珊主演)。以德龄的妹妹容龄为主角，由中国著名作家芦苇创作的"红蝴蝶"系列电影电视剧的计划曾广受关注。由著名影星刘亦菲主演的电影《紫禁城的芭蕾》据说将于 2022 年上映。在晋江文学网上，一位名为"钟款款"的作者发表了以容龄为原型的原创小说《被遗忘的芭蕾》。中共北京市海淀区委宣传部与中央电视台纪录频道 2015 年联合出品的，表现民国时期中法两国民间交流的历史人文纪录片《贝家花园往事》中的《异域之心》一集中讲述了容龄与当时法国驻华外交官雷希爱①的交往故事。2017 年 11 月，金晨与宋丹丹在浙江卫视大型综艺节目《演员的诞生》中搭档演出了《德龄与慈禧》的经典片段。

---

　　①　"雷希爱"是法国诗人和法国驻华外交官圣-琼·佩斯(Saint-John Perse)的中文名，原名阿列克西·圣-莱热·莱热(Alexis Saint-Léger Léger)。他于 1916 年至 1921 年在北京任职，其间写出长诗《阿纳巴斯》(*Anabase*，又译为《远征》)，这部作品是圣-琼·佩斯在北京西山一座被他称为"桃峪观"的道观中写成的，经翻译后引起国际文坛的瞩目，1960 年凭借"高超的飞越与丰盈的想象，表达了一种关于时代之富于意象的沉思"获得诺贝尔文学奖。在来中国之前，圣-琼·佩斯就对中国文化充满了向往，在中国期间，他经常外出旅行，了解中国各地不同的风土人情。《阿纳巴斯》是吸收中国文化进行文学创作的典范。

然而，德龄家族中被称为"德龄公主"的德龄本人，在广受关注的同时，围绕她的争议也从未间断。由于与她有关的言论和文艺作品充满了传奇色彩，当今国内外很多人甚至以为德龄这个人是历史上并不真实存在的虚构人物。

目前，中国国内大多数人对德龄本人的了解，并未超出《瀛台泣血记》①中的《介绍原著者》一文。译者秦瘦鸥于 1946 年在文中说到，很多文艺界的朋友都询问他德龄的生平，但他承认他对德龄的认识也"不过如是而已"。1982 年 8 月 29 日，秦瘦鸥在《紫禁城》杂志发表的《清宫最早的摄影家——勋龄》中提到，他曾试图寻找德龄的后人，无果。至今国内很多对德龄感兴趣的人也在寻找德龄的亲戚的后人，但只联系上了德龄妹妹容龄在国内的亲侄孙唐培塈，并且没有获得太多有价值的一手资料和其他可采访的知情人。2008 年，香港大学出版社出版了美国传记作家格兰特·海特-孟席斯(Grant Hayter-Menzies)所写的《帝国化装舞会：德龄公主传奇》(*Imperial Masquerade：The Legend of Princess Der Ling*)②一书，这部 400 多页的英文大部头是迄今为止国内外唯一一部原创的德龄个人传记，但该书对德龄的亲戚并未予以充分关注。

本书前后共历时七年，其间笔者有一次在查找德龄儿子的信息时，在美国权威的家谱网站 Geni 上，发现了德龄过去不为人知的新的家族关系，并意外地与家族关系的提供者德龄后人丘拉·那拉廊(Chula Na-Ra-nong)取得了联系，使得笔者具备了研究德龄家族的优势。更为难得的是，他向笔者提供了很多关于他家族的第一手英文和图片材料。笔者又联系到民间文史爱好者陈万华，他向笔者提供了自己购买和收藏的记载德龄父系祖先的徐氏家族谱系信息的铅印资料《徐文潽齿录》③，使得与

---

① 该书译自德龄的英文著作《天子》(*Son of Heaven*)，原著于 1935 年由美国纽约的 D. 阿普尔顿世纪出版公司同时在美国纽约和英国伦敦出版。见 Princess Der Ling. Son of Heaven[M]. New York/ London：D. Appleton-Century，1935.

② 书名由笔者翻译，Hayter-Menzies G. Imperial Masquerade：The Legend of Princess Der Ling[M]. Hong Kong：Hong Kong University Press，2008.

③ 徐文潽为光绪十七年(1891)辛卯科顺天乡试举人，《光绪十七年辛卯科顺天乡试同年齿录》汇编收录了他的家族谱系信息，由京师琉璃厂文采斋、聚元斋、龙云斋承印。笔者未查到前人在研究成果中引用，全部史料均由文史研究者陈万华提供电子版。本书将收录了他的家族谱系信息的部分简称为《徐文潽齿录》。

德龄有关的亲戚最远可以上溯至从龙入关(顺治元年,1644 年)时期的徐成忠。笔者对德龄家族从 1644 年至今的家族谱系原始资料进行研究发现,从时间和空间方面极大拓展了前人对德龄家族关系范围的认知。

在德龄家族的文化传播与传承方面,笔者发现了以下几方面令人遗憾的状况。

第一,某些机构对德龄家族的不当言论在国内外造成了不良的社会影响。比如故宫博物院图书馆馆长在 2005 年接受 CCTV-4 亚洲频道所播出的纪录片《国宝档案》栏目的采访时,对德龄的介绍直接引用野史的说法,比如把德龄称为慈禧的洋女官,把德龄的母亲说成是法国人,把德龄说成是偷窃故宫财物的小偷。该栏目是央视第一次以在国内外播出电视栏目的形式,为国宝级文物重器进行揭秘建档。在这样严肃的节目中,故宫博物院图书馆馆长的发言本应具有一定的权威性,但实际上这些说法不但没有史实依据,也在国际上对德龄家族的形象造成了不良的影响。又如,北京福田公墓的德龄公主墓,《北京市石景山区地名志》①宣称此墓是德龄与其丈夫唐宝潮的合葬墓,其实唐宝潮是德龄的妹夫,两人怎么可能合葬呢?再如,湖北省荆州市目前正把德龄故居列为政府保护的文物,但其关于德龄姐妹出生于荆州甚至祖籍荆州的说法,将德龄姐妹误作普通的汉族人。

第二,某些媒体和学者对德龄家族的不了解和误解由来已久,极大地影响了德龄家族后世的公共形象及其传播资源的开发。社会上的相关言论以讹传讹,一直没有学术成果为此系统、深入地澄清过。直至 2017 年 9 月,很多网络媒体还纷纷转载了蔡辉发表的题为"辜鸿铭炒作出来的假公主"的文章,看似权威地列举了很多与德龄相关的史料,不了解的人难免轻信其言。在德龄的媒介形象负面多于正面,很多对德龄家族认知的传播障碍的传统观念仍根深蒂固的情况下,如果没有一个足够全面、可信、权威的学术成果来澄清德龄家族的真容,那么任何相关文化产业的投资回报都不可避免会受到负面舆论的影响,甚至会导致相关项目策划直接在招商前期搁浅。

---

① 石景山区地名志编辑委员会.北京市石景山区地名志[M].北京:北京科学技术出版社,1991.

第三,德龄家族在中外文化传承与传播方面的贡献,尚未被充分揭示。德龄于 20 世纪初已经担任美国加州大学伯克利分校教师。作为主要策划人,她在旧金山的华人华侨中发起影响到世界上多个国家华人华侨参与支持中国抗日的"一碗饭运动"。这样一位了不起的中国女性的经历,至今不为中国人所知。德龄家族泰国支系的那拉廊(Na-Ranong)家族从 100 多年前至今都是泰国贵族,得到泰国国王御赐世代拥有通往东南亚其他国家乃至欧洲的海上出口有着重要意义的克拉地峡所在地——泰国拉廊府的行政权、经济权和军事权,这样的家族关系也不为中国人所知。德龄家族的后代在河北唐山市玉田县和福建漳州龙海市海澄镇的故居遗址没有得到妥善保护,至今已经不存,很多中外亲戚关系没有得到很好的梳理和延续,德龄家族历经 300 多年的遍布多个国家地区的传播版图、跨文化传播关系网、对中国的认同、在海外所树立的中国文化品牌、外交遗产等等已经濒危。

因此,本书希望能通过讲述当代人可体验的德龄家族的人生故事,提出可运用于当今文化产业的德龄家族人生剧本的创意传播策略,完善中外人士对德龄家族的认知状况,加深中国从官方到民间对德龄家族的了解,积极促进德龄家族对中国的当代认同,为德龄家族在中国的认祖归宗提供支持。同时,也希望能够从学理上解释德龄家族人生故事传播中传播者与接受者矛盾产生的原因,深入地解释人生剧本传播中他者呈现与自我呈现在传播方面的深层困惑,以促进长久深层的良性认知传播关系的建构。

以上就是本书的研究目的和要解决的问题,也是研究意义所在。

第二节　家族视角的研究回顾

本书把德龄家族视为一个研究整体,研究德龄家族文化传承与传播的特殊规律。关于这个选题,前人虽然没有直接相关的研究成果,但也是本书不可或缺的重要参考资料。

为了更加深入地聚焦相关研究细节,本书对国内外相关研究成果的整理,并不是直接从其字面上的话语进行简单罗列,泛泛而谈,而是根据研究者对德龄家族关注的方式,仔细判断研究者实际上对德龄家族到底能达到多大程度的了解,从"知""信""懂"三个认知层面进行分类回顾。

一、对德龄家族的"知"

从研究者对德龄家族"知"的角度来看,可分为研究者亲自访问或调查、解读文物或文献、直接引用媒体报道或野史笔记的资料和观点等三种关注方式。

第一种方式,研究者通过亲自访问或调查来关注德龄家族,采取这种方式的研究成果为数不多,其一手资料十分珍贵。目前国内以秦瘦鸥采访德龄、容龄和勋龄写成的《清宫最早的摄影家——勋龄》《〈御香缥缈录〉中译本及作者德龄其人》,王克芬等人采访容龄写成的《中国舞蹈史》①,叶祖孚根据容龄"文革"期间的狱友陈女士的回忆手稿改写成的《西太后御前女官裕容龄》,张祖道采访容龄写成的《女官裕容龄》,刘恒

---

①　关于裕容龄的生平事迹及舞蹈艺术活动,除笔者与刘风珍一起采访裕容龄所得资料外,参考刘风珍《清廷舞蹈家裕容龄》、王克芬等《中国古代舞蹈家故事》(人民音乐出版社,1983 年)、王克芬、刘青戈《清代舞蹈的传承与变异》(北京舞蹈学院内部资料)、刘恒岳《学习西方舞蹈的第一人——裕容龄》(《今晚报》2002 年 6 月 11 日)。特别是 2002 年 5 月 25—26 日,天津舞蹈研究中心召开"纪念天津出生的舞蹈家裕容龄诞辰 120 周年暨裕容龄舞蹈艺术论坛",由于刘恒岳先生的努力,搜集到关于裕容龄的各方面资料,寻访了裕容龄的亲属并诚请他们参加会议,从这次活动中得到许多关于裕容龄的真实情况。见王克芬.中国舞蹈发展史[M].武汉:武汉大学出版社,2012:341。

岳亲赴广州唐家湾采访调查①,并协助德龄家族唐氏后人唐培堃写成的《裕容龄——从闺阁走向世界的中国女性》②,容龄的好友漆运钧的孙辈根据回忆写成的《我所知道的裕容龄》,容龄父亲的八旗友人后代彬熙的儿子柏功斀写的回忆录《晚清民国外交遗事》《从北京说到巴黎》为代表。国外以美国传记作家格兰特·海特-孟席斯亲自走访德龄在美国和法国的遗迹后写成的《帝国化装舞会:德龄公主传奇》③一书为代表。该书是一部专题研究德龄的厚达 400 多页的集大成者,是迄今为止国内外第一

① 在国际青年舞蹈节讲学的空余时间,刘恒岳多次往返于民国第一任总理唐绍仪的故乡珠海市唐家湾镇(旧时归香山县辖属)等遗迹访问并冒雨实地考证核实。在考证中巧遇唐绍仪的族人 84 岁高龄的唐鸿光先生,先生将他多年收藏的唐绍仪先生的史料介绍给他,还将不轻易示人的家谱提供刘恒岳查看,"裕容龄研究"又敞开一扇新的大门。刘恒岳结合多年掌握的材料分析,裕容龄出宫之后的情况基本得到证实。裕容龄因陪父亲治病出宫,父亲裕庚去世不久,慈禧亦去世,容龄未再入宫。1912 年容龄与唐绍仪之侄唐宝潮在法国结婚。1916—1928 年容龄任北京总统府女礼官;在这期间,她的舞蹈表演始终未曾终止。1922 年她多次参加义演,为灾民筹集救济款;1928 年参加津、京、中外慈善家举行的演艺会,表演了《华灯舞》《荷仙龙船》等舞蹈。她还曾开设中国第一个女子服装研究社,从事时装设计;1935 年任冀察政务委员会交际员。七七事变后,容龄在北京饭店以教舞蹈为业;新中国成立后,裕容龄一度为外国驻华使馆人员讲授汉语、英语、法语;1955 年被聘为国务院文史馆馆员。1973 年病故,终年 91 岁。裕容龄著有英文版《香妃传》《清宫琐记》。见《我市学者赴粤澳探寻考证"蝴蝶舞后"史料再添新证》,http://blog.sina.com.cn/s/blog_48cf136a010093jn.html。

② "我今年 79 岁,是唐宝潮和裕容龄的亲侄孙,是唐宝潮的四哥唐宝锷的长子的长孙,现在是天津大学化工学院的退休教授,正忙于给北京化学工业出版社编写有关精细化工的新课程教材。为使长辈唐宝潮和裕容龄的事迹能够更真实、更确切地流传,我根据本人所知和亲属的口述,对近年来的有关资料进行核实、去伪存真,写成此稿,以正视听。遗憾的是我因条件所限,未能与裕容龄在国外的养女王女士或她的后代,以及裕容龄的生前中外友好人士或他们的后代取得联系,未能收入裕容龄和唐宝潮早期的详细事迹和照片,这些都有待于进一步收集和补充。"见唐培堃.裕容龄——从闺阁走向世界的中国女性[M]//中国人民政治协商会议天津市委员会学习和文史资料委员会.天津文史资料选辑(总第一百〇六辑).天津:天津人民出版社,2005:272.附记:本文的初稿经南开大学历史学院米镇波副教授的研究生杨焕云和衣长春帮助整理,特对他们表示感谢。同时,还对给予我很多帮助的艺术史学者刘恒岳先生表示感谢。见唐培堃.裕容龄——从闺阁走向世界的中国女性[M]//中国人民政治协商会议天津市委员会学习和文史资料委员会.天津文史资料选辑(总第一百〇六辑).天津:天津人民出版社,2005:284.

③ Hayter-Menzies G. Imperial Masquerade: The Legend of Princess Der Ling[M]. Hong Kong: Hong Kong University Press, 2008.

部也是唯一一部以德龄为研究对象的英文专著,囊括了 2008 年以前发现的全部与德龄相关的英文文献资料,包括当时美国新闻媒体对德龄的英文报道以及英文的私人信函。因为德龄半生时光都在美国度过,格兰特本身就是美国人,非常有利于去搜集关于德龄在西方国家,尤其是法国和美国所处的每一个时间段每一个所到之处、所认识的人、所发生过的事,当时西方媒体对这些人这些事的新闻报道,以及他们所写的书等的英文资料。格兰特甚至亲自走访了德龄、德龄丈夫、德龄儿子在美国的墓地,拿到了当地政府所开具的死亡证书。在致谢部分,格兰特提到,在写这本书之前,他召集了 29 位美国相关的专家学者举行主题研讨会,并在写作过程中得到了他们的帮助。美国著名的清史研究专家柯娇燕还亲自为这本书作了序。该书出版后,格兰特又在多所大学举办德龄相关的主题演讲,进行学术交流,可见该书所掌握的英文资料之齐全。该书可作为研究德龄或德龄家族的最重要、最权威的英文文献索引来源,后人尤其是中国学者在这方面目前还很难超越。可惜这部值得重视的德龄英文传记目前还没有中译本,国内外的电子文献库也没有把它作为学术文献收录,极少有中国人有机会阅读并引用。但这本书也存在一定的不足,一方面,虽然在德龄的英文资料方面已经很全面深入,但很少使用德龄的中文资料,格兰特自述是因为自己不懂中文,只能通过翻译阅读一部分,但他发现这些中文资料大多来自同一来源,且大多是"赤裸裸的诋毁";另一方面,这本书作为德龄的个人传记,对德龄家族除德龄以外的家族成员关注不多,也忽略了德龄家族美国以外的很多亲属关系。总之,这本书所提供的全面、系统的英文参考文献和一手资料,为笔者从文化传播与传承方面研究德龄家族奠定了一个非常好的研究基础。

第二种方式,研究者通过解读文物或文献来关注德龄家族。比如,与德龄相关的文物是德龄的照片或著作,这类研究以当代研究者、访问学者兴得于 1989 年根据藏于美国密苏里大学堪萨斯分校档案馆内当地报纸报道俱乐部活动消息的剪报材料中德龄 1931 年 1 月在俱乐部演讲的报道及两张照片所写成的《清末女官——德龄》①;宋代理学家朱熹的第 25 世孙朱家潽,由于家学渊源,对中国的古籍碑帖有较多的了解,早在

①　兴得.清末女官——德龄[J].浙江档案.1998(3):39.

故宫博物院成立之初即被聘为专门委员，1982年结合自己手头掌握的正史文献记载和自己的经验所写成的《德龄和容龄所著书的实质》《德龄、容龄所著书中的史实错误——〈瀛台泣血记〉〈御香缥缈录〉〈清宫二年记〉〈清宫琐记〉》；陈洪典1987年的《一帧慈禧与德龄等人的合影》；中山大学中文系中国现当代文学专业硕士研究生胡屏通过对德龄著作的中文译本进行文学分析写成的《被遗忘的女性写作——华裔美国女作家德龄（Princess Der-ling）研究》为代表。与德龄的妹妹容龄相关的文物是舞蹈照，与德龄的哥哥勋龄相关的文物是其进宫为慈禧太后拍摄的照片，与德龄的父亲裕庚相关的文物是清代官员履历档案尤其是外交档案，这类文章以冯双白、茅慧的《清末著名舞蹈家裕容龄》，林京的《慈禧摄影史话》，边文锋的《清季中国向日本遣使设领考（1877—1911）》等为代表。虽然这类研究相对而言具有一定的专业精神，但仍具有两方面显著的问题。因为研究者的研究对象是文物而不是德龄家族，提及德龄家族也只是作为文物的背景而已，存在"见物不见人"的弊端；同时研究者过于依赖正史文献的记载，把正史文献失载的内容当作不可能存在的事物予以否认，使得研究资料和观点都比较狭隘。但这些扎实的研究成果及其注重解读第一手文献和文物的研究方法，对笔者从文化传播与传承角度研究德龄家族有很大的启发。

第三种方式，研究者通过直接引用媒体报道或野史笔记的资料和观点来关注德龄家族，是最简单直接的途径，也是当代大多数研究者采用的方式。这类研究以当代研究者陈礼荣的《神秘的"德龄公主"》《用英文写宫闱——记生于湖北的女作家德龄》、宋伟杰的《既"远"且"近"的目光：林语堂、德龄公主、谢阁兰的北京叙事》、虞文俊的《自我想象与媒体建构下的德龄公主》、闫秋红的《论早期海外华人作家德龄的清宫题材创作》、黄逸梅和黄建东的《美籍华裔女作家德龄》、倪婷婷的《加入外籍的华人作家非母语创作的归类问题》、孔渊的《"德龄"不是公主》等论文为代表。这类研究虽然不再以正史资料作为唯一的评判标准，在材料和观点上显示出一定的开放性，但因反复引用德龄英文著作的中文译者秦瘦鸥20世纪30年代发表在《申报》上关于德龄的生平介绍资料，对资料背景忽略的同时，也造成对资料的误读和对孤证的盲从，其中很多资料来源存疑，其准确性和作者所提的部分观点都有值得商榷之处，其对德龄家族的认知无论在资料还是在观点方面都是对前人的重复或变相重复。但这些看似重复的研究成果,对笔者反思他者呈现在德龄家族文化传播与传承方面存在的问题很有启发。

二、对德龄家族的"信"

除了"知"的角度,研究者对德龄家族关注的方式还存在一个"信"的角度。自古以来,人类对历史上的人物或事件,对别人的传说或者媒体的报道都存在着"信"与"不信"的争议。在历史学上,形成了"信古"与"疑古"的学派,在史料方面有正史和野史的分野,在新闻方面形成了官方新闻和小道消息两派。随着德龄家族的成员先后作古,"信"的角度成为后人越来越关注的议题。

研究者大多是在野史笔记或者个人言论的基础上提出了"信"的议题。这类文章以杨思梁的《此德玲非彼德玲》、田夫的《我来剥德龄公主的皮》、杨红林的《混血儿德龄居然混成了"公主"》、蔡辉的《辜鸿铭炒作出来的假公主》、枫影斜渡的《读注〈裕庚出身始末〉》为代表。这类研究者从《郑孝胥日记》《清代野记》《旧京琐记》《独臂翁闻见随录》等封建文人对德龄家族的攻击言论出发,对德龄家族的关注只破不立,颠覆了德龄家族的自述以及前人对德龄家族的认知,基本不谈重建,最后竟然得出了德龄本人根本没进过清宫,德龄的书不是自己写的而是别人代写的,甚至历史上根本不存在德龄其人等结论①,这些结论与原著中的德龄本人在清宫中与慈禧太后的合影照片和正史文献资料、当时的新闻媒体报道、相关当事人的历史见证回忆都严重相悖。根据格兰特的调查,当今很多西方人也以为德龄这个人是历史上并不真实存在的虚构人物。②这种中西方对德龄家族的普遍认知,也许与后世有太多根据德龄家族的真实历史创作的文艺作品有关。这些尖锐质疑的研究成果,对笔者反思德龄家族文化传播与传承方面存在的问题很有启发。

---

① 很显然,这些文章的作者没有看过德龄的原著,可能连已经把原著的序言和照片全都删掉的译著都没有仔细看。

② Hayter-Menzies G. Imperial Masquerade:The Legend of Princess Der Ling[M]. Hong Kong:Hong Kong University Press,2008.

三、对德龄家族的"懂"

既然德龄家族从现实走向虚拟,从自我视角转为他者视角已经是一个不可逆转的趋势,那么对德龄家族"懂"的境界还有多少人去追求呢?但是如果不去追求这个境界,就会导致谈论德龄家族的研究者其实谈论的对象并不是真实的德龄家族,而是媒介再现的人们心目中的德龄家族,越来越趋向于用评论和观点代替事实。

目前的研究也出现了这样的状况,后世以德龄家族作为研究本体的研究者越来越少,我们看到越来越多的研究是对后人所创作的德龄家族相关题材的作品的研究,对何冀平编剧的《德龄与慈禧》话剧的评论、对徐小斌所著的《德龄公主》小说的书评、对电视剧《德龄公主》的评论、对格兰特·海特-孟席斯所写的德龄传记的书评等。比如,在瑞士苏黎世大学所办的杂志《瑞士与中国社会》(*Schweizerisch-Chinesischen Gesell-schaft*)①所发表的《评论:格兰特·海特-孟席斯〈帝国化装舞会:德龄公主传奇〉(香港 2008)》["Rezension zu: Grant Hayter-Menzies. Imperial Masquerade: The Legend of Princess Der Ling(Hong Kong 2008)"],通过 EBSCO 搜索德龄相关研究成果仅能搜索到美国卫斯理大学学生吴胜清(Wu Shengqing)发表的《对〈帝国化装舞会:德龄公主传奇〉的书评》(A review of the book "Imperial Masquerade: The Legend of Princess Der Ling")②等都是对格兰特所写的德龄传记的书评。然而,其实很多后人忽略的,或者已经不知道的是,这些后世以德龄为名的作品都是取材于德龄家族的自我呈现,尤其是德龄本人与容龄本人所写的含有自传性质的著作。这样,就离对德龄家族的"懂"越来越远了。

不过也有一些研究者在追求向真实的德龄家族"懂"的境界靠拢,如李帆的《晚清时期御前女官对当权者的影响——以德龄公主为例》、汤力和闵小梅的《裕德龄:慈禧太后的御用翻译》、刘黎平的《郡主裕德龄:慈禧的个性翻译官》、杨东晓的《德龄的义和团记忆》、2017 年海南大学英语

---

① http://www.schweiz-china.ch/pdf/ruizhong/2011/2011-01_Ruizhong.pdf.

② Wu Shengqing. A review of the book "Imperial Masquerade: The Legend of Princess Der Ling"[J]. NAN NU—Men Women & Gender in Early & Imperial China,2010,12(1):164-168.

文学专业解迎春的硕士学位论文《从德龄公主视角简析〈清宫二年记〉》[①]等。虽然这些"懂"还是基于对德龄作品中自我呈现的信任和初步阐释，但已经不带他者视角，而是力图接近德龄本人的视角。在"懂"的视角中，最突出的研究成果是清华大学外文系博士、美国加州大学伯克利分校英文系访问学者的王敏在 2017 年《亚太跨学科翻译研究》辑刊第 4 辑中发表的《秦瘦鸥译述德龄公主〈御香缥缈录〉的赞助机制》一文。王敏的这篇论文是关于德龄的研究成果中，中国学者在国际学界发表的较为深入的研究成果。该文指出，"德龄公主"的称呼正是那个年代实实在在存在的一种文化现象，而译者秦瘦鸥不仅在翻译方面对德龄的英文原著做了很多夸张和扭曲，也在经济方面获利颇丰。这篇论文基于跨文化传播中的"赞助机制"理论，结合当时《申报》刊登德龄著作中文译本的历史背景，尝试澄清"德龄公主"头衔以及德龄著作的中文译本在中国传播所产生的争议。

需要强调指出的是，本书虽然把上述学者的研究成果归为与"懂"的角度相关的研究，但这一类研究的对象并不是德龄或者德龄家族，而仅仅涉及德龄的某个身份或者侧面而已，研究者自己也并没有明确指出自己所追求的是对德龄家族的"懂"，也没有在德龄或德龄家族的文化传播与传承问题上发表进一步的研究成果。这样就为本书进一步在对德龄家族"懂"的角度深入研究提供了可创新的空间。

第三节　根据名人传播效应命名家族

迄今为止对于德龄，绝大多数仅关注其书和其人，并未与她的家族联系起来进行全面、深入的研究，大多是对德龄家族的个别成员进行某一方面的专题研究，资料都非常匮乏，不足以支撑起深入、持续的研究。有些学者因为史料不够，又把德龄和其他的海外华人比如林语堂、谢阁兰等"打包"在一起研究，在可比性尚且存疑的类型化比较中埋没了德龄

[①]　由于该论文的作者是英语文学专业的硕士，虽然论文题目和摘要是中文的，但论文正文是全英文的。论文从消除偏见的理论角度分析了德龄在跨文化传播过程中所用的传播技巧。

的个性特征。这些研究倾向，都使得德龄家族的研究更加碎片化、类型化，而且还将面临史料匮乏、研究前景渺茫、研究价值渺小的困境。德龄家族越来越沦为研究者个人"托物言志"或者某个领域学术理论"借题发挥"的材料。由此可见，要对前人的研究进行创新，就必须创新"文本的互文对象"，转向其他的文本，否则只能无限地重复前人的研究，无法进行新的文本意义的生产。那么，本书是如何创新文本互文对象的呢？

经搜集整理国内外文献发现，前人从来没有把德龄及其家族成员作为一个整体进行研究，也从来没有使用过"德龄家族"这一概念。因为根据人类自古以来的家族传承的习俗，一个家族通常以男性祖先的姓氏命名，比如肯尼迪家族、蒋氏家族；偶尔有一些文学作品以女性名人的名字来指代她所出身的家族以及她的亲戚关系，比如武则天、慈禧太后、维多利亚女王、张爱玲等。

德龄既不是男性的祖先，又不是一个姓氏，本书凭什么用德龄来命名一个家族呢？笔者发现了一个不成文的传播效应，由于德龄名气很大，德龄的亲戚被人提起时常被冠上"德龄公主的某某"的称呼，比如裕庚被人提起时常被冠上"德龄公主的父亲"，路易莎被人提起时常被人冠上"德龄公主的母亲"，怀特被人提起时常被人冠上"德龄公主的丈夫"，雷蒙德被人提起时常被人冠上"德龄公主的儿子"，勋龄被人提起时常被人冠上"德龄公主的哥哥"，容龄被人提起时常被人冠上"德龄公主的妹妹"……就连目前 Geni 电子家谱网站上显示的德龄后人丘拉·那拉廊（Chula Na-Ranong），也自称是"德龄的大侄子"①。否则，大部分人就很不容易知道他们是谁。可见，在传播场域，知名度高的符号具有品牌效应，德龄这个人是凭借"德龄"这个符号出名的，那么她的家族成员在她成名之后，贴上"德龄"这个标签符号进行二次传播，则可以共享德龄的名人效应。

在本书提出"德龄家族"这一概念之前，德龄及其亲戚这一社会群体并没有固定称呼，也没有被前人视为一个整体来关注。关于德龄及其亲戚的研究资料，前人研究中所提供的现成资料非常零散，互相矛盾，错漏

---

① 丘拉·那拉廊是德龄外甥女唐丽题（Lydia Dan）的后代中的第三代，他称唐丽题为 Grandma，即奶奶。丘拉·那拉廊的父亲是唐丽题的儿子，笔者以为称"大侄子"似乎不太符合中国传统的辈分。

之处较多,致使笔者无法直接开展对德龄家族的研究。为避免上述前人研究出现的问题,笔者充分利用了前人所忽略的德龄家族关系,尤其是德龄在中国以外的家族关系。笔者通过在 EBSCO、CADAL、中国知网、万方、维普、读秀、瀚堂近代报刊、民国文献大全、全国报刊索引数据库、大成故纸堆数据库等电子文献平台,以及通过网络在全球范围搜索代购的国内外德龄及其亲戚所撰写的珍本英文原著和相关人士的回忆录等一手文献资料,对德龄研究者、德龄的后人进行访谈,综合国内外前人的研究,结合相关文物遗迹的相关记载进行比对和三角互证的精心考证整理后,从广度上提出了较前人更完整、全面的德龄及其亲戚的名单。

在对德龄的其他家族成员一一进行单个研究后,笔者把他们的资料进行比对、整合,发现他们之间有很多共同或者相似的经历,存在许多前人没有发现的联系。德龄家族成员之间的资料可以互相印证,从而弥补单个成员史料的不足。本书研究的时间在德龄成名之后,因此有足够的理由把德龄这一名人标签用于指代德龄的亲戚,从而创造性地提出"德龄家族"这一原创概念,在传播场域建构起一个彼此共享名人效应的人生剧本互文对象。那么,本书所谓的"德龄家族"具体包括哪些人呢?

迄今为止国内外唯一一部原创的德龄传记是格兰特的《帝国化装舞会:德龄公主传奇》,这部 400 多页的大部头专著采用传记研究法研究了德龄一生的传播活动,首次公开了作者亲自调查采访的第一手田野资料,以及几乎全部与德龄相关的英文文献资料,包括当时美国新闻媒体对德龄的英文报道以及英文的私人信函。但根据该书作者格兰特所发现的德龄家族关系判断,只包括德龄父辈、己辈和子辈三代。

在权威的族谱家谱在线平台 Geni 网站上,有由全球范围研究德龄的学者以及德龄的亲属编纂的德龄家族树。Geni 网站上德龄的家族树比格兰特编纂的更加完整,尤其是德龄家族子辈唐丽题与泰国华裔望族那拉廊(Na-Ranong)的第三代库克·那拉廊(Chok Na-Ranong)的联姻,使德龄家族绵延至今的后代的下落得以确认。

通过 Geni 网站,笔者联系上了至今仍在世的与德龄具有亲属关系的后人丘拉·那拉廊(Chula Na-Ranong)。根据他所掌握的信息,与德龄有关的亲戚最远可以上溯至 18 世纪德龄的外祖父约翰·皮尔森(John

Pearson）。而根据陈万华①所发现的未公开的记载德龄父系祖先的徐氏
（旁系）家谱，与德龄有关的亲戚最远可以上溯至"从龙入关"（顺治元年，
1644 年）时期的徐成忠。

　　本书所指的德龄家族，是经笔者综合前人的文献以及笔者亲自调查
研究之后所掌握的与德龄有关的一切家族关系，上至 17 世纪德龄的徐氏
祖先徐成忠，下至至今仍在世、与德龄具有亲属关系的后人丘拉·那拉
廊，绵延 300 多年彼此之间的家族关系。本书从深度和广度上拓宽和完
善了德龄及其亲戚的人生剧本，从而使所建构的"德龄家族"概念从无到
有地得以具体呈现。

　　需要提醒读者注意的是，德龄家族毕竟是笔者通过传播的名人效应
建构出来的研究对象，以这样的方式去命名一个家族并且建构出家族关
系，并不是传统社会规范的做法，因此应充分重视"德龄家族"这一研究
对象出于传播学研究需要的特殊性，不能按照传统父系家族的观念去理
解它的谱系和代际关系等精确的细节，世界上不可能会有一本现成的家
谱叫作"德龄家谱"，根据笔者所掌握的材料也不足以编出一部完整的家
谱。三百多年，如果以每 25 年一代人来计算的话，德龄家族已经繁衍了
12 代人以上。虽然很多家族成员的资料目前尚不在笔者的掌握之中，但
能呈现的亲戚关系已经在本书的附录中从不同的角度尽可能地进行了
呈现，对于部分资料较为丰富的成员，笔者也会在本书第四章"人生剧本
的自我呈现"中的第一节"戏剧角色的延伸"中进行介绍。

---

　　① 陈万华先生是一位文史研究者，由于研究丰润张氏家族（张爱玲家族），对冀东历史
文化进行了广泛涉猎，收集了大量冀东世家族谱，并且曾去丰润实地考察。在阅读京东士子
硃卷、齿录过程中，发现了德龄父亲裕庚为玉田举人徐文灏族人。虽然他把这个发现写成一
篇不包含图片的短消息发布在自己的博客上，但是并没有引起太多人的注意。这个发现对
笔者的研究很有启发，陈万华先生也把与裕庚有关的齿录、讣文等史料提供给笔者，从而丰
富了笔者对于那一带八旗世家的生活状况、地理状况的知识。

第二章　家族质化研究方案的探索

本书是从传播这一崭新的视角来展开对某一特定家族的研究,这种研究最初是从搜集材料开始的,而材料搜集的实际状况,决定了能采取什么样的研究方法。就所搜集到的空间范围涉及多个国家、时间跨度长达300多年的家族材料而言,不变的命题显然是人生。而针对隐藏在众多个体复杂多变的人生经历背后那些不可见的文化传播与传承规律,质化研究是可行的研究方案。与历史学和人类学惯常的家族研究套路不同,就传播学而言,家族的质化研究正是研究者进入一个很不熟悉的社会系统,在一个不具控制性和不具正式权威的情境中,深入了解和探索研究对象奥秘的过程,充满了创造性和挑战性。

第一节　人生如戏,戏如人生

一、人生剧本概念的引入

学术研究的对象很广泛,有些研究对象是人,有些研究对象是物。对待研究对象不同的态度,决定了对研究对象不同的研究取向。近代科学的一些研究取向,排斥研究对象作为人类的天性,即使一些研究对象是人的研究,也把人当作物来看待。

　　与上述研究态度相反,在本书中,既不能把德龄家族当作一个无生命、无意识的客观外物,也不能把德龄家族视为一群已经死去的与当代人无关的历史人物。前面已经说过,笔者已经通过美国权威家谱网络平台 Geni①,联系上了德龄家族至今仍在世的后人丘拉·那拉廊,获得了德龄家族的家书、亲手笔迹、家庭照片等包含诸多可到实地证实的细节信息,并且这些信息是可以与其他信息来源的资料互证的一手材料,这些材料是家族以外的人很难获取的。笔者就是在这样的人与人之间的社交过程中,建立起与研究对象的关系的。

　　对于当今的中国人来说,德龄家族作为一个华裔混血望族,跟中国至今仍有多方面的往来。德龄家族泰国支系的那拉廊家族②得到泰国国王御赐世代拥有通往东南亚其他各国乃至欧洲的海上出口有着重要意义的克拉地峡所在地——泰国拉廊府的行政权、经济权和军事权。比如,德龄家族的成员吉迪拉·那拉廊(Kittiratt Na-Ranong)于 2011 年以来先后担任泰国的财政部长、商务部长和副总理,他与另一个泰国华裔望族——西那瓦家族关系密切,曾任由泰国前总理他信投资的西那瓦国际大学的校长,又任他信的妹妹英拉前总理的内阁成员,延续了那拉廊家族与泰国政坛的关系。他在任期间多次出访中国,参加中国—东盟博览会③,出席在泰国的华人同乡会④,为推动中泰友好关系做出了贡献。另一位德龄家族成员库猜·那拉廊(Chokchai Na-Ranong)则是全球最大的广告集团 Omnicom(奥姆尼康集团,又译为宏盟集团)2016 年泰国

---

　　① 该家谱网站平台所提供的信息之所以可信且权威,是因为其有严格的身份认证标准,并且拥有大量的家谱信息来源,自动审核修正由用户上传到平台的信息,这些信息和服务是收费的。该网站吸引了世界各地家谱相关研究者。

　　② 这个家族的祖先是来自福建的中国人许泗漳。他凭着强烈的企业精神和敏锐的商业嗅觉,从一个一贫如洗的中国移民逐渐变成了富甲一方的泰国商人。

　　③ 赵成.习近平会见出席第九届中国—东盟博览会的东盟国家领导人[N].人民日报,2012-09-21(1).

　　④ 泰国晋江同乡会成立 陈雄财任首届会长[EB/OL].(2012-11-06).http://www.chinanews.com/zgqj/2012/11-06/4304460.shtml.

业务最大的赞助巨头①,而宏盟集团的亚洲总部在中国②,因此库猜·那拉廊在泰国的业务也少不了与中国往来。

除此以外,与量化研究主要借助机器类纯理性的研究工具相反,作为一项质化研究,本来就是以研究者本人作为研究工具的。在这项研究过程的数千个日夜中,研究者也有自己的家族、自己的亲人,也会有喜怒哀乐,会有成功失败,会有生老病死的体验,看到研究对象的材料中也有这些内容,自然而然地会产生与德龄家族"既生为人"的人生共鸣。七年的生命是研究者对研究对象实实在在的付出,从而建立起研究者与研究对象之间的人生联系。对于阅读本书的读者来说,无论读者主观的喜好是什么,人生是任何人都无法摆脱的、客观的存在。阅读本书所需要的时间和所获得的体验,将会成为读者人生中的一部分。人生既然是研究者、研究对象与读者之间共同的联系,那么为什么不能成为我们的共同话题,成为本书的议题呢?

本书作为一个以传播学为视角的研究,要将人生纳入传播学的研究范围,然而查阅前人的文献,难以找到现成可参照的研究。也许很多传播学的研究者会极端地认为,人生问题向来是哲学、美学、文艺学等传统学科的研究对象,像我们传播学这样时髦的新兴学科,完全可以不屑一顾。虽然传播学的理论和方法训练从来没有教我们去谈人生,人生问题也从来都不是传播学传统的研究议题,但是研究者又想要关注人生问题,那么该如何在传播学研究中实现这一研究意图呢?

从学术研究的角度来说,学术研究本身就是人生的一部分,人生有境界的高低之分,学术同样有境界的高低之分。部分中国传播学的研究者已经意识到,学术研究是其学术人格的体现,而学术人格与其真实的人生人格不能分裂。自古以来,人与世界接触,因关系的层次不同,可有

---

① Chokchai Na Ranong joins Omnicom Media Group Thailand as content and sponsorship head [EB/OL]. http://www. campaignbrief. com/asia/2016/02/chokchai-na-ranong-joins-omnic. html.

② 宏盟集团(Omnicom Group)组建大中华区业务机构[EB/OL]. https://www. prnasia. com/story/47101%2D1. shtml.

六种境界：功利境界、伦理境界、政治境界、学术境界、宗教境界和艺术境界。① 人生在世除追求"利""爱""权""真""神"之外，还有"美"。而"美"是介于"真"与"神"之间的"使人类最高的心灵具体化、肉身化"的一种"境界"。② 从中可以看出，"穷究其理"的学术境界其实只能算是人与世界关系序列中的中层境界而已，并非最高境界。本书在这里讨论研究对象与研究者和读者的关系，同样也是在思考我们的这种关系层次应定位在什么境界上。笔者希望，研究对象与研究者和读者的关系，应该达到学术境界，但不应止于学术境界，而应该有更高的境界追求。因此，笔者从传播学的角度来谈人生，虽然突破了传播学传统的研究范围，但并非不专业的表现，而恰恰是研究者对自己所接受的传播学理论和方法训练的一种超越，试图在学术研究中体现出自己真实的人生人格和人生追求。

从传播学研究本身来说，传播的起点传者和终点受者都是人，传播涉及人最大的难处，就难在人生问题上。因为传播需要占用传播参与者人生中有限的时间、精力和用人生换来的金钱等。因此，参与任何传播活动，以及任何传播的持续，传播参与者都需要对其所付出的得到补偿和回报，否则这些传播活动就根本不可能开始，更谈不上能持续，因为任何人的人生都是有限的，不可能无止境地耗费下去。用弗洛伊德的观点来说，人只有在经济地使用其力比多③的时候，才会感觉快乐。换句话来说，如果人对于自己的人生安排不合理，人生努力的方向没有效益（也就是回报和付出不成正比），就会产生挫折感和失败感，长此以往，严重的会缺乏活下去的驱动力，造成抑郁症甚至自杀的后果。可见，每个人对于自己的人生都是有安排、有计划的，人生的安排和计划遵循经济原则，即付出的人生能量要有所补偿，这样人生才能在能量收支平衡的状态中

① 《中国艺术意境之诞生》一文，见：宗白华. 美学散步[M]. 上海：上海人民出版社，1981.

② 李勇. 美学原理[M]. 北京：中央编译出版社，2015.

③ 精神分析学认为，力比多（libido）是一种本能，是一种力量，是人的心理现象发生的驱动力。由精神分析大师弗洛伊德提出，弗洛伊德将力比多定义为包含所谓的本我——精神内部主要的无意识结构——中的本能能量或动力。他指出这些力比多驱力可能与现有的文明行为规范相抵触，这些规范在精神结构当中表现为超我。而在荣格作品中所表述的是指个体指向自身发展或个性化过程中的自由创造力，或称之为心灵能量。

持续地运转下去。

人类个体对自己人生的安排计划,这一生活中普遍存在的现象,在传播学中找不到对应的概念和理论,但在心理学中是有的。心理学把每个人对自己人生的安排计划称为"life script"。美国心理学家、沟通分析理论(transactional analysis,TA)的创始人埃瑞克·伯恩(Eric Berne)及其同事于 20 世纪 60 年代中期发展并提出了 life script 理论。① 中国有句俗话叫"人生如戏,戏如人生",笔者由此终于找到了这句俗话的科学理论解释。life script 理论对理解研究对象与研究者和读者在人生问题方面的关系,非常有启发。

二、人生剧本传播的特征

人生剧本传播,指的是人类个体内心人生计划的外化过程,以及外部世界在其内心的人生计划内化过程。在以家族为研究对象的传播研究中,人生剧本的传播过程也可以视为一个"以文化之"的文化传承与传播过程。

过去,传播学的研究者没有关注过心理学的 life script 理论与传播的关系,心理学的研究者也同样不关心 life script 理论与传播的关系。中国的心理学研究者把 life script 一词翻译为"人生脚本",主要运用在量化研究领域,通过搜集研究对象大量的数据进行建模计算分析。

笔者发现 life script 与传播其实是有关系的,而且有着很重要的关系。life script 研究发现,每个人从自己还是一个小孩的时期就已为自己的一生订下了特别的计划。这一生的计划被安排得像一出 drama(戏剧),有明显的开场、剧情和结尾。但如果这个计划一直埋藏在研究对象的内心深处,心理学的研究者怎么能发现它并且加以研究呢? 心理学的研究者通过观察、访谈、实验等方法,获得研究所需的相关数据。这一研究过程,心理学的研究者并没有用传播学术语去表述,埋藏在研究对象内心深处的人生计划,其实是通过特定的传播的方式表达出来的。而作为传播学研究者的笔者,就从中发现了研究对象内心深处的人生计划的

---

① 伯恩. 人生脚本:说完"你好",说什么? [M]. 周司丽,译. 北京:中国轻工业出版社,2016.

外化过程,其实就是一个复杂的传播过程。

life script 研究还发现,人在生活中,会不自觉地把 life script 活出来,并且表现出会把自己带向预定结局的行为。但是,当人在遭遇重大的际遇变故,或者受到他人的影响的时候,有可能根据这些影响来修改自己的人生剧本。如果坚持自己的人生计划但执行不下去,或者修改了自己的人生计划仍然执行不下去的时候,他的身心就可能出现问题,从而导致疾病或者死亡。可见,人生计划对个体命运会产生重大的影响,而且人生计划是一直与人内心世界以外的外部世界保持联系的。但是,心理学的研究者关心的问题重点是人生计划执行的后果对人内心世界的影响,对其中的传播规律并不关心。而作为传播学研究者的笔者,就从中发现了外部世界对研究对象内心深处的人生计划的内化过程,其实也是一个复杂的传播过程。

经过以上分析,笔者发现,研究对象内心人生计划的外化过程和外部世界在其内心的人生计划内化过程,都属于传播过程。因此,有必要从心理学引入 life script 概念来描述研究对象与研究者和读者在人生问题方面的关系,从而借助 life script 概念架起传播学介入人生问题研究的桥梁。

那么,为什么本书没有像其他的心理学研究者一样,把 life script 翻译成"人生脚本",而是翻译成"人生剧本"呢?一方面是因为笔者所搜集的材料中并不包含足以建模计算所需的数据,无法采用量化研究的方法;另一方面,从研究目的和研究重点来说,"人生脚本"这一概念注重的是分析人生计划像计算机的执行脚本一样精确运行的过程及其规律,但是笔者的目的并不是要对德龄家族的人生剧本传播研究到这样精确的程度,而是要对其进行质化的描述,让读者感觉到德龄家族人生剧本与自身人生剧本的联系,把德龄家族的人生剧本转化为当今微时代可开发利用的文化资源,丰富当代人的日常生活。根据质化研究的需要,把 life script 翻译为"人生剧本"更能体现其理论的"戏剧"质化特征,以区别于 life script 传统的量化研究取向,并且为本书扎根建构拟剧分析框架开展研究打下概念基础。

综上所述,人生剧本传播是一个基于心理学研究,由笔者原创提出来的传播学新概念。人生剧本的传播包含两个方面:一方面是人类个体内心人生计划的外化过程；另一方面是外部世界在其内心的人生计划内化过程。

人生剧本传播是一个"去中心化"的开放的互文传播过程。参与德龄家族人生剧本传播的人类个体既包括德龄家族的成员，也包括德龄家族人生剧本传播的参与者与潜在参与者。换句话说，也就是包括本书的研究对象、研究者、读者，以及本书中所提到的过去、现在和未来德龄家族人生剧本相关文化资源开发以后的消费者等等。而本书中所能呈现的德龄家族的人生剧本，是研究者对德龄家族相关材料按照媒介来源进行归类，并将这些材料视为特定媒介的传播文本，并运用拟剧分析框架分析出来的，并不是指某一个现成的文学文本。正所谓"人生如戏，戏如人生"，拟剧分析重在"拟"，而不是指真的戏剧。

第二节　扎根理论与拟剧分析框架的建构

一、扎根理论

本书是一个以"通过为特定的研究对象建构新的理论分析框架，针对问题的特殊性提出量体裁衣的专门性对策"为主旨的"扎根研究"①，与常见的"为了套用现成理论而对材料削足适履，为提出从代表性案例推广到其所能代表的全体的类型化理论而不惜抹杀研究对象个性"的"实证研究"截然不同。

前面说过，在研究者自我追问"研究对象与我们有什么关系"这一问

---

①　关于扎根理论的具体操作策略，根据陈向明的研究，目前学界在扎根理论的版本选择问题上缺乏共识。由于扎根研究法流派众多，存在许多不同的操作方式，研究者个人所受训练的流派不同、看问题的方式不同、研究的情境不同，会采取不同的研究策略，体现在扎根研究法的具体操作上就会有很大差别。现有的诸多关于扎根理论研究方法论的文献中绝大部分被认为违背和脱离原始版本，正如 Chesler 所指出，问题不是谁的扎根理论是对的，而是你从他们那里学到什么，如何去用，如何用来争论、维护和辩护你自己所采用的版本，这种持续的辩论为不同知识的不断涌现创造了条件。因此，读者在看待扎根研究法的使用时，需要采取开放、灵活的态度，不要拘泥于某种标准化的操作流程。见郭泽德，白洪谭. 质化研究理论与方法：中国质化研究论文精选集[M]. 武汉：武汉大学出版社，2015.

题的过程中，将本书的议题初步设定为研究人生问题——这个研究对象与研究者、读者之间的共同话题。对于从传播学的角度如何介入对人生问题的研究，本书从心理学引入 life script 概念来描述研究对象与研究者和读者在人生问题方面的关系，从而借助 life script 概念架起传播学介入人生问题研究的桥梁。本书的目的是把德龄家族的人生剧本转化为当今微时代可开发利用的文化资源，丰富当代人的日常生活，因此把 life script 翻译为"人生剧本"。经过以上过程，本书将要解决的问题自然是"德龄家族人生剧本的传播是什么，为什么，怎么样"等问题。这种自下而上，从材料中提取研究议程的方式，是符合扎根方法论的研究规范的。

扎根方法论要求从材料中去提取研究所需的理论框架。笔者所搜集到的德龄家族相关材料，基本上可以说都是与人生有关的。而心理学的人生剧本理论正好为中国俗语"人生如戏，戏如人生"提供了充分的科学依据。然而，心理学并没有提供现成的人生剧本质化分析框架，甚至连一些与戏剧相关的学术术语都没有，只有一些与戏剧看上去没有多少关系的抽象数量计算模型，前文说过 life script 这一概念本来是翻译成"人生脚本"，原本是用于量化分析人生计划像计算机的执行脚本一样精确运行的过程及其规律。因此，笔者尝试去建构一种新的拟剧分析框架来研究德龄家族人生剧本的传播。

二、框架分析法

框架分析是传播学继议程设置分析之后重要的研究方法之一，至今已经经历了将近半个世纪的发展。但很多学者都没有注意到，框架分析法提出的背景与拟剧密不可分。传播学最熟悉的拟剧论提出者是戈夫曼（Goffman），但笔者反复阅读原著《日常生活中的自我呈现》（*Presentation of Self in Everyday Life*）[①]，终于发现，把自我呈现等同于拟剧论，或者把拟剧论等同于自我呈现，其实是中国部分学者的误解。戈夫曼在该书的序言中强调，这是运用拟剧分析法进行一项研究。那么，什么是拟剧分析法呢？格雷戈里·贝特森（Gregory Bateson）在其 1972 年发表

---

① Goffman E. Presentation of Self in Everyday Life[M]. Chicago：Anchor，1959.

的《关于戏剧与幻想的理论》（"A Theory of Play and Fantasy"）①论文中，运用拟剧分析，开创性地突破了普通语言哲学家 J. L. 奥斯汀字面意义的框架概念（literal frame），首次系统地发展了"框架"的观念，认为框架是一个有限定的、阐释性的语境（defined interpretive context），它为分辨信息顺序提供了指导。1974 年，戈夫曼出版了《框架分析：一篇关于经验组织的文章》（*Frame Analysis：An Essay on the Organization of Experience*）②一书，提出框架是"个人组织时间的心理原则与主观过程"，并将框架的概念应用于传播学情景中，框架概念才受到传播学家的重视。由此可见，戈夫曼所谓的"拟剧分析法"其实是一种框架分析的方法，虽然他在对自我呈现的研究中并没有运用"框架分析"这一概念，但结合他后来的书可以看出，所谓的"拟剧分析法"，其实就是他运用扎根研究法建立起的拟剧分析框架，这种从材料中建构分析框架的过程后来被他自己称为"框架分析"。

其实，笔者本科踏入传播学门槛，接触戈夫曼的自我呈现理论至今十多年以来，一直对他的拟剧论念念不忘，但是，渐渐发现自我呈现理论的解释力有限，却找不到突破口。现在，终于从框架分析法的角度解开了"拟剧分析"之谜，那么，就可以运用框架分析法，从本书的材料中，重新扎根建构起一种新的拟剧论，而不必受"自我呈现"议题的局限了。③

笔者建构拟剧分析框架的过程中，还参考了戈夫曼所运用过的戏剧名词，比如剧场、角色等。戈夫曼没有使用"剧本"这一戏剧概念进行过研究，因此，本书要研究的人生剧本究竟用哪些与戏剧有关的名词进行

---

　①　Bateson G. A Theory of Play and Fantasy[J]. Psychiatric Research Reports，1972，2：39-51.

　②　Goffman E. Frame Analysis：An Essay on the Organization of Experience[M]. New York：Harper & Row，1974.

　③　国内外目前并不缺乏关于拟剧理论和框架分析的研究综述，比如张培. 国内外拟据理论研究综述[J]. 新闻世界，2011（3）：144-145；潘忠党. 架构分析：一个亟需理论澄清的领域[J]. 传播与社会学刊，2006（1）：17-46；孙彩芹. 框架理论发展 35 年文献综述——兼述内地框架理论发展 11 年的问题和建议[J]. 国际新闻界，2010（9）：18-24；杜骏飞. 框架效应[J]. 新闻与传播研究，2017，24（7）：113-126；肖伟. 论欧文·戈夫曼的框架思想[J]. 国际新闻界，2010（12）：30-36. 但大多数是纯理论综述或者对于现成理论的实证研究，而像笔者这样从研究对象中扎根出来的德龄家族人生剧本的拟剧分析框架，是特定研究中的特殊研究工具，与其他研究所运用的研究方法不同、目的不同，不便与前人的拟剧研究做比较。

框架性的描述最为合适呢？经过反复对所搜集到的德龄家族相关材料进行归纳,笔者决定用"戏剧角色""戏剧场景""戏剧冲突"三个名词组成拟剧分析框架,从而对德龄家族的人生剧本传播进行框架分析。这种从材料中建构分析框架的过程,也是符合扎根方法论的研究规范的。

在对德龄家族相关材料进行归纳的过程中,笔者还运用美国传播学者约翰·费斯克的媒介文本理论①,把德龄家族相关材料按照媒介来源进行归类,并将这些材料视为特定媒介的传播文本,正是这些传播文本,让研究者这样一个当代人,能够获取生活在古代和近代的德龄家族人生剧本的相关信息,从而能够研究德龄家族人生剧本的传播过程。

尤其需要提醒读者注意的是,运用拟剧分析框架对德龄家族的人生剧本所展开的传播学研究分析,不应被望文生义地理解为是与文学评论同样性质的东西。本章的第一小节中已经详细的论述过人生剧本的概念,人生剧本并不是指某一个现成的文学剧本,只是对传播文本的一种概念性的描述。人生剧本传播是一个基于心理学研究,由笔者原创提出来的传播学新概念,是指人类个体内心人生计划的外化过程,以及外部世界在其内心的人生计划内化过程。

第三节　难点与创新点

一、研究难点

本书是把德龄家族视为一个研究整体,研究德龄家族文化传承与传播的特殊规律。关于这个选题,前人没有直接相关的研究成果,因此笔者过程中遇到了如下困难。

(一)材料难找,昂贵、珍稀,费时费力

德龄家族成员的活动地点大多在海外,其海外的活动很少有中文资

---

① 约翰·费斯克的相关传播学理论可以详细参见张潇扬."生产者式"电视文本的现代性解读——基于约翰·费斯克的媒介文化研究视角[J].当代传播,2014(4):23-25,以及张潇扬.约翰·费斯克的媒介文化理论研究[D].济南:山东大学,2015.

料记载。在中国国内,他们绝大多数并不是正史所认定的重要人物,官方资料档案失载,他们的事迹散落在报纸、杂志、文人的野史笔记、朋友的回忆录中。因此,必须通过家族关系寻找家族成员,再通过挖掘和整合家族成员的事迹,才能得到德龄家族的人生剧本。但是,德龄家族的家族关系异常复杂,有着多国混血关系和多国迁徙经历,有着不同的文化传统,亲戚关系比较疏远,现实生活中他们肯定很难聚到一起,因此他们的家族关系非常隐蔽,不像一般世代生活在同一个村庄的华人民间的家族那样,有现成的、详细的、世代相传的完整家谱记载,只能通过一些零星的线索对其庞大的家族体系进行少部分的还原。

德龄家族的外文出版物大多只在海外出版,在国内没有出版,国内的图书馆也鲜有收藏,如果通过海外文献传递则手续烦琐,速度极慢,费用以页数计算。笔者自费通过孔夫子旧书网、亚马逊网上书店等电子购物平台从海外购买了德龄在 20 世纪初出版的 8 部珍稀原版英文著作以及同期日语版、德语版的珍稀译作,容龄所著的回忆录,以及国外学者所著的德龄英文传记、德龄密友李时敏回忆德龄的英文著作、德龄闺密芭芭拉·霍顿的英文传记、德龄外甥女闺密韩素音的英文回忆录、德龄外甥女婿库克·那拉廊的英文回忆录等,这些英文资料都是没有中文译本的,皆为 20 世纪 50 年代左右的原始版本。

笔者辗转搜集各种外文资料,比如在孔夫子旧书网上,英文原版的《天子》(*Son of Heaven*)[①]卖到 1200 元,《老佛爷》(*Old Buddha*)[②]则卖到 5000 元。高价买到手后阅读发现,译著与中文版相比有一些珍贵的细节可以继续深入研究。很多不同语种[③]的资料费力翻译后,跟中文资料的内容基本一致,但也能从中了解到德龄家族全球传播版图以及被认知传播的内容和程度是根据传播研究的需要而建构起来的,既包括现实的家族关系及其所处的时空文化背景,也包括虚拟的家族媒介形象相关的他者呈现和自我呈现,因此在研究前期是无法像一些常见的研究对象一样定向去搜集材料。

---

① 　Princess Der Ling. Son of Heaven[M]. New York/London:D. Appleton-Century,1935.

② 　Princess Der Ling. Old Buddha [M]. New York:Dodd Mead,1928.

③ 　见参考文献部分的九个不同语种资料。

扎根研究与实证研究显著的不同之处是,扎根研究不事先确定研究问题,不预设问题去搜集材料,扎根研究搜集材料的过程是开放的。需要提醒读者注意的是,与传播研究常见的、一般的、可以任意多角度获取海量信息的研究对象相比,德龄家族这个特殊的研究对象是不可能让研究者随心所欲地获取信息的,因此本研究自始至终都受到材料的限制。在针对研究对象搜集材料的时候,我们根本无法根据常识或者理论来事先预测能搜集到哪些与德龄家族相关的材料,也不能保证能搜集到某一方面足够的材料。因此,绝对不能采取事先提出一个预设的问题,带着预设的问题意识的传统研究方法定向去搜集材料,否则,研究者到什么时候才能搜集到足够的材料都不知道,那就无法完成研究。由于这个家族在历史上很多有名的成员已经去世,在世的成员因为与笔者有着巨大的身份地位差距,也不便像普通常见的研究对象那样可以与之联系进行随心所欲的访谈。因此,本书对于搜集到的材料,只能随遇而安,不能强求。面对所搜集到的很零散、相当不完整的材料,如果进行过度阐释,就背离了调查以探索研究对象真实一面的初衷,成为没有事实依据的理论空谈,用学者一厢情愿的评论和观点代替用事实说话。但是如果完全拘泥于调查所得的材料真实,学术研究不允许运用作者的想象进行连接和完善,那也不能呈现出一个相对完整的内容。于是,笔者放弃了一般质化研究那种他者对研究对象背后的文化意义进行过度阐释和过分拔高的研究意图,把研究重点放在德龄家族人生剧本的自我呈现方面。

(二)材料语种多,数量多,理解和翻译的难度大

德龄一生发表的文章很多,比较有代表性的文章都已经以图书形式汇编结集出版,如:*Two Years in the Forbidden City*(1911)、*Old Buddha*(1928)、*Kowtow*(1929)、*Jades and Dragon*(1930)、*Lotos Petals*(1930)、*Golden Phoenix*(1932)、*Imperial Incense*(1933)、*Son of Heaven*(1935)。除了德龄写的八部大部头英文原著必须找齐,还需要找相应的中文译本来对照阅读。据胡屏①统计,曾经出版过德龄中文译作的出版

---

① 胡屏.被遗忘的女性写作——华裔美国女作家德龄(Princess Der-ling)个案研究[M]//艾晓明.20世纪文学与中国妇女.天津:天津人民出版社,2008.

社很多，主要有云南人民出版社、黑龙江人民出版社、作家出版社、三联出版社、海南出版社、京华出版社、中央广播电视出版社、天津古籍出版社、广陵刻印社等。考虑到不同的版本的序言和翻译会有差异，从而可能透露出有价值的信息，因此笔者也仔细阅读和对比了多个中文译本。

理解和翻译美国传记作家格兰特所写的《帝国化装舞会：德龄公主传奇》①一书的难度最大。因为这本有 400 多页的英文大部头是迄今为止国内外唯一一本原创的德龄个人传记，囊括了 2008 年以前发现的全部与德龄相关的英文文献资料，包括当时美国新闻媒体对德龄的英文报道以及英文的私人信函，是迄今为止关于德龄的最重要的研究成果。但是这本书没有中文版，其内容也没有被中文论著引用过，笔者找不到任何关于这本书的中文参考资料介绍，于是花了半年以上的时间来专心翻译和精读这本著作，仔细研究其所列出的海量英文参考文献。由于涉及大量百年以前中国、日本、欧美等多个国家和地区的宫廷生活、上层贵族社交方面的历史，尤其是八旗制度作为一种灵活性很强的、历经多次变革的贵族制度，在官方典籍记载与家族个体实践方面存在巨大的差异。一般的翻译软件翻译出来连一段连贯的话都没有，更别说专业术语的错误了。笔者是手捧词典遇到生词随时查阅，并且在旁边注释翻译，注意每一个有价值的人名和地名，不明白的地方还要查看其他相关文献资料。对于这本书的烂熟，以至于后来本书写作的过程中，连需要用的材料在哪一页，都可以随翻随到。而德龄家族后人提供给笔者的材料，也是全英文的，并且有不少令人费解的、涉及泰国独特的风俗的内容，可见跨文化研究的难度之大。

花高价从海外购买的德龄英文原著的德文译本②除了封面和扉页以外，都不是使用常见的德文拉丁字体来书写的。经查阅资料发现这种特殊的字体属于 20 世纪 40 年代废止使用的花式德文，是一种古老的德文字体。由于当今中国国内流行的外语翻译软件均无法识别这种字体，笔者请教曾经有留学德国经历的博导以及正在德国留学的博士同学，但他

---

① Hayter-Menzies G. Imperial Masquerade：The Legend of Princess Der Ling[M]. Hong Kong：Hong Kong University Press，2008.

② VON Prinzessin Der Ling. Kuang Hsü Sohn des Himmels：München[M]. Hugen-dubelVerlag，1936.

们均只掌握当代德语，表示对花式德文字体看不懂。于是，笔者只能自行摸索，反复翻阅以寻找蛛丝马迹，并且通过大量背景资料，得出了一些初步的结论。

笔者所购的德龄英文原著日文译本共有四部①，由于日文译本都是竖着印刷的，因此当今中国国内流行的外语翻译软件均无法识别。好在笔者学习过日语，对日本文化也比较了解，能够部分看懂。但是，有一份德龄的妹妹容龄在清宫期间发给日本官方的密电，则是用日文草书写的，也是一种古代字体，现当代日语的学习者都看不懂。笔者是通过一位在日本读博士的学妹辗转找到研究这方面字体的人翻译出大意，终于从侧面为德龄姐妹出宫的原因又添了新证。

扎根研究要求在搜集材料的时候，不带任何预设视角进行全面搜集，但是在写作的时候受题目的限制，很多翻译过的材料没能在本书中用上，尤其是德龄传记中那400多页英文资料。研究步骤中所谓的材料，不等于研究成果中直接出现的材料。材料包括可以用的及不可以用的。本书在写作结束之前，都无法知道所搜集到的材料最终哪些是可以用的，哪些是不可以用的。因此，在研究过程中，所搜集到的材料范围远远大于在文中直接出现的材料。本书中没有出现的材料，并不代表笔者没有搜集过，翻译过，分析过，取舍过。经过分析，笔者发现大量古今中外不同语种、不同媒体上不同形式的材料内容是重复或者变相重复的。故在第五章中，笔者从德龄家族人生剧本的全球化生产和在地化消费的角度来解释为何会存在这样大量的重复情况。当然，这些重复或者变相重复也并非没有意义，它们本身就是在传播过程中产生的，体现了传播的范围和方式。但是，这些高度重复也释放出另一个危险的信号，即信息内容的单一，以及消费方式缺乏创新，刻板印象令人腻烦，之前被过度消费的文化资源将面临枯竭。

对于不同语种材料的使用，其意义不在于引用篇幅和文献篇数的多

---

① 德齢. 西太后絵巻(北京卷)[M]. 实藤惠秀，訳. 東京：大東出版部. 1941.

德齢. 西太后絵巻(奉天卷)[M]. 实藤惠秀，訳. 東京：大東出版部. 1941.

德齢. 西太后秘話その恋と権勢の生涯[M]. さねとう けいしゅう，訳. 東京：東方書店，1983.

德齢. 天子光绪帝悲話[M]. 永峰すみ・野田みどり訳. 東京：株式会社東方書店，1985.

少,而在于材料本身提供的信息线索的稀缺性和不可替代性。比如德龄后人所提供的英文资料主要是罕见家族成员的个人经历①,像唐丽题与那拉廊家族联姻这一家庭关系,过去没有任何中文资料记载,是很隐私的独家信息源,对拓展前人对德龄家族的认识具有重要作用。又如德龄一家在法国期间有美国、法国、新西兰等不同国家媒体多篇大幅的报道,虽然笔者在研究过程中都花大力气去翻译了,但对于本书后来所确定的主题来说,其实这些报道的细节都不重要,概括起来都是说明了当时德龄家族在欧美上层社会的影响力;再如厚达400多页的英文德龄个人传记,很多内容都是独家的,中文资料完全没有的,但是因为涉及家族的内容少,因此引用篇幅也不多,而在于使用其提供的人物关系线索,以及一些有代表性的德龄在美国生活的细节。这样的取舍虽然从材料搜集和翻译的难度上来说是非常可惜的,但为了建构一个新主题,又是必须舍弃的。如果不能建构一个新主题,再多的只能说明同一个旧主题的新材料又有什么意义呢?

虽然从最终的参考文献篇数来看,中文文献数量绝对大于外文文献数量,这是因为在400多页的美国传记作家格兰特所写的英文德龄个人传记中已经包含与德龄相关的海量英文文献,但是这本传记在文献数量上只体现为一本。这样齐全的英文参考文献,凭借笔者的研究条件和学术背景,已经很难在短期内凭借数量超越了,没有必要也不想去重复,其中搜集的文献笔者也都看过翻译过,基本上不放过任何有价值的线索,但最终本书只选择引用那些笔者能进行创新的,前人研究得还不透的细节材料,比如人名、地名、事件细节,用于对德龄家族这一新的研究对象进行叙事性研究。而格兰特在书中声称自己不懂中文,为笔者留下了可进一步填补的空白。因此笔者正好从德龄家族中文家谱、官方和民间的文言文资料、晚清至民国的中文报道、中国生活的地方知识、中英文以外的其他语种资料,尤其是泰国支系这些珍稀的一手资料等方面去拓展,去弥补前人研究的不足,从而达到与国际学术界对话的目的。

---

①　见本书第四章第一节第三部分"罕见的其他角色"。

(三)文献阅读量和分析、推理、整理的工作量巨大

由于选题比较独特,研究领域相对特殊,需要考察的材料有非常大跨度的历史、时间、地域和文化差异,工作量本身就异常巨大。然而,研究者知道得越多,进一步深入研究的工作量就越大,因为又能发现还有更多未知的东西需要去了解。

研究德龄家族这样一个特殊的研究对象,很难借助传统单一学科理论和研究方法去认识和解释其特殊性,加上选题涉及的跨学科性,要求广泛涉猎哲学、心理学、社会学、人类学、民俗学、美学、文学等诸多学科的内容,无疑对研究者提出了很高的阅读要求,遑论资料的获取与阅读。

在材料来源方面,德龄家族的传播问题历来就不仅仅是一个纯学术的问题,更是一个广泛涉及社会各界的现实问题。笔者查阅国内外的文献资料发现,外界对德龄家族成员的关注呈现出"业界热、学界冷"的趋势,多年以来相关的学术成果数量增长不多,且研究内容大多数仍停留在一百多年前的争议点上。学术界对德龄家族的关注起步较晚,主要是在其他传播者的基础上学者发表的一些散论,并没有找到一个持续的研究方向。学术界对德龄家族的研究,从传播者角度来看,只涉及德龄家族传播的一小部分,见图 2-1。

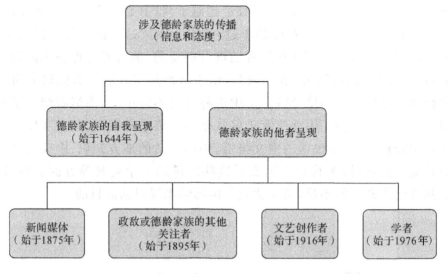

图 2-1　从传播者角度划分的德龄家族传播状况

　　从图 2-1 可以看出,仅仅取材于学界的现有成果是远远不够的,还需要整合分布在各界的德龄家族传播状况,才能还原一个较为完整的德龄家族传播脉络。在材料种类方面,在前人常用的书籍、期刊、报纸、图片等出版物的基础上,本书还增添了德龄家族的家谱、官方记载的履历、私人信函、晚清至民国时期记者对德龄家族成员本人的新闻采访等前人没有使用过的第一手材料。笔者还与德龄家族文物的提供者、关注德龄家族的网友、日语草书翻译者、法语翻译者、德龄家族籍贯地和故居地的当地人、德龄家族海外后裔等人围绕材料的细节进行了交谈[①]。由于笔者所处的地理空间和时间、经费等方面的限制,远程联络借助的主要是百度贴吧、Geni 家谱网站、铁血论坛、新浪微博和腾讯 QQ 等电子媒介。

　　附录部分,包括书中大部分的叙事部分,是本书最重要的原创研究成果,这些研究成果正是来自笔者对德龄家族文物媒介的搜集和全面系统的分析和推理。笔者联系到了德龄家族的后人,获得了媒体上过去未公开的大量德龄家族一手图文资料,并花费大量时间和精力,自费在海外购买晚清至民国的绝版英文图书,搜集了德龄家族涉及中外 13 个不同国家的文献等珍贵的一手文物资料。由于这些文物资料很零散,没有现成的主题,笔者结合查阅大量背景资料,辗转求助人工翻译为主,纯手工统计,经过三角互证、推理、分析整理,对于能够大致归类的文物,按照媒介的标准,归为原著媒介、实景媒介和录像媒介三大类。其中包含大量从未公开过的关系和研究线索,可以为后续相关领域的研究节省研究成本并提供参考。

（四）结构化论述的难度大,现成的学术资源少

　　德龄家族这一研究对象异常复杂,将这么多看似不相干的材料整合成书,要找到一个统一的主题并统一一个框架很难,要么有了理论但材料还不够,要么有了材料却找不到相关的理论。因此,采用扎根理论作为方法论的指导,对德龄家族这一特殊的研究对象进行“量体裁衣”的理论建构,是最合适的。

---

　　①　交谈仅是围绕材料细节展开的,算不上深访;而且以笔者的身份和与德龄家族后裔的关系来看,尚不具备深访的条件。

李金铨指出,当今美国主流传播研究存在全球和历史两大真空[1],研究材料过分局限于美国本土,过分注重短期的传播效果,过分追求"短平快"的研究效益,浮躁心态导致了传播学研究的窄化和内卷化,缺乏全球视野、历史视野。中国的新闻传播学同样存在局限于本土材料和只注重研究短期传播效果的局限。截至 2018 年 4 月,根据本书所搜集到的材料进行统计,德龄家族历史上 1644 年至今三百多年以来,有文献证明的遗迹范围共计包括全球 13 个国家 78 个地点,至今有媒体记载的不同国家地区的语种包括中国、日本、美国、英国、新西兰、德国、法国、西班牙、葡萄牙、瑞典、挪威、瑞士、乌克兰、印度尼西亚、泰国、马来西亚等。如果按照每隔 25 年繁衍一代人,百年内出生 4 代人来计算,德龄家族至少已经传承了 12 代人。把这样一个时间、空间、文化、教育、职业、社交等方面跨度极大,人口众多,思想前卫,名人辈出的精英贵族群体作为传播学研究的对象,可以拓展传播学研究的全球视野和历史视野,获得那些常见的研究对象中不可能获得的文化传播方面新发现。但是,作为一项探索性的研究,比起那些传播学已经研究得很充分的研究对象,采用传统理论和方法进行的"短、平、快"类型的研究难度大得多,所能获得的现成的学术资源也相对少得多。

二、研究创新点

(一)拓展传播学研究的领域,推进家族文化传播研究

家族是民族与国家文化传承和传播的重要组织,对家族的研究有助于认识文化传承与传播的规律。德龄家族这一国际上流社会知名的华裔混血贵族的人生兴衰,折射了中国社会的剧变与中外文化交流的过程,具有重要的学术研究价值。过去从传播学的角度去研究文化遗产传承与传播的研究为数不少,但真正能够做到以人为本的研究并不多。本文提出了新的文化观点,认为文化原本就是以人为载体,以家族组织为单位,"以文化之"的活态生成过程,而不是现成的、固化的物。只有以人为本的文化,才能跨人际、跨代际、跨国际地传播。家族能使人在日常生

---

① 李金铨.美国主流传播文献的两大真空[N].中国社会科学报,2015-12-03(3).

活的潜移默化中获得文化熏陶,是民族和国家文化的根,应受到传播学的重视。

(二)将"人生剧本"概念引入家族传播研究中

本书将心理学的"人生剧本"概念引入家族传播的研究中。研究者运用扎根理论和框架分析法,为德龄家族"量体裁衣"地建立起拟剧分析框架,辅以定性研究法、三角互证法和深描研究法,把德龄家族作为一个整体的研究对象,基于德龄家族与当代人在人生剧本方面的传播关系,把德龄家族在各种媒介上的信息视为人生剧本的文本,从他者呈现、自我呈现、个性失真与个性归真等方面进行人生剧本的拟剧分析,以深化对德龄家族人生剧本传播的理解。

(三)探讨文物作为家族文化传播媒介的属性

笔者所搜集到德龄家族的文物,主要可分为三大类:原著、实景和录像,都可以视为德龄家族人生剧本的重要传播媒介。其中,原著媒介是德龄家族成员心路历程最直观的反映。实景媒介可以挖掘到传统媒介中失载的大量有价值的信息,还可以承担起当今对德龄家族的文化再生产功能,开发为实景旅游景点。录像媒介是德龄家族成员真容最直观的反映,可以为当代他者呈现德龄家族人生剧本提供重要的人物形象设计素材。本书的附录部分将这些文物列为表格,进行了全面系统的分析和推理,书中大部分的叙事深描研究也都来自这些文物,是本书最重要的原创研究成果,其中包含大量从未公开过的关系和研究线索,可以为后续国内外相关领域的跨学科研究节省研究成本并提供参考,促进传播学与其他学科的对话。

(四)从体验角度推进家族文化传播的效果研究

对德龄家族文化的角色体验、实景体验和冲突体验可以满足受众多方面的需要。所谓的个性失真,一方面包括传播过程中对德龄家族个性的表现失真,另一方面也包括传播过程中受众个性化体验的失真。因此,可以通过社交、旅游和故事三方面传播情境的创设,丰富受众的角色扮演、实景仿真和冲突代入的体验,从而在德龄家族人生剧本当代的个性化展示和当代受众的个性化需求中找到一个平衡点。通过组织德龄家族趣缘迷群①发展粉丝经济、开发体验德龄家族生活的实景旅游、通过小说和影视剧等再现德龄家族命运故事等方式,以德龄家族的人生剧本作为文本互文对象,将德龄家族相关文化资源转化为不同趣味的人们的共同话题,为人们提供个性化的生活体验,成为人们个性化的情感寄托,甚至成为人们自我实现、个体创业的平台。

(五)阐述了家族人生剧本开放性的传播文本特征

　　人生剧本传播,指的是人类个体内心人生计划的外化过程和外部世界在其内心的人生计划内化过程。在家庭传播研究中,人生剧本的传播过程也可以视为一个"以文化之"的文化传承与传播过程。人生剧本的传播是一个"去中心化"的互文传播的过程。德龄家族的人生剧本的意义生产和文本生产都应该是开放的。本书所主张的传播策略,并不是要生产一个完美无缺的、封闭的、静态的德龄家族人生剧本来让当代人崇拜、瞻仰,而是在德龄家族人生剧本当代的个性化展示和当代受众的个性化需求中寻找一个平衡点。笔者发现,德龄家族的人生剧本包括全球13个国家78个地点,12代以上的人物,拥有5个不同国家的血统,男男女女,有着各自不同的外貌、性格、职业、命运,但是又有着相似和典型的家族特征。他们的戏剧角色如此鲜活,戏剧实景如此多元,戏剧矛盾如此典型,而且因为家族,因为人生,可以唤起我们原始的人类情感以及对自身命运的思考,对历史、文化、生命的思考。因此,德龄家族人生剧本的传播文本将可以由每个人类个体凭借自己的人生经验去解读,其传播意义难以穷尽。

---

　　① 趣缘关系是指因人们的兴趣、志趣相同而结成的一种人际关系。它是为了满足人们的精神需要而结成的社会关系。迷群是"迷"个体对偶像、媒介、影视、品牌等迷文本积极、主动投入所建构的趣缘群体。

第四节　本书构思与内容安排

一、本书构思

本书是一项关于"传播与文化产业"的研究。

研究目的是将德龄家族的人生剧本转化为当今微时代①可开发利用的文化资源,改善"德龄公主热"在国内外日趋衰微的传播困境,丰富当代人的日常生活,促进传播学与哲学、美学、心理学等其他学科的对话。

研究重点是德龄家族的自我呈现。过去,德龄家族的他者呈现内容已经被反复消费和过度阐释,那些经过压缩或注水改编的传播文本局限于"清宫剧"模式,只反映了其家族命运中的冰山一角,埋没了德龄家族的个性。目前德龄家族还有大量未被媒体放大的人生剧本内容,蕴含着丰富的文化资源,是一座尚待开发的文化富矿。本书中很多的叙述性文字有些是为了解释和回应国内外持续百年的德龄公主真伪争议,有些是为了将德龄家族自我呈现的人生剧本内容转化为可供当代进行产业开发的文化资源的一种研究尝试。本书具有很强的现实针对性。

鉴于研究对象比较特殊,与常见的、可随机抽样和任意替换的类型化研究对象有很大的不同,难以从单一角度进行归类和定性,因此不适合采用"削足适履"的实证个案研究方法,而采用为研究对象"量体裁衣"的扎根方法,从研究所能搜集到的材料,借由人、情境与时空的关系而形成研究框架。在理论上采用定性研究的扎根研究方法论,在具体的研究方法上采用传播学的框架分析法,从所能获得的材料中建构起拟剧分析框架。理论和方法的相关交代见本章的第二节,拟剧分析框架的具体运用见本书的第三章至第六章。

---

① 　自从互联网进入 2.0 时代,以微博、微信为代表的社会化媒体发展迅速,构成了微媒体渗透日常生活的"微时代"。人们全神贯注的能力越来越差,只能享受最平庸的和被缩短与改编了的文本,这种问题表现在段子跟风造句、耸人听闻的标题党等追求短期轰动传播效果的传播新手段在微时代层出不穷,使得这些低成本的传播文本成为免费传播中缺乏深度营养内涵的碎片化、戏谑化的快消品。

讲故事的研究方法既是本书必要的研究方法,也是写作的亮点所在,为避免为理论而理论,避免用理论肢解叙事,本书遵循定性研究的整体主义和情境主义主张,尽力保持深描叙事的流畅和完整。深描研究法的运用主要集中在本书的第四章。

选题偏重趣味性,于是采取了后结构主义的定性研究写作方法,避免定量研究呆板僵化的写法,更加注重运用人性化、趣味化的语言激发读者的想象和共情,争取拉近研究对象与读者的心灵距离,增强读者对研究对象异文化特征的敏感性。

二、内容安排

本书共分为三大部分。

第一部分是导论,由第一章和第二章组成。第一章是通过对国内外相关研究的评述,帮助读者对"德龄家族"这一陌生又特殊的研究对象形成一个初步的印象。第二章是借助"人生如戏,戏如人生"这一形象生动的比喻,唤起读者对"人生剧本传播"这一研究概念的共情理解,并介绍研究方法、难点与创新点、本书构思与内容安排。

第二部分是全书的核心,由第三章至第六章组成。从传播者的角度进行划分,德龄家族的人生剧本传播可分为他者呈现和自我呈现两类,都外化为媒介的传播文本。通过扎根研究法把材料打散,并按照从中提取的"戏剧角色""戏剧场景""戏剧冲突"建构起拟剧框架,对德龄家族的人生剧本进行内容分析。第三章通过书籍、杂志、报纸等媒介中的传播文本,了解他者呈现德龄家族的人生剧本内容。第四章创造性地将原著、实景、录像等自我呈现的原始媒介中的信息视为传播文本,并运用三角互证法编制出三个大型的统计表,了解自我呈现的德龄家族人生剧本内容。第五章对前两章对比后发现的问题进行分析。第六章提出了解决问题的传播策略。

第三部分是本书的结论,即第七章,得出了家族文化传承与传播在媒介、效果和文本特征等三方面的研究发现。

附录部分,包括本书中大部分的叙事内容,是笔者花费大量时间和精力,自费在海外购买晚清至民国的绝版外文图书,根据所搜集的德龄家族古今中外 11 个不同国家的文献、珍贵的一手文物资料,结合查阅大量背景资料，以笔者辗转求助人工翻译为主，纯手动统计，三角互证、推理、分析整理而成的，其中包含大量从未公开过的关系和研究线索，可以为国内外后续相关领域的跨学科研究节省研究成本并提供参考。

第三章 人生剧本的他者呈现

从传播者的角度进行划分,德龄家族相关资料可分为他者呈现和自我呈现两类①。笔者作为一个当代人、德龄家族的局外人,只能通过德龄家族的人生剧本传播外化的媒介传播文本进行研究。通过扎根研究法把材料打散并按照从中提取的"戏剧角色""戏剧场景""戏剧冲突"建构起拟剧框架对德龄家族的人生剧本进行内容分析。本章将通过书籍、杂志、报刊、小说、戏剧、电影、电视剧、网络等媒介上的传播文本,以分析他者呈现中德龄家族人生剧本中的"戏剧角色""戏剧场景""戏剧冲突"是如何生成的,这种生成过程和结果与"德龄公主热"传播衰微的状况有什么关系。

第一节 戏剧角色信源单一

他者呈现中的德龄家族成员所扮演的戏剧角色,常见的包括德龄本人、德龄的父亲、德龄的母亲、哥哥勋龄、妹妹容龄、德龄的丈夫等六个戏剧角色,而且这些角色的戏份都有固定套路。这些角色是从哪里来的呢?这不得不谈到一位对德龄家族在中国本土传播影响最大,乃至对于

---

① 见第二章图 2-1"从传播者角度划分的德龄家族传播状况"。

德龄家族在国际上多个国家的形象影响最大的人物——秦瘦鸥,这些刻板的角色都是从他所写的文章中来的。

从中国研究者对德龄及其亲戚的已有研究中所引用的参考文献来看,绝大多数使用的是秦瘦鸥的译本。其实,秦瘦鸥并不是唯一翻译过德龄著作的中文译者,但为什么一提到译者,就首选秦瘦鸥,一提到德龄,就首推秦瘦鸥译本呢? 在中国研究者的研究中,秦瘦鸥的名字总与德龄的名字脱不开关系地联系在一起,秦瘦鸥俨然已经成为德龄家族的代言人。这种传播状况是如何形成的呢?

虽然德龄一生以"Princess Der Ling"为笔名出版过总共八部英文著作,但这些英文著作的写作和出版的时间均在中华人民共和国成立之前①,而且出版地点大多在美国或英国,在中国出版的极少,由于原出版社也已经倒闭或合并重组,版权归属很难明确,现在德龄的原版英文著作已经成为价值高昂的拍卖文物②。德龄英文原版著作也大多没有被国内外电子图书网站全文收录,只有三部能在线阅读封面和目录页。出于上述原因,中国研究者缺少阅读英文原著的渠道,绝大多数只能以中文译本作为基础研究材料。而德龄英文原著纸质版的馆藏状况,以浙江大学为例,只有一本 1977 年重印版本的《清宫二年记》(*Two Years in the Forbidden City*)③,德龄出版的其余的七部著作都没有。

德龄著作的秦瘦鸥译本是中华人民共和国成立前后出版次数最多的版本,并且都可以全文在线阅读,中国各大学的图书馆中都有纸质版的馆藏,这为当今的中国研究者提供了很多阅读的方便。但是,查阅其他译者翻译的版本,发现读秀图书网也有收录,在线阅读和纸质版馆藏方面也与秦瘦鸥译本的方便程度差不多,那么,其他译者的中文译本为什么不被中国研究者所引用、所注意呢? 这一点,前人并没有进行过解释。

---

① 德龄本人逝世于 1944 年,见其讣告 Died. Mrs. Elizabeth White[N]. Los Angeles Times,1944-12-04.

② 比如德龄所著的英文原版 *Old Buddha* 一书于 2015 年在孔夫子旧书网上标价高达 5000 元人民币。

③ Princess Der Ling. Two Years in the Forbidden City[M]. San Francisco:Chinese Materials Center,1977.

从中国研究者所引用的文献中,可以大致判断出,秦瘦鸥是一个能为研究者提供原著中文翻译以外的材料的人,他除了翻译德龄的书,还写了关于德龄其人,以及关于自己与德龄本人、德龄兄妹交往过程的文章,甚至还邀请到德龄兄妹为他所翻译的中文译本作序、作跋,这些文章作为序言,通过他极其畅销的对德龄原著的中文译本,流传到全国各地,并同时连载在《申报》这一民国大报上。秦瘦鸥译本的《御香缥缈录》自1934 年 4 月 1 日起在上海《申报》的《春秋》副刊上连载,完后"即由该报印出了单行本,自一九三六年至解放前夕,再版约七八次,加上各地私营书店所印,总发行数估计超过了五万册"①。但由于这些信息源都来自秦瘦鸥本人自述的文章,属于孤证。那么,秦瘦鸥是如何被推上德龄家族在中国的代言人位置的呢?

跳出秦瘦鸥本人自述的文章来研究秦瘦鸥,目前已经成为新的研究趋势。美国加州大学伯克利分校英文系访问学者王敏在《秦瘦鸥译述德龄公主〈御香缥缈录〉的赞助机制》一文中,引用了秦瘦鸥的好友陈存仁和周瘦鹃、范伯群等《申报》的同事,以及自称亲自采访过秦瘦鸥的葛秋栋的文章。台湾研究者蔡登山在《洋场才子与小报文人》一书中,把秦瘦鸥列为洋场才子加以介绍。但王敏、蔡登山、葛秋栋等当代研究者关于秦瘦鸥翻译德龄著作过程的描述,基本上都直接引用秦瘦鸥好友陈存仁在《阅世品人录》一书中"秦瘦鸥文坛发迹"一章的叙述。

陈存仁与秦瘦鸥的好友关系,并非陈存仁自己单方面说的,秦瘦鸥本人也写过《中医陈存仁的发迹史》一文,透露了对陈存仁非同寻常的了解,但却刻意与陈存仁撇清关系,声称与他"非亲非故"。虽然陈存仁通过大量细节展示了秦瘦鸥翻译德龄的书籍,以及会见德龄本人的过程自己都亲历在场,并且起到了极其关键的中介作用;但耐人寻味的是,在翻译德龄著作过程方面,秦瘦鸥感谢过老朋友倪哲存从美国邮寄德龄原著给他,感谢文坛前辈周瘦鹃对他译著的推荐使其能在《申报》上的《春秋》副刊逐日连载,提到过亡友唐云帆曾通过唐氏家族亲戚关系介绍时为唐宝潮夫人的德龄妹妹容龄和德龄二哥勋龄帮助其翻译,却只字不提陈存

---

① 秦瘦鸥.《御香缥缈录》中译本及作者德龄其人[J].故宫博物院院刊,1982(4):43-46.

仁。这使得秦瘦鸥的自述和陈存仁的自述互相得不到印证。

那么，译者秦瘦鸥作为德龄家族在中国的代言人位置，为什么得到了国内研究者一致的认可呢？笔者创造性地引入翰堂近代报刊数据库中秦瘦鸥的相关材料，并结合读秀图书网中秦瘦鸥出版的著作、知网中秦瘦鸥发表的全部文章，梳理出秦瘦鸥自述与陈存仁自述都没有提到的以下两方面背景。

一方面，秦瘦鸥的旧派背景。他还是上海东吴商科大学法律专业的大学生的时候，与陈存仁都是《福尔摩斯报》的主要供稿人，该报的内容大都是从警察局打听来的黑社会新闻。[①][②] 一位署名"汤老虎"的文章称秦瘦鸥的确"有侦探的资格了"[③]，但当时秦瘦鸥出版的小说《恩仇善恶》仅售1角钱一本。根据笔者从翰堂近代报刊数据库搜索"秦瘦鸥"所得的结果显示，从1928年开始，秦瘦鸥就开始连续在《申报》上发表短篇小说。1928年，秦瘦鸥还出版了《学跳舞必备跳舞指南》一书，广告语称："书中有电影女明星胡蝶女士表演跳舞步法插图，有各舞场之实景，有各舞女之艳影，会跳舞的和不会跳舞的都不可不看，附舞女艳史（共有12位，其中4位均为英文名），交通路玫瑰书店发行，四角八分钱一本。"[④]可见在当时民国社会崇洋、享乐的社会文化背景下，艳史类的书籍非常畅销，秦瘦鸥写的这类题材的文章和书籍，价格几乎涨了五倍。这可以成为理解秦瘦鸥对德龄的报道的注脚。1929年，《申报》广告先后称秦瘦鸥为"大小说家""海上小说大家""名小说家"等，他所著的《孽海涛》由位于上海英租界的上海雪茵书店发行，广告语是："洋洋五十万言亦赤裸裸揭穿社会上一切大秘密，本书因种种交涉关系，绝无再版，存书无多，速购。书中牵涉最近代军政党学工商伶妓暨电影各界名人二百余人，如李宗仁、张学良、蒋介石、孙传芳、汪精卫、梅兰芳等人。或痛痛快快宣布若辈一生之丑史污迹，或忠实地记载其大功伟业，善恶昭彰。一套书四册，附赠

---

① 秦瘦鸥与《福尔摩斯报》的关系，见郑逸梅. 郑逸梅选集：第6卷[M]. 哈尔滨：黑龙江人民出版社，2001.

② 福尔摩斯报秦瘦鸥转申报本埠增刊分类广告. 某大书局重金聘请翻译[N]. 申报，1927-08-20.

③ 汤老虎. 志谢青年小说家秦瘦鸥[N]. 申报，1927-08-20.

④ 申报本埠增刊分类广告：秦瘦鸥. 学跳舞必备跳舞指南[N]. 申报，1928-06-12.

一部艳情小说,书价大洋三圆五角。"①可见这时秦瘦鸥已经身价倍增。这说明,在比他翻译德龄著作中文译本《御香缥缈录》的 1934 年 4 月还早 5 年的时候,他就已经开始成名,而且当时他就是以披露名人内幕为人熟知的。从书价来看,名人内幕消息在当时的民国社会炙手可热。由于秦瘦鸥是学法律出身,他也很清楚能对名人隐私曝光到什么程度。秦瘦鸥的这种做法,非常类似香港娱乐记者"狗仔队"的作风,后来他把这一套也用在了德龄家族身上。1930 年,秦瘦鸥已经成为《申报》副刊《自由谈》编辑。但是,秦瘦鸥其实一直是业余从事文学写作、文学翻译、报刊编辑和新闻媒体工作的,这期间他的正式单位先后是京沪、沪杭甬铁路局。1946 年,秦瘦鸥更担任中华民国资源委员会上海炼油厂主任秘书。据胡汉君回忆,1948 年夏天,秦瘦鸥担任中华民国经济部下属的台湾金铜矿业公司副局长兼驻沪办事处主任,事情多了,因抽不出时间而从此脱离新闻事业这个圈子。

另一方面,秦瘦鸥的新派背景。太平洋战争爆发后,秦瘦鸥从"孤岛"上海流寓到大后方重庆,自称加盟《时事新报》,新中国成立后称加盟《新民报》。此后,他与文化圈内的进步人士关系密切,政治倾向也更加鲜明,后来又成为全国文艺界抗敌后援会成员。1952 年,秦瘦鸥受组织调派去香港工作 3 年,任香港《文汇报》副刊组组长。"文革"期间他被打为"反动文人",平反后加入上海民进党,曾担任上海"三胞"联络委员会主任委员、上海市文联委员、上海大众文学学会顾问,是中国作家协会会员。

秦瘦鸥旧派和新派的两面性,使得他在对德龄英文著作在中国的本土化推介文章中,乃至对于好友陈存仁的回忆文章中,都充满了难以言说的纠结立场。这种深刻的难以言说的矛盾,同样也存在于德龄家族人生剧本的自我呈现中,在本书第四章的第三节中,笔者将从创伤与暴力的角度,对这种矛盾进行深入分析。

秦瘦鸥于 1993 年 10 月病逝。虽然德龄的英文原著先后被很多人翻译成中文在中国出版,但秦瘦鸥与其他中文译者不同的是,他不仅仅是

---

① 关于这本书的广告在申报上不停变换广告语发布了一整年,见申报广告:秦瘦鸥著《孽海涛》[N].申报,1929-04-12.

书的译者,凭借他对德龄及其兄妹的题外话,促使德龄兄妹开始借助大众传媒进行自我呈现,也使德龄家族作为一个整体进一步为中国大众所关注、所熟悉,从而使得他的译本成为影响最大的德龄著作中文译本。这一点,他是史无前例的开创者,德龄家族当今在中国大众媒介上的本土化形象,以及在学界的形象,很大程度取决于他对德龄家族的了解程度,以及他的意识形态在本土为德龄家族的代言。秦瘦鸥不是德龄家族的朋友,更不是德龄家族的知音,他自己也坦率地承认,他对德龄的了解"不过如是而已"①。可惜,后人往往把他误解为德龄家族的朋友或者知音,以为他对于德龄家族是无所不知的,也很少有人指出过他文章中的信息错误和认知局限。

第二节 戏剧场景限于清宫

一、国内传播状况

流行版本中的德龄家族,总是生活在清宫中,似乎就没出现过别的生活场景。大众所看到的德龄家族的人生剧本,仿佛就只是一部清宫剧。德龄家族人生剧本中的清宫场景是如何形成的呢?为何如此流行?

原因有三方面。第一,当时德龄一家六口人进清宫的确是中外社会关注的大事件,寄托了中外社会共同期待清政府实行新政的希望,被中外媒体广为报道。第二,德龄姐妹出宫以后先后写作出版了关于清宫生活的书,通过美国最先进的出版平台,在那个书籍和报纸等纸质媒介作为最流行的大众传媒的时代,在全球范围内成为畅销书,并且被翻译成多种语言,其译本甚至比原著在本土更加流行,从而经历了百余年漫长的全球化和本土化过程。第三,清帝退位之后,中外都迅速流行起一股迫不及待想要了解清宫内幕的文化热潮,这股热潮延续至今。德龄一家六口人进清宫的生活片段便被放置到清宫戏类型化的场景框架中,通过他者改编,以报纸上的娱乐新闻、售书广告、小说、戏剧、电影、电视剧、纪

---

① 德龄.介绍原著者[M]//瀛台泣血记.秦瘦鸥,译.昆明:云南人民出版社,1980:3.

录片等形式不断加以固化,逐渐呈现出单一的特征。其中,第三个原因最为复杂和隐蔽,下文将着重引用相关例证资料还原当时"清宫热"的传播背景。

德龄生平首部英文著作《清宫二年记》(*Two Years in the Forbidden City*)①于 1911 年 10 月在美国首次出版之后,辜鸿铭就在当时上海的英文报刊《北华捷报》②上发表了对该书的英文评论文章,这篇文章收录在由上海墨丘利公司(Shanghai Mercury)1912 年 4 月再版的辜鸿铭《中国牛津运动故事》(*The Story of a Chinese Oxford Movement*)③一书中。辜鸿铭在这篇英文文章中指出,"人们一般都认为,濮兰德和白克豪斯两位先生所著的那部书,是划时代的力作。可依我看来,倒是德龄女士这部不讲究文学修饰、朴实无华的著作,在给予世人有关满人的真实情况方面(尤其是关于那刚刚故去的高贵的满族妇人情况方面)要远胜于其他任何一部名著"。辜鸿铭在书评中介绍德龄是一位"年轻的现代妇女","受过现代教育","奢望进步和改革","庞大帝国的复杂机器已然出现了故障,可这个纯朴的黄毛丫头却自信有能力将它修好"。辜鸿铭援引了德龄笔下对慈禧太后极具中国传统美德的片段,证明真实的慈禧太后是一位"纯朴而且高贵"的人,"应当赢得人们的尊敬"。

据光绪朝"国史馆"资深史官恽毓鼎在其 1913 年所记录的《澄斋日记》中写道:"《东方杂志》第一号、第二号登有《清宫二年纪④》,乃裕庚女德菱⑤所著。原系英文,近始译出。"当时《东方杂志》还是月刊,因此笔者从"《东方杂志》第一号"的记载可以推测出,从 1913 年 1 月开始,德龄的首部英文著作就已经被译为中文首次在中国出版了,由陈贻先、陈冷汰

---

① Princess Der Ling. Two Years in the Forbidden City[M]. New York:Moffat,Yard,1911.

② *The North China Herald*,《字林西报》的前身。

③ Ku H M. The Story of a Chinese Oxford Movement[M]. Shanghai:The North China Herald,1912.

④ 这里是恽毓鼎笔误,经笔者查阅东方杂志电子版发现,东方杂志刊出的德龄著作中文译名为"记"而非"纪"。

⑤ 民国时的出版物,最初把 Der Ling 译为德菱,到 20 世纪 30 年代秦瘦鸥才把 Der Ling 译为德龄。"德菱"是恽毓鼎引用 1913 年通行译文的写法,现存的很多关于德龄的中文文献仍把"德龄"写成"德菱"。

译成汉字白话文,在《东方杂志》以译名"清宫二年记"并以逐月连载的形式在上海发表。从笔者已掌握的文献资料来看,目前还没有发现比这更早的中文译本。①

《东方杂志》上发表的中文译本,是笔者目前所掌握的文献资料中出版时间最早的版本,该译本由陈贻先翻译。陈贻先作为中国较早翻译传播德龄小说的译者,虽然后世记载他的资料极少,只说他是"民国旧派小说家,主要与陈冷汰合译过《庚子使馆被围记》,德菱的《清宫二年记》,濮兰德与白克好司的《慈禧外纪》等"②。但据笔者查阅翰堂近代报刊数据库的资料发现,当时他属于把外国出版的清宫题材作品翻译到中国国内的首屈一指的先驱人物。据他1948年在《申报》的《自由谈》栏目发表名为"湖北三杰"的文章称:"民国前,我家住在武昌云华林,黎为协统,其叔王屏先生与我父结为把兄弟,两家有往来。民国成立,余家迁居上海,黎为湖北都督,兼被举为副总统,余所译之《清宫二年记》,黎阅而善之,嘱宋敦甫写信与我父,欲罗致我进都督府,任外交部份工作,余以病未去。"③联系笔者所掌握的资料,德龄的父亲晚清时期曾在武昌为官处理洋务,武昌又是辛亥革命打响第一枪的地方,德龄的妹妹容龄与其夫唐宝潮均在黎元洪任民国总统时期任政府要职并成为其亲信,后来还帮助黎元洪在张勋复辟期间躲到法国医院避难。可以推测,陈贻先绝不能被后世简单地归为旧派小说家。1911年德龄之所以用英文写作并在外国出版,是因为,即使她作为美国驻沪副领事的夫人,住在上海租界区内,她都恐怕这关于清宫内幕的书不能在国内出版。清帝溥仪于1912年2月正式发布退位诏书,而1913年1月,没有任何外国势力撑腰的这么一个默默无闻的中国人陈贻先已经敢于翻译多部外国出版的清宫内幕作品在中国国内发表,说明他的翻译行为应该始于清帝退位前后,这期间

---

① 则民译 Two Years in the Forbidden City 未竟,而东方杂志忽有清宫二年记出现。盖与则民所译同出一本者也。于时则民即欲辍译。余劝之曰是何……彼东方之译本以通俗。而子之译本以文言。东方以月刊分载。而子以专本单行。见裕德龄.序[M]//清季宫闱秘史.上海:惜余社,1913.

② 周林英.爱伦·坡诗歌在华译介研究(1905—1949年间)[J].海峡科学,2011(2):76-79.

③ 陈贻先.湖北三杰[N].申报,1948-02-16.

国内的政治形势并不明朗,清帝随时有复辟的可能,当时这样的翻译行为是要背负株连九族的风险的。可见,作为中国国内敢"第一个吃螃蟹"的人,当时陈贻先的翻译行为是极具先锋性和革命性的。20多年以后,德龄英文著作的另一译者秦瘦鸥就常说,因为自己不懂清宫的情况,翻译起来非常困难。在当时国内英语教育并不普及的情况之下,陈贻先的英语水平就已经能够达到翻译和理解这类清朝宫廷内幕文献的程度,应该与他学习英语的途径,以及他的家世在清朝时期的显赫程度密不可分,当时像他这样有条件从事这类翻译工作的中国人应该是凤毛麟角的。

《东方杂志》作为中国较早翻译传播德龄小说的媒介,不是偶然的,而是与该杂志的编辑方针息息相关。笔者查阅该杂志的背景发现,创办于清末上海的《东方杂志》是中国期刊史上首屈一指的大型综合性月刊杂志,是商务印书馆继《绣像小说》之后创办的第二种杂志,以启导国民、联络东亚为宗旨,按月详尽辑录当月中外重大政治、经济、文化事件和要闻。其所刊言论,大多倾向于改良、立宪,呼吁爱国救亡,赞成君主立宪,提倡发展实业,主张普及教育,反对民主革命。①

《东方杂志》于1912年第9卷第1号首次开始连载署名为"高劳"②所著的文章《清宫秘史》,开篇写道:"英国女子之要求参政权也,谓英国当女王统治时,政教修明,国威隆盛。如依丽沙伯、维多利亚,为其国中有数之令辟。以是为女子优于政治能力之证。然反观我国,则适得其反。中古之世,夏殷周皆以妇人覆国。近世女祸,尤史不绝书。故我国经典及历史家政治家,莫不柬柬焉以母后临朝为戒。前清家法,亦不许太后垂帘听政。迄于季世,孝钦三次垂帘,卒酿戊戌之变、庚子之祸,国民痛心疾首,孽思革命,坏土未干,祸机猝发。清室三百年之政权,以此失尽。而国民之生命财产,牺牲于革命者,乃不可以数计。若孝钦者,固不独国民之祸水,实亦清室之历阶。迹其生平行事之拂逆人心者,固以戊戌、庚子为著。他若德宗之崩、孝贞之逝、毅后之殉,宫廷隐秘,传信传

---

① 陶海洋.《东方杂志》研究(1904—1948)[D].南京:南京大学,2013.

② 即时任《东方杂志》主编(1911—1920)的杜亚泉,他上任后使《东方杂志》成为当时中国销量最大、最有影响的综合性杂志。

疑。史家论证,待诸异日。而端肃①之事,实孝钦专政之开始。……本馆藏书于涵芬楼,近购得端肃遗事密札一册,皆当时直行在军机者与北京当路之秘密书札,凡十余通。札中多作隐语,非稔其事者,勿能详焉。中一札则拉杂不成文,用套格始得阅之,盖枢院通信之秘法。札中述端肃等抗争垂帘之情状颇详。而奕䜣及胜保等,定计以排除端肃之迹,亦于此可见。此亦清宫之秘史也。择其较有关系者,录之如左。"②

《东方杂志》于 1913 年第 9 卷第 12 号首次开始连载以"我"为第一人称见闻的清宫内幕小说《清宫琐记》,开篇写道:"予在前清内务府供差。故凡宫廷远近故事,或由目观,或由传闻,类皆事实。非如外间捕风捉影妄逞奇谈者可比。清廷改革后,市上所售清廷稗史及清后弑史等书,皆情节离奇,谬妄特甚,于事实皆大相违背。盖其传皆臆度之词,并无其事,不胜其纠正。兹略将事实杂凑数篇,以兴世所传者相比较,则莫相自得耳。"③

《申报》1915 年 12 月 10 日和当月 19 日均登出商务印书馆发行的"《清宫二年记》三版出书"的广告,广告写道:"此书为前清驻法公使裕庚君之女公子德龄女士所撰,记清室宫闱事甚详。盖女士入宫侍慈禧太后二年,极为慈禧所宠爱。凡慈禧性情之乖僻,政见之卑鄙,以及私蓄之美富,游戏之荒纵,言之历历,如绘原书。本为英文,经贻先、冷汰二君用京语译出,尤饶趣味。自出书以后极蒙社会欢迎,再版未久旋即售罄。兹复重行付印,校订尤为精审,现已出书。购请从速。"④

《申报》1916 年 2 月 8 日《自由谈·游戏文章》中的"龙谈"写道:"龙菱,著《清宫二年记》德龄女士之妹。"⑤与"龙谈"并列的还有"戏谈""小说谈",这些文章非常有趣,谈的都是当时文艺界的热门话题,相当于我们现在的网络"热词"。可见,随着德龄英文著作的中文译本在中国的热

---

① "端肃"是端华和肃顺的合称。

② 高劳. 清宫秘史[J]. 东方杂志,1912,9(1):3.

③ 德龄妹妹容龄在 20 世纪 50 年代也出版过一本名叫《清宫琐记》的书,恰好与这篇小说同名,但这篇发表于 1913 年的小说作者是另一位署名为"谷虚",自称曾在前清内务府供差的人,内容也与容龄所写的不同。见谷虚. 清宫琐记[J]. 东方杂志,1913,9(12):5.

④ 《清宫二年记》三版出书[N]. 申报"广告",1915-12-10.

⑤ 申报《自由谈·游戏文章》之"龙谈"[N]. 申报,1916-02-08.

卖,德龄及其在书中所写的家人已经成为当时人们津津乐道的热门话题。在这个版面上,《申报》还不忘打出更为劲爆的卖书广告:"裕女士入宫侍慈禧太后二年,故知宫闱事甚详。书中所纪,凡庚子后变法之真相,外交之实情,与夫德宗末年之幽废,端肃诸人之被诛,戊戌之政变,庚子之拳乱,其实际为外间所不能知者,均时时由慈禧口内流露而出。至于慈禧私蓄之美富,性情之乖僻,政见之卑鄙,游戏之荒纵,又如宫中礼俗之奇异,服色之奢侈,宫眷之童騃,阉宦之阴毒,皆为吾辈脑筋万想所不到者,女士身历目观,一一记载无遗。"[①]

综上所述,我们可以得知,清帝退位之后,国内外都迅速流行起一股迫不及待想要了解清宫内幕的文化热潮,作为德龄自我呈现媒介的英文著作,在掌握了英语的先锋中国人的翻译之下,在中国本土杂志这种新媒体迅速发展的趋势之中,在没有经过德龄本人同意的情况下,就悄悄地从国外火到了国内。德龄本人也在自己不知情的情况下,被《东方杂志》的受众以及他们的口口相传,被以"清宫内幕的讲述者"的身份介绍给中国人重新认识。

二、国外传播状况

中国国内对德龄家族人生剧本的他者呈现深受"清宫热"的影响,那么国外又如何呢? 接下来,本书将从德龄英文原著的中文以外其他语种译本传播,以及德龄相关新闻的国外传播情况等两方面,了解其在国外的他者呈现状况。

(一)德文译本

笔者所购的德龄英文原著德文译本仅有一部,是根据 D. 阿普尔顿-世纪出版公司(D. Appleton-Century Incorporated)1935 年首次出版的《天子》[②]一书所译,德文译本书名为"Kuang Hsü"。根据笔者搜集到的德龄原著的各版本的出版信息,对比后发现,D. 阿普尔顿-世纪出版公司在美国纽约和英国伦敦都有分支机构,因此 1935 年是同时在美国和欧洲

---

① 龙菱[N]. 申报"自由谈·游戏文章". 1916-02-08.

② Princess Der Ling. Son of Heaven[M]. New York/ London:D. Appleton-Century, 1935. 已出版的中文译本译为《瀛台泣血记》或《光绪皇帝泣血记》。

出版的。1936 年就能出版德文译本,而且还是与原著同样厚达 3 厘米以上的大部头硬精装,加上该书是光绪皇帝一生的历史传记小说,有很多中国文化和清宫内幕的细节,一般的中国人翻译起来尚且困难,德国居然有如此精通中国文化的译者,能如此迅速地完成翻译,可见该书之受欢迎。奇怪的是,德文译本并没有署上译者姓名,扉页用拉丁德文标注:"所有版权属于慕尼黑的沃尔夫出版社(Universitats buchdruckerei Dr. C. Wolf & Sohn München)①。"推测可能是出版社内部人士翻译的。

另外,德文译本除了扉页以外,其他部分的字体看上去都很奇怪,不是拉丁字体。经查阅资料发现,这属于 20 世纪 40 年代废止使用的花式德文,是一种古老的德文字体。由于这种字体当今中国国内流行的外语翻译软件均无法识别,笔者请教曾经有留学德国经历的博导以及正在德国留学的博士同学,但他们均只掌握当代德语文字,表示对花式德文字体看不懂。

从孔夫子旧书网上搜索的结果中,德龄英文原著德文译本其他版本来看,均为德国慕尼黑的沃尔夫出版社 1936 年所出版的硬精装版本,而花式德文因为外观华丽,属于贵族上流社会的书写字体,当时是与中下层社会所使用的拉丁德文同时并存的。慕尼黑是欧洲重要的出版中心之一,有着悠久的崇尚贵族艺术的传统。德语是欧洲使用范围仅次于英语的语言。虽然这本书上没有德文标价,但根据笔者购入的价格 450 元、书本保存完好这点来看,说明藏书者藏书条件不错,这也可以从侧面推测出,德龄英文原著德文译本当时发行量不算小,价格也不算低,主要面向富裕阶层发行。

译本封面在作者 Prinzessin Der Ling 的名字之前使用了 VON 一词,VON 在德文中是专用在贵族名字前面的,意指这个人或其祖先一定是有封地的贵族。德文译本把德龄称为"德龄公主",并且认为她的身份是一位正宗的贵族。黄色的硬质封面也用繁体书写了"载湉光绪"四个汉字,并且配了一幅双龙戏珠的古色古香的中国传统龙的图案,显得高贵富丽。

在该译本的末页,笔者终于发现了几行用当代拉丁字体书写的德

---

① 笔者不懂德语,是手动输入电脑以后运用谷歌在线翻译工具进行翻译的。

文，本来以为会成为破译本书的关键密码，但翻译软件的翻译结果是：
"我们德国第三帝国的德国人对德意志帝国的帝国主义表示敬畏，因为
他的生活和战斗只有一个目标：德国！——布隆贝格元帅。"①

联系 1936 年德国的历史背景，1933 年 1 月 30 日，阿道夫·希特勒
被任命为德国总理。半年以后，德国全民投票，希特勒得到 90% 德国人
的支持，成为合法的德国总统。此时的德国不仅完全从 1923 年通货膨胀
的金融危机中解脱出来，而且也开始从席卷全球的经济灾难中逐步恢
复。之后，这个背负着巨额赔款的国家仅仅用了六年的时间就完成了扩
军备战，拥有了欧洲最强大的武装力量。

综合以上德文译本出版信息中的蛛丝马迹，结合当时当地的背景信
息，可以进一步推测，德龄的《天子》一书是在这个特殊的时代背景中被
翻译到德国去，并成为德国上流社会追捧的畅销书。

（二）日文译本

笔者所掌握的德龄英文原著日文译本共有 4 部，比德文译本多，可见
日本人对德龄著作的兴趣比德国人更为浓厚。其中《西太后絵巻（北京
卷）》②和《西太后絵巻（奉天卷）》③均由日本大东出版部于 1941 年出版，
译者均为实藤惠秀。经笔者查阅，实藤惠秀是东京早稻田大学的教授，
一位"中国通"，对中日文化交流有重要贡献。1983 年出版的《西太后秘

---

① 德语原文是：Wir deutschen des Dritten Reiches neigen uns in Ehrfurcht vor dem
Reichsfeldmarschall des alten Reiches weil auch sein Leben und Kampfen nur ein Ziel hatte,
Deutschland!

② 德龄. 西太后絵巻（北京卷）[M]. 实藤惠秀，訳. 東京：大東出版部，1941；译自 Prin-
cess Der Ling. Two Years in the Forbidden City[M]. New York：Moffat，Yard，1911。已出
版的中文译本为《清宫二年记》。

③ 德龄. 西太后絵巻（奉天卷）[M]. 实藤惠秀，訳. 東京：大東出版部，1941；译自 Prin-
cess Der Ling. Imperial Incense [M]. New York：Dodd Mead，1933。已出版的中文译本为
《御香缥缈录》。

話——その恋と権勢の生涯》①和 1985 年出版的《天子光绪帝悲話》②均由日本东方书店出版。

由于以上日文译本都是竖排印刷的，因此当今中国国内流行的外语翻译软件均无法识别。好在笔者学习过日语，对日本文化也比较了解，能够部分看懂。日文译本把德龄称为"德龄女士"或"德龄女史"，认为她的身份是一位知识女性。

值得注意的是，在《天子光绪帝悲話》这一日文译本的序言部分，作序者的身份非常高。其中一位是松本重治，他是国际关系重要人物，具有显赫的家庭背景，是出身于门庭仅次于天皇家庭的日本豪族家庭的近卫文麿的智囊。日本素有"家格"的概念，其社会关系讲究门当户对。松本重治为德龄英文原著的日文译本作序，说明了他认可德龄家族是贵族，与他门第相当，否则他是不会屈尊来做这个事的。而另一位作序者是时任日本内阁官房长官的藤波孝生（内阁官房长官相当于政府秘书长），在序言中他提到，译者是他大学时的英文老师和政治前辈，译者之一野田绿（野田みどり）③出身于日本贵族，门第很高，政治资源很丰富，被誉为研究中国问题的第一人。

综合以上对德文译本和日文译本的分析可以看出，德龄的著作在德国和日本的传播有着特殊的社会背景，这也从侧面印证了即使没有"公主"头衔，德龄家族的国际关系资源之丰富和社会地位之高贵，在欧美和亚洲地区等保持着贵族传统的国家也是颇受认可的。

他者呈现中德龄家族的人生剧本戏剧场景局限于清宫，是国内外多个国家的全球化传播状况的反映，并非仅仅中国的本土化传播状况如此。

---

① 德齡. 西太后秘話その恋と権勢の生涯[M]. さねとう けいしゅう，訳. 東京：東方書店，1983；译自 Princess Der Ling. Old Buddha [M]. New York：Dodd Mead 1928. 已出版的中文译本为《慈禧御苑外史》或《慈禧秘史》。

② 德齡. 天子光緒帝悲話[M]. 永峰すみ・野田みどり 訳. 東京：株式会社東方書店，1985；译自 Princess Der Ling. Son of Heaven[M]. New York/London：D. Appleton-Century，1935. 已出版的中文译本为《瀛台泣血记》或《光绪皇帝泣血记》。

③ 译者名字为笔者翻译，该译者目前还没有中文资料介绍过。

第三节　戏剧冲突陷入俗套

流行版本中的德龄家族，总是处在争吵得不可开交的公主头衔的真假、德龄著作中史实的真假、中西文化冲突和新旧政治思想的冲突中。这些百年前延续至今的、陈旧的戏剧冲突是如何形成的呢？为何如此流行？

戏剧冲突包含三种：人跟人之间的斗争、人跟外界环境之间的斗争、人的内部斗争。这里包含思想感情的、欲望的、构成冲突的几种形式。但是，中国当代的文艺创作者，在德龄相关题材的创作方面，往往误解了冲突的形式和意义。比如，何冀平写的话剧《德龄与慈禧》与徐小斌写的小说《德龄公主》，戏剧冲突是一样的。调查他们的创作过程可以发现，他们其实都下了一定的功夫，都在秦瘦鸥的中文译本基础上，又找了不少相关的史料。改编者分析了材料，发现那段历史中的中西文化冲突和新旧政治思想冲突具有普遍性，就把它加以细化和放大，把人物形象、语言、动作、对白、舞美等各种细节都往这个矛盾上生拉硬拽，作为戏剧冲突的内容。剧本写出来了，思想内容是无可非议，矛盾似乎也很尖锐，可是演出之后，却留下不少的憾事。首先，它与其他清宫题材的戏大同小异。试想，剧本的戏剧冲突，如果只局限于某些普遍化的冲突，怎么能避免"雷同化"呢？其次，观众不感兴趣。中国人从小学开始学历史，通过各种媒体，对那段历史中的中西文化冲突、新旧政治思想冲突，了解得已经够多的了，有谁还会对重复这种解释的剧本发生兴趣呢？没过多久大家就会感到这些戏已经"过时"了。这并不奇怪，某些观点的主张分歧，虽然在一定时期内是普遍存在的，可是社会在前进，在某一时期普遍存在的矛盾，没过多久就可能过时了。此时先进的，可能在彼时就是落后的。另外，剧作者在这方面怎么能跟得上生活的发展呢？为什么这样？其实这是对戏剧冲突和人物形象的误解。

英国牛津大学历史学教授特雷弗-罗珀（Hugh Trevor-Roper）在

1976 年出版的巴克斯①的传记中和学者奥康纳(Kaori O'Connor)1986 年为再版的卡尔《与慈禧太后在一起》②一书所写的序言,虽然没有列举证据,但都顺便提到德龄的回忆录是伪造的。③虽然这种说法是出于名校的历史学教授之口,但不代表该教授对德龄有专门的、深入的研究。这种夹杂在畅销书序言中缺乏依据的说法,并不是严谨的学术研究成果,却被一些人信以为真。消费者的众说纷纭大多不加变通地套用正史古籍典章制度,对德龄家族的政敌所写的野史不加分析地直接引用,跳不出类似"Princess"头衔真伪、小说里描写细节的真假、人品好坏之类的老套路,甚至对所有德龄的信息都全盘否定,但是又难掩历史批评者否定历史亲历者时自身掌握文献资料不足的弊病。比如朱家溍曾断言慈禧太后生平只坐过一次火车,德龄根本不可能见过慈禧太后坐火车。④可是西苑三海的紫光阁旁挖掘出来的铁轨证明,慈禧在中南海居住时,每天中午要偕同光绪和后妃等乘火车从紫光阁到静心斋吃饭,她担心火车鸣笛破坏皇家风水和龙脉,火车不用机车牵引,改用人拉。《清宫词》⑤生动描述了从西方舶来的火车上皇室专用的黄绸窗帷跟其他宗室外戚和王公大臣的红绸和蓝绸窗帷所构成的独特东方皇权景观。这也证明了德龄有可能目睹过慈禧太后坐火车。

再如杨思梁的《此德玲非彼德玲》、虞文俊的《自我想象与媒体建构下的德龄公主》、田夫的《我来剥德龄公主的皮》、杨红林的《混血儿德龄居然混成了"公主"》等文章,从《郑孝胥日记》《清代野记》《旧京琐记》《独臂翁闻见随录》等封建文人对德龄家族的攻击言论出发,对德龄家族的

---

　　①　英国作家埃蒙德·巴克斯男爵著有自传体著作《太后与我》(DÉCADENCE MANDCHOUE)。在书中,巴恪思以回忆录的形式记录了他在清朝末年寓居中国的生活。

　　②　美国女画师凯瑟琳·卡尔曾进入清宫帮慈禧太后画像,1905 年出版了《慈禧太后在一起》(*With the Empress dowager*)一书。在书中,卡尔以回忆录的形式记录了她在清宫里的生活。

　　③　杨思梁.此德玲非彼德玲[N].中华读书报,2006-07-05(2).

　　④　朱家溍.德龄、容龄所著书中的史实错误——《瀛台泣血记》《御香缥缈录》《清宫二年记》《清宫琐记》[J].故宫博物院院刊,1982(4):25-43.

　　⑤　时人有一首流传京城的《清宫词》,生动描述了紫光阁到镜清斋短短路程,慈禧太后和光绪皇帝坐在小火车上的情形。它是这样写的:"宫奴左右引黄幡,轨道平铺瀛秀园;日午御餐传北海,飘轮直过福华门。"见刘燕.清末北京西苑的御用铁路[J].北京档案.2003(03):56-57.

关注只破不立，颠覆了德龄家族的自述以及前人对德龄家族的认知，基本不谈重建，竟然德龄的笔名和成名过程阐释为德龄个人想象、恶意造假和媒体炒作，德龄本人根本没进过清宫，德龄的书不是自己写的而是别人代写的，甚至历史上根本不存在德龄其人等结论，与真实的历史照片和正史文献资料、当时的新闻媒体报道、相关当事人的历史见证回忆都严重违背。根据格兰特的调查，当今很多西方人也以为德龄这个人是历史上并不真实存在的虚构人物。① 这种中西方对德龄家族的普遍认知，也许也与后世有太多根据德龄家族的真实历史创作的文艺作品有关。

其实，人类出于好奇心，会本能地主动探究艺术作品中虚构性故事的真实性，更何况以第一人称口吻"我"所写的作品呢？正所谓，大众消费者看德龄的书，考证癖看有考证癖的快乐，八卦狂看有八卦狂的惊喜。

从社会学的角度来看，绯闻是维系内群体交流和稳定的工具，或是作为一种恶意的手段去操纵和影响他人以对他人产生消极影响，或是对群体感兴趣的一个人的全方位分析。在进化的过程中，人类更擅长对"个人"的关注和分析，因为个人化的东西能引起深层的共情，相反来说那些数据化的东西可能不太讨巧。斯大林的名言"一人死亡是悲剧，一百万人死亡只是数字"残忍地指出了这一事实。

从心理学的角度来看，娱乐八卦是人类"情商"的一种表现，它像一面镜子，折射出人性中，诸如好奇心、无聊感、从众、社交等复杂的渴望。人们通过八卦共同编织出"真相"是一件愉快的事，让我们感受到，我们确实活在同一个世界里。讨论八卦到最后，除了讨论八卦的"真相"，往往都回到自己或身边的人身上，去讨论那些悲欢离合、爱恨情仇、世事无常。这就是八卦的魅力。它是现实，它又是戏剧，它是打开我们平时难以言说、难以讨论的话题的钥匙。八卦和我们的生活有暧昧关系。无论背后是真情还是假意，都抚慰了人类无法尽情表态的寂寞。因此，八卦不仅仅是谈资和共同话题那么简单。哪怕只是谈资和共同话题，八卦也有其他内容没有的优势，比如，传播度高，众人皆知；和真实事件挂钩又

---

① Hayter-Menzies G. Imperial Masquerade：The Legend of Princess Der Ling[M]. Hong Kong：Hong Kong University Press，2008.

有戏剧性;具有大量情感成分。

综上所述,他者呈现中争吵得不可开交的公主头衔真假、德龄著作中的史实真假、中西文化冲突、新旧政治思想冲突一类的争议不光发生在德龄家族身上,也发生在很多同时期的人身上,虽具有普遍意义,但这些争议都不是德龄家族人生剧本的特殊矛盾、主要矛盾。

第四节　本章小结

从上述分析可以看出,德龄家族人生剧本传播的他者呈现具有以下几方面的特征。

第一,话题传播因为满足了受众个性化的情感需要,贴近大众,流传度高,但是很多事实和观点具有想象成分,缺乏史实依据,也不等同于真实,品位也有待提高。

第二,翻译传播通过书籍媒介出版、杂志媒介登载和报刊媒介登载等传播形式在历史上已经形成了具有一定规模和影响力的文化产业,但也出现了文化工业高度同质化、类型化的弊端。

第三,文艺传播没有面向市场进行文本生产,闭门造车,随着精英创作者年龄的老化,不能与时俱进,有曲高和寡之嫌。

第四,从国外传播的历史状况来看,德龄家族的国际关系资源之丰富和社会地位之高贵,在欧美和亚洲地区等保持着贵族传统的国家也是颇受认可的,但在经过近代暴力革命推翻了历史贵族文化传统的新兴国家,对于德龄著作文化价值普遍持批判、不理解和浅尝辄止的态度。

把德龄家族与清宫联系在一起,虽然在前一个历史时期促进了德龄家族人生剧本的传播并且成为清宫剧的经典题材,但在当代越来越暴露出戏剧角色刻板、戏剧场景单一和戏剧冲突陈旧等弊端,成为制约德龄家族人生剧本传播的障碍。也正是这种文化工业高度的同质性,以及不理解和浅尝辄止的态度,使得德龄家族人生剧本的他者呈现在国内外总体上呈日趋衰落的趋势。

第四章　人生剧本的自我呈现

　　笔者作为一个当代人、德龄家族的局外人,只能通过德龄家族的人生剧本传播外化的媒介传播文本进行研究。通过扎根研究法把材料打散并按照从中提取的"戏剧角色""戏剧场景""戏剧冲突"建构起拟剧框架,对德龄家族的人生剧本进行内容分析。本书的第三章已经通过书籍、杂志、报纸、小说、戏剧、电影、电视剧、网络等媒介上的传播文本,了解他者呈现的德龄家族的人生剧本内容。本章将创造性地将原著、实景、录像等自我呈现的原始媒介中的信息视为传播文本,并运用三角互证法编制出三个大型的统计表[①],探索自我呈现中的德龄家族的人生剧本内容。

第一节　戏剧角色的延伸

一、常见的角色

　　他者呈现中德龄家族成员所扮演的戏剧角色,常见的包括德龄本人、德龄的父亲、德龄的母亲、哥哥勋龄、妹妹容龄、德龄的丈夫等6个戏剧角色。而且这些角色的表演都有固定套路,都是清宫剧中围着慈禧太

---

　　①　详见本书的附录2、附录3。

后转的配角。

而在自我呈现中,德龄家族的戏剧角色数量大大增加,人生经历也丰富得多,不再是大众印象中那样整天只围着慈禧太后转,表现出强烈的个人魅力。根据笔者搜集到的材料,德龄家族历史上从1644年至今300多年以来,如果按照一百年出生4代人计算,德龄家族至少已经传承了12代人。由于德龄家族亲属关系异常复杂,下文所列出的14个戏剧角色,属于生平资料比较详细,并且相对于其他家族成员而言比较有代表性的角色。本书对于这些戏剧角色的描述,只是对相关资料的推理、分析和整合的结果,不带任何阐释和解读的成分,目的在于更正前人的研究错误,补充前人研究的遗漏之处,对德龄家族概念进行全面系统的呈现,为下文的叙事性研究奠定论述的基础,提供论据,属于严谨的原创研究成果,并没有经过任何的文学修饰和艺术加工,不能当作文学创作的戏剧角色成品来看待、评判。本章第一节中所涉及的国外内容,没有中文资料记载,全部来自英文资料,包括由德龄家族后人提供的唐丽题及其丈夫库克·那拉廊的资料,均由笔者首次翻译成中文。

二、常见角色的罕见事迹

(一)德龄(Elizabeth Antoinette White-Lizzie)

被称为"德龄公主"的德龄本人,一直以纯种中国人自居,从没提过自己的异国血统,因此很多人都不知道她其实是一位中美混血儿,具有四分之一的美国白人血统和清朝八旗汉军正白旗旗籍。因德龄自述的(包括墓碑上的)出生年份与其弟弟和妹妹的出生年份不符,而其他显示德龄具体出生年份的二手资料又互相矛盾,缺乏可信的信源。因此虽然还没有更权威的一手资料显示德龄具体的出生年份,但大致可以推断德龄生于19世纪七八十年代左右,美国出具的死亡证明确定其卒于1944

年 11 月 28 日,死亡地点是美国加州大学伯克利分校南大门①。德龄曾任慈禧太后一等女侍官并被慈禧赐封为"德龄郡主"②,清廷驻日本、法国大使裕庚之女,曾被慈禧太后指婚许配给荣禄的儿子、溥仪皇帝的舅舅良揆,但德龄出宫后嫁给美国驻上海领事馆副领事萨尔迪斯•怀特(Thaddeus Cohu White)为妻③。德龄并非一些批评者所称的在美国期间只是一名"普通的亚裔妇女",在美国《洛杉矶时报》于 1944 年 12 月 4 日发布的讣告中,她的身份是加州大学伯克利分校的教师。④ 她凭借个人在新闻和图书出版、戏剧、广播电视、电影、旅游等传播领域的巨大影响力,成为享誉美国、中国、法国、德国、日本、瑞士等世界范围内多个国家的社会活动家。德龄在好莱坞和百老汇都具有深厚的人脉和知名度,曾被美国米高梅公司邀请出演由赛珍珠小说改编的美国电影《大地》的女主角。⑤ 当时好莱坞的著名华人影星李时敏⑥(James Zee-Min,蒋介石的英文教师)和被誉为"百万宝贝"的美国女首富芭芭拉•霍顿(Barbara Hutton,罗斯柴尔德家族密友)⑦,都是德龄的密友。由于与摩登财团和美国总统罗斯福儿子的友谊以及她本人在华人世界的影响力,德龄还被美国议会指定为中国平民救济会的主席,宋庆龄还曾追随德龄所发起的

---

① 德龄死于加拿大的说法是秦瘦鸥说的,见德龄.秦瘦鸥译.介绍原著者[M]//瀛台泣血记.昆明:云南人民出版社,1980.但格兰特引证德龄生前好友李时敏著作中对事故的回忆以及当时美国《时代》杂志对德龄车祸肇事司机法庭审判的报道,了解到德龄死于美国加州大学伯克利分校南大门。见 Hayter-Menzies G. Imperial Masquerade:The Legend of Princess Der Ling[M]. Hong Kong:Hong Kong University Press,2008,preface xxii,P341 NOTES,prefacel。格兰特还亲自去了事故地点查看。

② 德龄. 容龄女士前序[M]//御香缥缈录. 秦瘦鸥,译. 上海:申报馆,1936.

③ 德龄郡主清宫谈[N]. 申报,1925-03-29.

④ Died. Mrs. Elizabeth White[N]. Los Angeles Times,1944-12-04.

⑤ 逊清德菱郡主扮演"大地"一主角[N]. 申报. 1936-03-08.

⑥ James Zee-Min Lee. Chinese Potpourri[M]. Hong Kong:The Oriental Publishers,1961.

⑦ Philip Van Rensselaer. Million Dollar Baby:An Intimate Portrait of Barbara Hutton[M]. New York:Putnam Berkley,1979.

影响世界多个国家的救援中国抗日的"一碗饭运动"①。

（二）裕庚

德龄的父亲，名裕庚，字郎西，清朝八旗汉军正白旗旗籍，生于 1838 年，卒于 1905 年 12 月。晚清著名洋务派外交官、改革家。精通满文、汉文和英语、法语，素有"八旗才子"的美誉。因抓获太平天国英王陈玉成，创下平定太平天国的军功获封二品衔。曾任总理各国事务衙门大臣，官至三品太仆寺卿。在任清廷驻日本公使期间，较早促成中国首批官派留学生留学日本的制度和实践，兴起了中国近代留学日本的浪潮，为甲午战争后中日建交，以及义和团时期维持中法正常邦交做出了卓越贡献，推动了晚清外交、金融、财税、交通、邮政、军事等方面的现代化改革。被后世认为陈玉成唯一自传的《陈玉成自述》就出自其手，此书成为后世研究太平天国史的重要资料。

关于裕庚的生平，除了当今网络流传甚广的《裕庚出身始末》野史，前人更容易忽略的是光绪版《玉田县志》和《清代官员履历档案》均记载有裕庚档案。上海图书馆所藏盛宣怀档案中的《裕庚哀启》②，为裕庚去世时其子勋龄所撰，较为详细地记载了裕庚的家庭情况和生平经历。德龄的英文著作也回忆了裕庚的生平细节，对子女的教育，在国内办理洋

---

①　德龄追随宋庆龄的说法是秦瘦鸥说的，见德龄.介绍原著者[M]//瀛台泣血记.秦瘦鸥，译.昆明：云南人民出版社，1980.可以理解宋庆龄在民国时期是国母的地位，德龄是清朝遗老，如果秦瘦鸥说宋庆龄追随德龄，这样的说法即使是事实也很难在中国出版，至今秦瘦鸥的说法也一直被中国其他学者引用。但格兰特引证美国媒体当时的新闻报道有力地证明了德龄是 1938 年发源于美国的"一碗饭运动"活动的主席（原文表述为 chairperson），看这本传记可以知道德龄前后连续从事了很多相关有迹可循的慈善活动，都是有媒体报道的。见 Hayter-Menzies G. Imperial Masquerade：The Legend of Princess Der Ling[M]. Hong Kong：Hong Kong University Press，2008.，325-326，364 NOTES。而由宋美龄倡导的"一碗饭运动"是 1941 年才开始的。见夏雨."一碗饭运动"[J].文史月刊.2008(9)：1.宋美龄重新演绎了之前"一碗饭运动"的精神。见《"一碗饭运动"，凝聚华人抗战之心》，https://www.sohu.com/a/27932241_117503.从时间先后，以及媒体对德龄和宋美龄的活动评价，我们不难判断出谁追随谁。

②　《裕庚哀启》属于馆藏的付费查阅私人信函，查阅一次需要支付给图书馆 500 元，之前从未在前人研究成果中引用，由陈万华查阅到并将电子图片提供给笔者。

务,以及她随父出任清廷驻日本、法国公使时的见闻。① 身为高官的裕庚在清朝的时候是一个很新的人物,当时常与康有为、梁启超等维新派的革命家来往。孙中山还没流落海外的时候,裕庚也常常送钱接济他。② 1875—1903 年的《申报》、《大公报》(天津版)均多次对裕庚的活动进行报道。据不完全统计,英国《闲话报》(*The Tatler*,1901 年 7 月 10 日)、新西兰南部《奥塔哥见证报》(*Otaqo Witness*,1904 年 2 月 17 日)、《纽约时报》(*New York Times*,1902 年 11 月 9 日)、《波士顿全球日报》(*Boston Daily Globe*,1904 年 3 月 6 日)等欧美媒体均对裕庚一家进行过报道,将裕庚的家庭誉为豪门,因为裕庚在上海拥有两家重要的银行,可以向当时作为国际金融中心的伦敦和巴黎等城市发放贷款。③ 从裕庚那时开始,德龄家族就成为全球瞩目的公众人物。一些书籍、论文也有关于裕庚从事外交工作的资料和初步研究。④

(三)路易莎·皮尔森(Louisa Pierson)

德龄的母亲是中美混血儿,具有二分之一的美国白人血统。裕庚的第一任夫人早逝之后,裕庚在光绪元年(1875)娶美国皮尔森氏为妻。路易莎的母亲是中国人,英文名冠夫后姓称为"seahow girl" Pearson,德龄家族的成员说她是一位中国高官的女儿⑤。路易莎"有才,凡英、法语言文字及外国音乐技艺皆能之"。《纽约时报》1902 年这样描述作为清廷驻法国公使的夫人路易莎"能讲完美的法语和英语,她是一个奇妙的艺术家,在丝绸上作画,有中国大师级的专业造诣和高端品位,让法国专业的画家惊讶得合不拢嘴"⑥。晚清时寓居日本 40 余年的中国人王惕斋所著

---

① Princess Der Ling. Kow tow[M]. New York:Dodd Mead,1929.

② 钱台生. 满洲郡主德菱访问记[J]. 大上海(半月刊),1935(1):9-10.

③ The talented family of the Chinese Minister to France[N]. New York Times,1902-11-09.

④ 边文锋. 清季中国向日本遣使设领考(1877—1911)[D]. 北京:中国人民大学,2007.

⑤ 此为引用德龄后人丘拉·那拉廊接受笔者英文采访时的独家信息源,他说信息来自唐丽题的亲哥哥 Victor 的书信。

⑥ Grant Hayter-Menzies. Louisa Pierson [EB/OL]. [2018-01-15]. http://www.geni.net/.

的《独臂翁闻见随录》笔记则称裕庚夫人"性乾刚,有男子风"①。路易莎于1903年起随德龄、容龄姐妹入宫陪侍慈禧太后,并承办接待外国公使夫人等事务。

(四)勋龄(John Shuin-Ling Yu)

德龄的二哥,中美混血儿,具有四分之一的美国白人血统,清朝八旗汉军正白旗旗籍。字寿臣,辛亥革命后复用徐姓②。因为裕庚长子奎龄早夭,勋龄实际上长期担任家中长子的角色,他有很强的家族观念,对自己的家人也极为爱护。他随父亲裕庚驻法期间在法国陆军学校学习时学会了摄影③,后来成为慈禧太后的御用摄影师,故宫现存的慈禧太后的照片共有103张,绝大多数由他亲自拍摄。但据专家估计,当时勋龄帮慈禧太后拍摄的照片远远不止这些。虽然勋龄生就一副典型的白人长相,但他为人温婉有礼,宛如旧式的谦谦君子,光绪皇帝曾赐他亲笔题写的扇子。④ 勋龄曾在清廷驻法国公使馆担任二品顶戴二等翻译官花翎⑤,清宫电灯处工程师⑥,在清宫陆军部和禁卫军任职⑦,1907年9月任江苏候补道⑧,后被裕庚的政敌托忒克·端方⑨陷害失去公职⑩,民间说他"有冤不申,有气不争"⑪。1933年6月20日中标获得沪杭线客车茶点承包

---

① 王勤谟.王惕斋及嫡孙文集:中日文化交流先行者[M].北京:中国文史出版社,2013:3-38.

② 德菱郡主今日可抵平[N].益世报(北平版),1935-10-03.

③ 张祖道.女官裕容龄[J].中国摄影,1999(2):50-54.

④ 秦瘦鸥.清宫最早的摄影家——勋龄[J].紫禁城,1982(4):5-6.

⑤ 时事要闻[N].大公报,1902-10-18.

⑥ Princess Der Ling. Two Years in the Forbidden City[M]. New York:Moffat Yard,1911.

⑦ 唐培堃.裕容龄——从闺阁走向世界的中国女性[M]//中国人民政治协商会议天津市委员会学习和文史资料委员会.天津文史资料选辑(总第一○六辑).天津:天津人民出版社,2005.

⑧ 官事:江苏候补道勋龄乘新裕轮船赴京到道辞行[N].申报,1907-09-18.

⑨ 托忒克·端方(1861—1911),清朝正白旗人,字午桥,号陶斋,清末大臣,历任工部主事、陆军部尚书、湖广总督、两江总督等职,官至直隶总督、北洋大臣。

⑩ 梁溪坐观老人.清代野记[M].上海:进步书局,1915.

⑪ 费只园.清代三百年艳史[M].北京:中国戏剧出版社,1993.

权①,但同年 11 月 6 日因吸鸦片被警察局抓获②。后无业赋闲在北京靠祖房收租做寓公③。德龄的侄女唐丽题发表文章称勋龄于 1943 年底病逝。④

(五)容龄(Nellie)

德龄的妹妹容龄在兄妹五人中排行第五,中美混血儿,具有四分之一的美国白人血统,清朝八旗汉军正白旗旗籍。曾任慈禧太后一等女侍官并被慈禧赐封为"寿山郡主",在新中国成立后的登记表格中显示生于 1882 年(但具体月日多处记载有差异),中国国民党革命委员会成员⑤,中国舞蹈家协会会员⑥。1904 年日俄战争期间曾通过日本驻北京公使馆向日本驻上海公使馆发送密电求助将其全家引渡到日本。⑦ 容龄对自己出宫的理由、出宫时间和出宫后的去向刻意篡改和隐瞒,因而在公开场合不断强调德龄的著作内容不实。1912 年她与中华民国第一任总理唐绍仪的侄子唐宝潮结婚。⑧ 1916 年起由黎元洪总统的女儿黎绍芬推荐在北京总统府礼官处做女交际官,直至 1928 年政府南迁卸职。1917 年 6 月张勋复辟期间容龄经由法国驻天津的外交官圣-琼·佩斯帮助让总统黎元洪及其家人进入法国公使馆和法国医院避难。1935 年任冀察政务委

---

① 沪杭线客车招商　承办茶点昨开标　徐寿臣得标[N].申报,1933-06-21.

② 纸烟烟丝和入海洛英燃火吸食即可过瘾　吴纪生真害人不浅[N].申报,1933-11-08.

③ 德菱郡主今日可抵平[N].益世报(北平版),1935-10-03.

④ Dan Lydia. The Unknown Photographer: Statement Written for the Smithsonian [J]. Freer Gallery of Art and Arthur M. Sackler Gallery Archives,1982(3):1.

⑤ 中山市人民政府地方志办公室.裕容龄[A]//中山市人物志.广州:广东人民出版社,2012:114.

⑥ 中山市人民政府地方志办公室.中国舞蹈家协会会员[R].中山市人物志,2012.

⑦ 密电原文的照片由网友"枫影斜渡"发表在其新浪博客文章《读注〈裕庚出身始末〉(下)》(http://blog.sina.com.cn/s/blog_4945b4f80101folv.html.)中,但是因为密电是用日文草书这种古字体书写,很多懂日语的人都看不懂。笔者联系正在日本读博士,研究日本中古史的黄申龙同学,寻找到了研究这种文字的人并且翻译出来了。

⑧ 唐培堃.裕容龄——从闺阁走向世界的中国女性[M]//中国人民政治协商会议天津市委员会学习和文史资料委员会.天津文史资料选辑(总第一百〇六辑).天津:天津人民出版社,2005.

员会交际员。新中国成立后曾为外国驻华使馆人员讲授汉语、英语、法语。1955 年 1 月被聘为中央文史研究馆馆员。1973 年 1 月 16 日病故，终年 91 岁。① 随父驻日法期间，她与姐姐德龄一起曾在日法外交官的指导下接受语言文学和礼仪、插花、音乐、舞蹈教育，入读法国著名的圣心学校。② 《纽约时报》1902 年评价："裕庚的两个女儿，都非常非常漂亮，都是聪明的业余女演员。年纪大的那位（指德龄）是一位准外交家。她们已经完美地融入了巴黎的上层社会，成为地道的巴黎名媛。"③ 作为现代舞创始人伊萨多拉·邓肯亲传的华裔弟子之一（另一位是德龄）④，容龄在法国巴黎大剧院出演邓肯编导的舞剧主角并引起轰动。⑤ 容龄用其现代舞的技术和扎实的古典舞功底改良清宫古典舞蹈，被誉为清朝宫廷舞蹈"承上启下"和中国现代舞的第一人。⑥ 她还曾收容清宫工匠，制作手工艺品出口外国⑦，改良清宫旗装、清宫外交礼仪、清宫餐饮文化，举办交谊舞培训班，把古典题材电影稿《香妃传》翻译成英文和法文出版⑧，口述出版清宫生活回忆录《清宫琐记》⑨。1926 年由摄影师麦克默里（Mac-Murray）摄录的时长 3 分 21 秒的容龄剑舞电影，近年被纪录片《贝家花园往事》的剧组在法国，并被刘恒岳在美国发现。1934 年容龄接受瑞士新苏黎世新闻社记者瓦尔特·博萨特（Walter Bosshard）的采访摄影。⑩ 1957 年接受纪实摄影家张祖道的采访摄影。⑪ 1960 年接受女性摄影师

---

① 黎绍芬. 我的父亲黎元洪［M］//张蓓. 黎元洪：被逼梁山的泥菩萨. 南京：江苏人民出版社，2014.

② 叶祖孚. 西太后御前女官裕容龄（七）［J］. 纵横，1999（7）：50-53.

③ Chula Na-Ranong. Nellie Yu［EB/OL］.［2018-01-15］. http://www.geni.net/.

④ Princess Der Ling. Lotos Petals［M］. New York：Dodd Mead，1930.

⑤ 张祖道. 女官裕容龄［J］. 中国摄影，1999（2）：50-54.

⑥ 刘青弋. 刘青弋文集（10）：中华民国舞蹈史（1912—1949）［M］. 上海：上海音乐出版社，2013：79.

⑦ Hayter-Menzies G. Imperial Masquerade：The Legend of Princess Der Ling［M］. Hong Kong：Hong Kong University Press，2008.

⑧ 叶祖孚. 西太后御前女官裕容龄（七）［J］. 纵横，1999（7）：50-53.

⑨ 裕容龄口述，漆运钧笔录. 清宫琐记［M］. 北京：北京出版社，1957.

⑩ 陈炜舜. 被误认的老照片［M］. 香港：香港中和出版有限公司，2017.

⑪ 张祖道. 女官裕容龄［J］. 中国摄影，1999（2）：50-54.

牛畏予的采访摄影。① 容龄与唐宝潮没有生育，先是抱养前驻法公使馆馆员王曾思的女儿做养女②，后来又抱养唐宝潮二哥之女做养侄女。后来养女唐丽题留学美国并且远嫁泰国，"养侄女"③嫁给了毕业于清华大学、留学美国的孟广喆教授（先后任天津南开大学工学院院长、天津大学焊接教研室主任、天津市政协委员）。

（六）怀特（Thaddeus Cohu White）

1905 年 5 月 21 日，德龄与一位名叫怀特的美国白人在上海结婚。据格兰特查阅藏于美国加利福尼亚州的死亡通知书记录，怀特于 1878 年 8 月 15 日出生于美国纽约长岛，是一名水手的儿子，死亡通知书上显示其母亲婚前的姓氏为摩尔（Moore）。他作为一名轻型火炮兵，参加过美西战争，在中国先后担任美国上海租界法院的执法官、美国驻上海副领事④，其间可能曾向美国商业团体亚洲协会出版的《美国亚太协会杂志》（*Journal of the American Asiatic Association*）提供情报⑤，他还是北京门头沟煤矿公司经理，是美国旧金山的矿场老板，并非中国媒体传言的一名普通报社记者。虽然中国人不了解怀特并且以为怀特配不上德龄，

---

① 高初，高帆，牛畏予.光影人生——写在高帆、牛畏予摄影回顾展开幕之际[J]. 数码摄影，2017(7)：24-26.

② 养女生父的名字来自德龄家族后代提供的信息，国内没有相关资料记载。根据名字这一线索，笔者通过查阅文献获得了更多可与之互证的关于养女身世的资料。

③ "养侄女"的说法见唐培垄.裕容龄——从闺阁走向世界的中国女性[M]//中国人民政治协商会议天津市委员会学习和文史资料委员会.天津文史资料选辑（总第一百〇六辑）.天津：天津人民出版社，2005.唐培垄在该文中自述自己是"唐宝潮和裕容龄的亲侄孙，是唐宝潮的四哥唐宝锷的长子长孙根据本人所知和亲属的口述，对近年来的有关资料进行核实、去伪存真，写成此稿，以正视听。"由于我们无法知道第二个养女的姓名，没办法用"养女"的称呼把两个养女区分开来，用"养侄女"来称呼也应该是可行的，意为"自己养的侄女"。我推测，他们平时可能也是按侄女的关系来称呼，只是自己养而已。这样的称呼代表容龄夫妇名义上只有一个女儿，抱养的侄女还是侄女。如果我们擅自把这种称谓改为"养女"，就代表他们之间按父女、母女的称谓相称，或许并不一定不准确。还是引用唐氏后人的称呼为准。

④ 莫理循.清末民初政情内幕：《泰晤士报》驻北京记者 袁世凯政治顾问乔·厄·莫理循书信集（下）（1912—1920）[M].骆惠敏编，刘桂梁，邹震，张广学，等，译.上海：知识出版社，1986.

⑤ 吴翎君.美国大企业与近代中国的国际化[M].北京：社会科学文献出版社，2014：124.

但凭借怀特的外交官、金融家、军方三方面的背景,可知他在美国社会的实际地位高于德龄。怀特是德龄父亲去世后唯一可依靠的家人,他为德龄的成名和事业计划投入了巨大的金钱、精力、人脉和情感支持,他体贴德龄写作辛苦,特意为德龄买了当时最先进的打字机①,多次陪伴德龄回中国探亲访友②,曾计划投资 50 万元开办中美合资的"美华电影公司","让德龄担任演员和副导演"③。中国媒体误传他与德龄离婚④,事实上他们俩从来没有离婚,德龄亲自向媒体澄清过这个传言⑤,直到德龄去世之际他们都是生活在一起。德龄在自己生前最后一部著作的扉页题字致谢怀特。德龄去世后怀特继承了德龄的遗产,但直到怀特 74 岁去世,这些遗产都几乎原封不动地保存着,他说是为了怀念自己的妻子。怀特1953 年 3 月 30 日病逝于加州洛杉矶市,葬在他家乡纽约的萨格港(Sag Harbor)。⑥

三、罕见的其他角色

(一)雷蒙德(Thaddeus Raymond White)

德龄的儿子,生于 1912 年 7 月 29 日⑦,从小就因为是德龄的儿子而被媒体关注。四岁时(1917 年)随父母在纽约坐地铁时童言无忌地评价地铁入口是一个"神奇的大洞",梦想去做地铁的服务员,被《洛杉矶时报》誉为"超级可爱的混血儿"。⑧ 1927 年 5 月 11 日,15 岁时在上海德龄的英文戏《西太后》中演出《满洲猎舞》。⑨《申报》评价他"颇强健韶秀,随

---

① 德龄郡主清宫谈[N]. 申报,1925-03-29.

② 三言两语记德菱郡主近况(下)[N]. 申报,1923-04-05.

③ 美小说家欢宴德龄公主[N]. 申报,1925-05-27.

④ 秦瘦鸥.《御香缥缈录》中译本及作者德龄其人[J]. 故宫博物院院刊,1982(4):43-46.

⑤ 德菱郡主抵平[N]. 申报,1935-10-04.

⑥ Chula na Ranong. Thaddeus Cohu White[EB/OL]. http://www.geni.net/并有美国官方开具的怀特死亡通知书为证。

⑦ Chula na Ranong. Thaddeus Raymond White[EB/OL]. http://www.geni.net/并有雷蒙德的墓碑照片为证。

⑧ Chinese Princess on Way Here to Make Home[N]. Los Angeles Times,1929-05-27.

⑨ 英语"西太后"新讯[N]. 申报,1927-05-11.

父母游历世界,见闻甚广……纯粹以美国方式教育此子俾逼肖乃父"①。1933 年毕业于美国西点军校,同年 4 月 4 日患急性肺炎在曼哈顿的一所医院(东 19 街 161 号)去世,年仅 20 岁。②

(二)徐成忠

德龄父系徐氏家族有家谱记载最早的始祖。虽然前人的文献关于德龄的籍贯有不同的说法,比如东北三省说③、荆州驻防说④、香山南屏说⑤,但这些说法由于没有确切的祖先姓名和一手史料而无法证实。《徐文濬齿录》有力地证明,德龄是定居于河北玉田东关的徐氏家族的后人。徐文濬于光绪十七年(1891 年)顺天乡试中举,德龄生父裕庚是其族叔,裕庚及其父亲连瑛均被记入《徐文濬齿录》。《徐文濬齿录》显示,河北徐氏家族的始祖徐成忠,"从太祖入关,恩赏正白旗汉军"⑥,说明德龄祖上属于八旗中的汉军正白旗人,旗籍是"从龙入关"(顺治元年,1644 年)时期获得的。光绪版《玉田县志》卷七记载有咸丰拔贡,德龄父亲徐裕庚的《选举表》⑦;北京社科院明清史的专家李宝臣也证实,德龄的妹妹容龄曾亲口对他说自己原籍河北玉田⑧。徐氏家族早年就有一位先祖列席乾隆"千叟宴"并得到御赐的龙头拐杖等件,后来又出过不少官宦,女性嫁的门第也不低。有人认为徐氏家族的旗籍是包衣(奴才),但目前无直接一手材料证明他们出身包衣,倒有一些线索可推断徐氏家族可能是某亲王的庄头,与当朝王公贵族的关系非同一般。⑨

---

①　三言两语记德菱郡主近况(下)[N].申报,1923-04-05.

②　Thaddeus R. White, 20-Year-old Son of Chinese Princess, Dies of Pneumonia[N]. New York Times, 1933-04-05.

③　德龄.瀛台泣血记[M].秦瘦鸥译述.昆明:云南人民出版社,1980.

④　湖北省地方志编纂委员会.湖北省志人物稿[M].北京:光明日报出版社,1989.

⑤　中山市文化志编委会.中山市文化志[M].广州:广东人民出版社,1994.

⑥　《徐文濬齿录》是未公开出版的私人家谱,之前从未在前人研究成果中引用,由民间文史爱好者陈万华将电子图片提供给笔者,原件为陈万华私人收藏的铅印本。

⑦　上海书店出版社.中国地方志集成 河北府县志辑 21 康熙玉田县志 光绪玉田县志 民国临榆县志[M].上海:上海书店出版社,2006.

⑧　李勇刚.寻觅在历史的犄角旮旯里——访北京社科院李宝臣研究员[J].学习博览,2009(5):10.

⑨　此为引用陈万华接受笔者访谈时的说法。

（三）联瑛

原名徐连瑛，德龄的爷爷，清朝八旗汉军正白旗旗籍。[①] 民国时期梁溪坐观老人所著的野史《裕庚出身始末》记载联瑛"字翰庭，道、咸间任江苏县令"。而《淮安府志》则记录联瑛任江苏盐城县知县是在同治元年（1862 年）。[②] 朱启钤把联瑛妻"联翰庭大令瑛夫人"载入《女红传征略》，并评价其削绣手艺"可谓传神妙手矣"，被当时晚清上层社会的人士视若至宝。[③]

（四）约翰·皮尔森（John Pearson）

德龄的外祖父（生于 18 世纪末，卒于 19 世纪中期，具体年份不详），是清朝早期来华的美国人。他是来自美国波士顿的欧洲血统白种人，曾是一名美国海军军官、中国帆船船长[④]，后来到上海开了一家洋行，是建立波士顿和上海之间关系的创始人之一，并娶了一位广州女子为妻[⑤]。在关于早期美国人来华的历史文献中，美国人威廉·C. 亨特（William C. Hunter）1882 年在巴黎出版的著作《广州"番鬼"录 1825-1844——缔约前"番鬼"在广州的情形》多次提到波士顿行号的"巴肖号"皮尔逊船长

---

① 　此为引用陈万华接受笔者访谈时的说法，汉军旗人为有利于科举考试、社交和升官，通常不使用其汉姓，而是把汉姓隐匿，使用名的第一个字作为姓，有时还需要把其改为同音字，以使自己的名字看上去像满姓，突出其满人身份。因此徐连瑛对外称联瑛。德龄家族联瑛支系从联瑛至德龄三代人都在朝廷为官，在姓名方面都有这个特点，裕庚以及他的儿女们原本也不姓裕，而姓徐。

② 　光绪十年（1884）《淮安府志》卷十三"职官"记载联瑛同治元年（1862）任江苏盐城县知县。见吴昆田，等. 淮安府志 1－6[M]. 台北：成文出版社，1983. 结合《淮安府志》和缙绅录的记载，可以判断，咸丰七年至同治六年（1857—1867），只有姚铣、陈荫培是正式任命的，其他几位像李鬯钧、联瑛、万青选都是署理，联瑛只是短暂署理。

③ 　朱启钤. 女红传征略·刺绣第二[M]. 铅印本，1928.

④ 　此为引用德龄后人 Chula Na-Ranong 接受笔者英文访谈时的信息源，他说信息来自唐丽题（德龄外甥女）的亲哥哥 Victor 的书信，这一信息是可以与很多当时的背景资料互证的。

⑤ 　Seagrave S，Seagrave P. Dragon Lady：The Life and Legend of the Last Empress of China[M]. London：Vintage，1993.

(Capt. Pearson)。① 从这本回忆录的记录来看,"巴肖号"至少于 1830 年 8 月至 1838 年 10 月间多次往返于英国伦敦、广州黄埔和美国波士顿之间,符合美国商人当时经营多边贸易的习惯。笔者推测,亨特所提到的这位皮尔逊船长有可能就是德龄的外祖父 John Pearson。即使是巧合同姓,这本回忆录所记载的缔约前"番鬼"在广州的情形也对于了解 John Pearson 在广州的生活经历很有参考价值。Pearson 一家从广州到上海的变迁过程,也是中国近代与外国缔约前后西方人来华,通过各种中介渠道,了解中国信息,掌握在中国生存的技能,融入中国社会,优胜劣汰过程的缩影。

(五)馨龄(Charles Hsing-Ling Yu)

德龄的弟弟,中美混血儿,具有四分之一的美国白人血统,清朝汉军正白旗旗籍。馨龄作为幼子,个性比较放纵。《大公报》报道他生于 1879 年②,格兰特声称他于 1932 年去世。在兄妹五人中排行第四。至少精通中、英、日、法等四国语言。随父亲裕庚驻法期间,任清廷驻法国公使馆二等翻译官。《纽约时报》1902 年评价裕庚的两个儿子都是"很好的小伙子,优秀的语言学家,出色的运动员,聪明且熟悉巴黎的生活。他们清朝的长辫子用金色的假发装饰"③。1902 年 10 月 16 日娶出身塞纳河畔的巴黎钢琴女教师吉纳维芙·维克托瓦尔(Genevieve Pauline Victoire)为妻,在当时法国最时髦的教堂之一圣·菲利普·杜鲁尔教堂(The Church of St. Philippe-du-Roule)举行意味着终身一夫一妻的天主教婚礼。1903—1904 年慈禧安排他在颐和园万寿山轮船处工作。④ 1904 年

---

① 威廉·C.亨特. 广州"番鬼"录 1825-1844——缔约前"番鬼"在广州的情形[M]. 冯树铁,译. 广州:广东人民出版社,1993.

② 译件:"京津时报及法国报同云驻巴黎中国使臣裕庚氏之次公子 Charles Hsin-ling 聘娶法国人洋琴女教习 Professeur de Piano 为室"[N]. 大公报(天津版),1902-12-04.

③ Grant Hayter-Menzies. Charles Hsing-Ling Yu [EB/OL]. [2018-01-15]. http://www. geni. net/

④ Princess Der Ling. Two Years in the Forbidden City[M]. New York:Moffat Yard,1911.

与英国汇丰银行洽谈成功聘请印度马戏团入清宫献演于慈禧太后。[1][2][3]
他的法国妻子因无法忍受他回中国后沾染八旗子弟吃喝嫖赌的恶习以
及婚后又娶了几位妻子,申请由法国驻清廷公使馆介入与其办理离婚手
续后,携女儿回法国。[4] 武汉大学官方网站的历任校长一栏显示馨龄
1905 年 4 月至 1911 年 10 月任张之洞创办的武昌自强学堂(今武汉大学
原址)监督(相当于校长),[5][6]但被父亲裕庚的政敌托芯克·端方以"嫖
妓"为名革除官职[7],后被报纸报道强占妻妹为妻[8],欠下法国银行巨额债
务[9]。辛亥革命后复用徐姓,长住上海。一生共育一子一女,其子于 1949
年溺亡于台北。

(六)唐宝潮

容龄的丈夫,德龄的妹夫(北京福田公墓的清朝皇室成员公墓里德
龄公主与唐宝潮合葬墓是后人弄错了,误把容龄当成德龄)。他因带动
了近代中国人到西方的军事留学教育,成为闻名中外的"中国陆军留欧
第一人"。[10] 1913 年,在巴黎与容龄结婚。1919 年,出任巴黎和会军事专
员,同年任将军府参军,受派参加英法比三国庆祝第一次世界大战胜利
大会。1921 年,任总统府侍从武官。1928 年,政府南迁,唐宝潮蛰居北

---

① 译件:"益闻西报云前出使法京钦差大臣裕庚氏之公子前夜同伯里耳君在某饭店用
饭遂约定印度马戏于下礼拜二去北京奏请皇太后御览"[N]. 大公报,1903-09-19.

② 印度马戏于十八日上供御览 闻系裕庚之公子进献[N]. 顺天时报,1903-09-29.

③ 中外近事·北京传戏确认志:"探闻印度马戏系由汇丰银行吴君代请裕庚之公子进
献。即于十八日招请各国公使夫人时开演。近二日修地未妥,虽该马戏已到颐和园,然并未
开演。并闻在颐和园演毕即在门外开场演练"[N]. 大公报,1903-10-02.

④ 原文为外国媒体的英文报道剪报图片,但报头不完整,无法获取原始的报刊来源。

⑤ 武汉大学官方网站. 历任领导[EB/OL]. http://www.whu.edu.cn/xxgk/lrld.htm.

⑥ 候补道馨龄于各国语言文字极为熟悉,现充方言学堂监督[N]. 天津大公报,1907-
09-02.

⑦ 端督廓清湖北官场败类[N]. 申报. 1910-6-18. 这里,"端督"是指托武克·端方
(1861—1911),清朝正白旗人,字午桥,号陶斋,清末大臣,时任湖广总督,因此当时的报刊简
称他为"端督"。

⑧ 候补道强抢妻妹之骇闻 湖北候补道馨龄[N]. 图画日报,1909(48):11.

⑨ 馨革道转押地皮之纠葛(武昌)[N]. 申报,1910-12-21.

⑩ 沈荣国. 近代中国第一留学家族——珠海唐家唐氏[J]. 岭南文史,2010(4):42-51.

平。1935年，出任翼察政务委员会参议，七七事变后赋闲。1955年1月，被聘为中央文史研究馆馆员，1958年1月10日病故，终年74岁。[①] 唐宝潮所在的唐氏家族开创了中国多项首次纪录。其父唐昭航是上海唐氏"买办世家"和"茶叶世家"的成员，和中华民国第一任总理唐绍仪是堂兄弟。其兄唐宝锷是德龄的父亲裕庚选派的清朝首批官派留日学生，后来成为中国著名的大律师，中国律师协会的创办人。唐氏家族还有清华大学创始人唐国安和中国最早的买办唐廷枢，击退英商对华的茶叶倾销并反过来垄断欧美市场的被誉为"中国茶商中的拿破仑"的唐翘卿等名人。

（七）唐丽题（Lydia Dan）

容龄的养女，德龄的外甥女。她的后代声称她实际上生于1915年6月，但被唐氏夫妇收养后把生日改成了1916年12月1日，籍贯也从上海南汇改成了广东香山。[②] 生父为民国著名外交官王曾思（1890—1944），曾任中国驻俄、意、法等国公使馆秘书，1933年9月至11月曾一度任外交部参事。[③] 生母为黄瑾文（音译）。她还有七位亲生的兄弟姐妹，分别是Edward（14岁时夭折）、Sophie（生于罗马）、Victor、Raoul（生于巴黎，1968年去世）、Michael（生于日内瓦）、Secondary（天津一名初中教师）、Lucy（生于北京）。

丽题小时候曾患小儿麻痹症，导致一条腿走路是跛的。[④] 但容龄夫妇仍把她视为己出，按照名媛的规格培养她，经常带她出入社交场合，使得她年少时已经成为经常在媒体上露面的千金小姐。[⑤] 当时德龄、容龄和勋龄都一起居住在北平，互相常有来往，因此，丽题也是当时德龄家族的重要见证人。丽题幼时接受了良好的中西合璧教育，是著名中比混血

---

① 中央文史研究馆.中央文史研究馆馆员传略[M].北京：中华书局，2001.

② Chula Na-Ranong. Dan Lydia[EB/OL]. [2018-01-15]. http://www.geni.net/. 收养后所改的生日用于大量官方材料，成为重要的身份证明，因此下文行文以改后的1916年12月1日生日为准。

③ 刘国铭.中国国民党百年人物全书（上册）[M].北京：团结出版社，2005：227.

④ Han S. The Crippled Tree：China，Biography，History，Autobiography[M]. New York：Putnam，1965.

⑤ 慈善会中唐宝潮夫人及唐丽题徐懿德两女士合演"佛舞"之化装[N].北洋画报，1929-03-30.

女作家韩素音的小学同学，也是民国时期海外留学的女先驱。20 世纪 30 年代初起，她担任民国外交部总务司交际科办事员①。1936 年，她获得英国名校谢菲尔德大学贝内特学院的本科文凭。1940 年，获得巴黎自由政治科学学校（今巴黎政治学院的前身）的硕士文凭。1941—1942 年受政府公派赴美国著名的女子学院拉德克利夫学院（Radcliffe College）攻读硕士，1942 年在波士顿与库克·那拉廊（Chok Na-Ranong）结婚。1942—1944 年继续在美国哈佛大学攻读政治学的博士学位。毕业后随夫回到泰国曼谷定居。1951—1967 年在位于曼谷的泰国最好的大学之一的朱拉隆功大学担任政治学教师直至被评为副教授。期间，还在泰国法政大学担任特邀学者（1954—1960），在法国新闻社曼谷分部工作（1955—1965）。1967—1968 年任加拿大卡尔顿大学客座学者。1968—1972 年在美利坚大学国际服务学院、华盛顿法学院担任客座教授。期间，还在美国威斯康星大学国际研究学院工作（1969—1970）。其间，德龄家族的成员相继去世，她继承了部分德龄家族的遗产，也发表过一些关于德龄家族的文章，德龄家族后人提供的照片显示，她曾像德龄一样穿着清朝公主的服饰，以豪门贵妇的身份在泰国传播中国传统文化。2002 年，她的丈夫库克·那拉廊和她于同一年先后逝世。而他们的后代作为德龄家族传承至今的家族成员，仍然保存着德龄家族珍贵的书信资料和生活照片。

（八）库克·那拉廊（Chok Na-Ranong）

容龄的女婿，德龄的外甥女婿。笔者所联系上的德龄家族后人丘拉·那拉廊就是他与唐丽题的第三代。库克·那拉廊生于 1916 年 10 月 28 日，1923—1924 年在泰国拉廊府读小学直到二年级，1925—1929 年在槟城读小学直到七年级，1930—1934 年在槟城就读英国剑桥大学"国际中学教育"标准的初中高中。1932 年他的父亲离开家庭之后，他只能获得来自家庭为期一年多的经济支持。因此，1935 年 5 月至 1936 年 2 月他去曼谷萨格布学校读书，目的是在 1936 年 5 月获得泰国最高的国王奖

---

① 三十年代初期民国外交部官员［EB/OL］．（2012-02-08）（［2018-01-15］．http://www.360doc.com/content/12/0208/10/349878_184965043.shtml.

学金。他如愿获得奖学金，并在 3 个月内通过了法国大学的入学考试。1937—1938 年在法国巴黎考取律师资格证，1938—1939 年在美国哈佛大学攻读法律专业硕士，1942 年与唐丽题结婚。1939—1945 年从事抵抗日本在中国侵略的活动。他是泰国抗日运动"自由泰运动"的创始人，在中国接受过美国中央情报局的训练。2002 年 2 月 8 日逝世于泰国曼谷，被泰国国王授予皇家火焰荼毗。在与唐丽题婚后，他先后又娶了四位妻子。[1]

库克·那拉廊是泰国华裔望族那拉廊家族的第四代。这个家族的始祖许泗漳是来自中国福建漳州的著名华侨，对泰国的政治和工业经济有重大的历史贡献。其子许沁美被誉为"泰国橡胶之父"，是泰国国王拉玛六世的至交，拥有泰国国王御赐的象征国家管理序列中最高等级的白象勋章，并被允许佩剑出入泰国皇宫，以示国王对他的高度信任。[2] 库克·那拉廊的祖父，是继承许泗漳拉廊府尹爵位的长子许沁光。库克·那拉廊的父亲，是许沁光的第六个儿子，他患有小儿麻痹症，但从他的照片来看，他穿着将军的服装，应该是拥有很高公职和军权，并且胸上佩戴着多个勋章。

以上对德龄家族的戏剧角色的呈现，对于研究德龄家族是最为基础、最为关键的一个研究步骤，在没有前人现成研究成果可参照，不能预测其家族成员关系范围和搜集材料方向的研究条件下，在浩瀚的时空中寻找这些角色，搜集这些角色散落在古今中外各种不同媒体上多语种的资料，进行大量比对、推理和取舍，并且组合成尽可能不遗漏的全面系统的流畅文本，就像大海捞针，难度异常大。这个部分是本书最重要的研究成果，集合了笔者搜集到的几乎全部一手资料，其中很多重要的独家信源、家族关系、研究线索和资料都是过去从未公开过的。

德龄家族人生剧本的传播研究这个议题，应归属于文化传播领域，研究重点在于其文化内容和文化内涵。如果还没弄清楚德龄家族的人

---

① Chula Na-Ranong. Chok Na-Ranong[EB/OL]. [2018-01-15]. http://www. geni. net/.

② Phraya Ratsadanupradit（Khaw Sim Bee Na-Rannong）Monument[EB/OL]. [2018-01-15]. http://hk. tourismthailand. org/Attraction/Phraya-Ratsadanupradit-Khaw-Sim-Bee-na-Ranong-Monument-5457.

生剧本要传播什么,又怎么轮得到去谈如何传播呢?德龄家族毕竟是一个特殊的研究对象,不是那种可以随意替换的类型化研究个案。如果换一个家族,即便能找到戏剧场景和戏剧矛盾类似的,而德龄家族人生剧本中的戏剧角色都将是最不可替代的。因此,大众传播研究领域所重视的传播过程方面的探讨,必须借助这一部分提前夯实的论述的基础。正是角色的特殊性,构成了德龄家族文化内容和文化内涵最重要的独特之处。本书虽然不能在这里进行文学创作,不能对以上角色进行文学修饰、随意剪裁、塑造形象,但接下来,但可以通过戏剧场景和戏剧矛盾,将笔者对德龄家族人生剧本的理解,借助"讲故事"的叙事研究方法表现出来,帮助读者进一步了解德龄家族人生剧本独特的文化内容和文化内涵。

第二节　戏剧场景的拓展

他者呈现中德龄家族成员身处的戏剧场景,除了清宫还是清宫,似乎德龄家族就是整天围着清宫转,仿佛是在拍清宫戏的群众演员。而在自我呈现中,德龄家族的戏剧场景数量大大增加,人生经历也丰富得多。根据本书所搜集到的材料,德龄家族历史上从 1644 年至今 300 多年,有文献证明的遗迹范围包括全球 13 个国家 78 个地点[①]。德龄家族的生活轨迹表明,无论 300 年来世界风云如何变幻,他们一直保持着上流社会的贵族地位,是自身所处的时代的精英,顺应历史发展的潮流,并推动历史发展。中国大众熟知德龄家族曾把西方文化传入清宫,却不知他们还把中国文化传播到全球多个国家。更加不被人所知的是,他们曾参与了清朝入主中原的朝代变更,率先打开了美国对华贸易的大门,参与了美国崛起的美西战争,掀起了中日甲午战争之后中国留学日本的风潮,诞生了多位中国留学西方的先驱,并成为中国近代多所率先向西方学习的名牌高校的创立者和领导人,在国际社会政治、军事、经济、文化领域都具有不可忽视的知名度和影响力。德龄家族的生活轨迹折射出大时代背

① 详见本书附录 2。

景下许多引起社会变革的潮流,可以从中窥见上流社会这个神秘的社会阶层的生存智慧,以及在世界多个国家地区不为人知的隐秘生活场景。

德龄家族人生剧本中的实景,既是其特殊人生轨迹和人生经历的反映,同时也折射出上流社会从近代到当代的变迁过程。近代以来,世界各国的上流社会大多经历了颠覆性的社会革命,新阶级取代旧阶级成为国家的统治者,原本不相往来的国家被纳入国际社会体系。但是,上流社会的社交规则,及其文化资本、金融资本、知识资本等,除了在世界上少数几个社会主义国家进行了彻底改革,在世界上大部分国家还是得以较大程度地延续。目前的国际上流社会主要构成都是一些殖民地宗主国的王室成员、国际金融巨头、富商、政要,他们早在殖民地时期就已经高度国际化。因此,在国际社会中,这些国家过去上流社会的规则,就成为当代国际公认的规则。

上流社会聚集着世袭的文明程度很高的社会精英,他们过着物质极大丰富、精致有教养的贵族生活,他们的生活方式是社会的典范,吸引着其他阶层的人们向上攀登。在封闭的传统社会里,一个人一出生就注定要在他父辈所属的阶级和阶层里终其一生,子继父业,代际流动很少。在开放的现代社会,每个阶级和阶层的大门都是敞开的,代际流动是必然的。但代际之间向上流动的机会,并非对所有的人都一律平等,它受到许多个人条件和环境因素的影响。因此,上流社会的生活故事对于大众来说是极具吸引力的。

从文化传承与传播的环境特征来看,上流社会是金钱、权力、名望三种特征人群的集合体。在股市里,西方上流社会是大庄家,他们通过缔结成一个熟人社会,互相交流内部信息,操纵股市,可以大量避免自身的投资风险。德龄家族很早就涉足金融领域,他们通过建构起国际化的经济网络和情报网络,逐渐接近国家的政治中心,与多个国家的当权者建立私交关系,从而获得显赫的政治地位。同时他们也不忘积累其他的社会资本。当他们政权旁落的时候,他们善于发展和利用家族的经济和文化等软实力,继续对政治产生影响,从而获得东山再起的机会。下面将根据笔者搜集到的与德龄家族所处的时代最相近的地点背景资料,在德龄家族生活空间的实景中,运用深描研究法进行叙事,以还原部分戏剧片段。本小节对于其中许多戏剧场景的描述,不是来自现成的材料,因为前人没有现成可引用的描述,更不是研究者所搜集材料的简单拼凑。
这些叙事性的描述都是笔者在对相关资料的推理、分析和整合基础上,
提取人物、地点要素结合另行搜索到的时间、空间、文化背景资料进行的
原创研究成果,是笔者多次酝酿和消化的纪实性创作,目的是对德龄家
族的相关资料进行更容易被人理解、更为深入的阐释和解读,帮助读者
理解德龄家族文化的独特内涵,从而达到共情理解。

一、西风东渐

对于德龄外国血统的来源,国内外众说纷纭,即使在德龄哥哥所撰
写的《裕庚哀启》中,也只交代自己的母亲是美国人。而根据德龄家族后
人丘拉·那拉廊所提供的家书信息,德龄外祖父约翰·皮尔森来自美国
波士顿,曾是一名美国海军军官、中国帆船船长。就这么一句话,中国人
或许觉得不是什么名贵的身份,但这个线索其实包含了很大的信息量。
据笔者查阅当时的背景资料发现,美国海军是近代美国最先进的兵种,
在美国近代在国际社会崛起的独立战争中,以及后来美西战争中的海外
扩张中都扮演了重要角色。波士顿是美国距离欧洲最近的一个主要港
口,因而它迅速发展了海外贸易,向欧洲出口朗姆酒、鱼、食盐和烟草,成
为当时世界上最富裕的国际商港之一。波士顿名门世家的后代大多成
为美国社会文化的精英,被誉为"波士顿婆罗门"。从波士顿出发到达中
国广州的远洋商船"中国皇后号"开启美国对华贸易之后,波士顿的显赫
商业家族以血缘、姻亲、政治和商业为纽带,在对华贸易中结成了一个强
大的利益集团,不仅在中国设立代理行,与行商建立了密切关系,还与欧
洲的商业金融机构建立了紧密的联系。很多中国人或许并不知道,帆船
是美国对华贸易最早期的象征,当时美国对华贸易靠的就是远洋帆船,
这些贸易可不是小商小贩的行为,只有全美国最富有的商人才能拥有这
样的帆船,从事美国、英国、中国等地的远航多边贸易,帆船贸易利润很
高,因而帆船在当时的国际贸易中属于很先进的设备。何况约翰·皮尔
森并不是普通的船员,而是船长,是帆船的拥有者,如果没有其作为美国
海军军官的背景,恐怕难以具有让商人信赖的远洋导航技术。直到1843
年上海开埠以后,国际贸易才普遍采用邮轮。美国凭借高于英国东印度
公司等欧洲商业竞争对手的对华贸易商行的簿记和商业通信的效率,在

广州贸易中后来居上,迅速崛起。① 1843 年 11 月 17 日,根据《南京条约》和《五口通商章程》的约定,上海正式开埠,从此中外贸易中心逐渐从广州移到上海。外国商品和外资纷纷涌进长江门户,开设行栈、设立码头、划定租界、开办银行。从此,上海进入历史发展的转折点,从一个不起眼的海边县城开始朝着远东第一大都市前进。德龄外祖父约翰·皮尔森也是在这个背景下,从广州迁往上海发展,最早建立了波士顿与上海之间的贸易联系。在广州经商时期,他就娶了具有开放意识的中国高官的女儿,熟悉了中国的社会生存规则,并生下中美混血女儿路易莎·皮尔森,并给她"波士顿婆罗门"特有的、中西合璧的上流社会的文化礼仪教育,使得她在中国和西方上流社会左右逢源,后来成为清朝大员裕庚的妻子,并且助力其在中国外交和国际舞台上长袖善舞。裕庚带着自己当时还没有任何官职的具有美国血统的两个儿子去拜会上海的达官贵人和各国公使,为儿子将来接任自己外交官的职业和继承家族在上海的人脉铺路。② 裕庚逝世后,其子勋龄也第一时间给当时上海首富盛宣怀发去哀启,以延续德龄家族与盛宣怀的联系。从而继续维持了"波士顿婆罗门"的商业家庭人脉传统。

德龄的丈夫怀特长得高高瘦瘦,是一位名叫威廉·怀特(William White)的美国水手的儿子,她的母亲艾达·摩尔(Ada Moore)③婚前来自一个非常古老的欧洲家族——摩尔家族,该姓氏意为"高贵的,伟大的",该姓氏的词源来自古法语、中世纪英语。这个被《泰晤士报》驻北京记者莫理循称为"美国冒险家"的男人,有着和他的父亲一样的航海冒险精神,又和他的父亲一样为高贵的女人所倾倒。

怀特于 1878 年 8 月 15 日出生于美国纽约长岛,这个纽约市东南的岛屿,与纽约市被誉为"欲望之都"的曼哈顿仅一河之隔。在他出生的一

---

① 相关社会背景见:王蕾. 二战后美国艺术赞助体系与美国当代艺术崛起[D].北京:中国艺术研究院,2015.

② 相关线索见:上海官场纪事[N].申报,1899-08-06.

③ 该资料为美国政府开具的怀特死亡证书上的记载,见 Hayter-Menzies G. Imperial Masquerade: The Legend of Princess Der Ling[M]. Hong Kong: Hong Kong University Press,2008. 当时美国的女性婚后是冠夫姓的,所以可知 Moore 是怀特母亲婚前的姓氏,从而推断其家世。

个世纪以前,这里就已经弥漫着浓厚的欧洲移民商业精神。长岛东端于1796 年建起了一座名叫蒙塔克的灯塔(Montauk Lighthouse),为从欧洲远渡重洋而来的冒险家们指明了移民美洲的道路,照亮了他们的淘金梦。他们发现这里三面环海,岛上布满森林,雨量充沛,气候湿润,即使夏天也不炎热,是世间难得的宜居之地。于是很多国内外的富豪都把这里视为人间天堂,在这里建起豪华别墅,丰富的夜生活和奢华的海滩,使得长岛从 19 世纪起就成为纸醉金迷的代名词。

在他 8 岁那年,一座象征着美国移民独立精神的自由女神像,在美国当时最大港口的纽约港口竖起。他的父亲一定会看见并告诉他这一大事件,或许年幼的他当时就已经登上自由岛并亲眼观看了这座雕像。这一年,也就是 1886 年,后来他的妻子德龄,告诉他自己正是这一年出生的,她懂得他所追求的财富和自由。

20 岁时,他已经是美国现代海军中的一名轻型火炮兵,参加了征服海外的美西战争,顺利地在南美洲和亚洲建立起美国的战略据点。这次标志着世界开始进入帝国主义时代的战争结束后,美国以胜利者的姿态,在法国签订了取代昔日海上帝国西班牙的《巴黎和约》。这一年是1898 年。到了 1899 年,他未来的妻子德龄就跟随父亲踏上了巴黎的土地,开始了清廷驻法使公馆的生活。德龄家族的唐氏后人唐培堃说,德龄是在法国认识怀特的[①],那说明怀特在签订《巴黎和约》之后继续留在巴黎工作,后来又跟随德龄回到了中国;容龄的好友漆运钧[②]的后人回忆说,容龄回忆德龄是在慈禧太后办的外国公使舞会上认识怀特的;格兰特则说怀特在美西战争后,就被美国军方秘密派往中国,德龄是在出宫

---

① 唐培堃.裕容龄——从闺阁走向世界的中国女性[M]//中国人民政治协商会议天津市委员会学习和文史资料委员会.天津文史资料选辑(总第一百〇六辑).天津:天津人民出版社,2005.

② 漆运钧(1878—1974),日本早稻田大学政治经济科毕业。留日期间,入孙中山中国同盟会。1910 年夏天回国,应学考试,中法政科举人,次年廷试列二等,授七品京官,任田赋司行走。辛亥革命后,在北洋政府任职,兼京城多所大学讲师。1928 年后,任南京政府监察院档案室主任、文书科科长等。1948 年退休,闭户专研经史。后为中央文史研究馆馆员。与同为中央文史馆员的容龄夫妇脾气相投,两家经常联络走动。容龄出版的中文著作《清宫琐记》是容龄口述,漆运钧笔录的。

以后在上海上层社会的舞会上，经一位歌手朋友介绍认识怀特的①。无论是怎样认识的，20来岁的时候，亚洲开始成为怀特生命中的最重要的转折点，从此以后，他就与东方的异域风情结下了不解之缘。德龄在中外记者面前说，怀特是很好的情人和丈夫②，为人精明干练又帅气，对自己很照顾体贴，自己对他一见钟情。

素有"中国洋人通"称号的莫理循在其私人书信中写道，怀特来到中国，先后担任美国上海租界区内法院的执法官、美国驻上海副领事③。19世纪90年代以后，由于通商贸易的快速增加，一个以促进美国在华利益的商业团体——美国在华利益委员会也因此诞生，后来有1898年美国亚洲协会上海分会成立。他们同时也出版一份以报道美国商人在亚洲地区的商业活动信息为主的刊物《美国亚太协会杂志》(*Journal of the A-merican Asiatic Association*)，而中国商情的讨论往往占了重要的版面。美国在华商会的名誉委员通常由美国驻华领事和副领事担任，德龄的丈夫怀特时任美国驻上海副领事，免不了参与其中的一些活动④。

当时怀特不但一直担任美国政府的外交官公职，私下还做国际古董贸易，他在上海广东路的古玩市场设立了出口中国古玩的公司。因为德龄从小生长在官宦之家，又随父亲出使日本、法国，后来又进入清宫，见识过中外许多上层社会的珍稀古玩。所以怀特与德龄结婚以后，他们夫妻就一起广结上层社会的人脉，从事古玩生意，德龄写的英文著作中有大量古玩鉴赏的内容，也是因为这个原因。

怀特在中国时，曾任北京西山的门头沟煤矿的总经理，德龄随其当时住在东交民巷内的使馆区，她在民国的华洋上层社会交际圈非常有名，很多来华投资、经商或旅游的外国人都向她询求中国的情报和服务。一位只在北京住过不到两个星期的外国女作者艾伦·拉莫特(Ellen LaMotte)虽然与德龄素不相识，但又以"所谓的公主"(So-call Princess)

① Hayter-Menzies G. Imperial Masquerade：The Legend of Princess Der Ling[M]. Hong Kong：Hong Kong University Press，2008.

② 三言两语记德菱郡主近况(上)[N]. 申报，1923-04-04.

③ 莫理循. 清末民初政情内幕：《泰晤士报》驻北京记者 袁世凯政治顾问乔·厄·莫理循书信集(下)(1912—1920)[M]. 骆惠敏编，刘桂梁，译. 上海：知识出版社，1986.

④ 吴翎君. 美国大企业与近代中国的国际化[M]. 北京：社会科学文献出版社，2014.

不具名地写了德龄的很多不实传闻。① 为了回应这些不实的传闻,德龄在其著作中大量描写了东交民巷内的生活,尤其是瓦尔冈茨饭店(rand Hotel des Wagon-Lits)中民国华洋上层社会交际圈各色人等的贪婪、虚伪、好色、以讹传讹的丑态。②

民国时期的重要交际场所瓦尔冈茨饭店(又称为六国饭店)位于使馆区的核心区,是一座由六个列强国家共同投资建设的、闻名海内外的饭店。六国饭店虽然价格异常昂贵(日房费是普通标准的四倍,月房费达到普通标准的百倍),但它提供了当时中国最稀缺的公共产品——安全。由于有深厚的帝国主义势力撑腰,六国饭店在政治上享有特权,治安由六国军警宪兵轮值,哪怕窗外兵荒马乱,饭店里也是歌舞升平。中国军队和警察别说进饭店抓人,就是进入饭店所在的东交民巷使馆区,都需要大费周折。在北洋时期,政府政权更迭频繁,包括很多下台的政要、贵族在内的人到六国饭店避乱,人多的时候没有客房,他们带着细软睡在大堂里,还要交很高的房费。

作为当时北京市除北京饭店以外最豪华的饭店之一,六国饭店成为引进西方生活方式的重要媒介,并通过名人、要人开始潜移默化地影响中国人,正宗的西方面包、咖啡、牛排,丝毫不迁就中国人的习惯③,并引入了一整套西方餐饮礼仪:餐巾如何叠放、刀叉如何使用、用餐时尽量不发出声响等,最有名的是"女士优先"这样的绅士法则,让来此的中国人仿佛一夜之间都成了"文明人"。交际舞就是从六国饭店的舞厅开始流行于北平上流社会。能参加六国饭店的聚会,成为当时北平上流社会身份的象征。④

二、逆流而上

因为丈夫工作调动和儿子上学的需要,德龄一家三口定居美国。他

① LaMotte E N. Peking Dust: China's Capital in World War I[M]. London: Century Company,1919.

② Princess Der Ling. Jades and Dragons[M]. New York: Dodd Mead,1930.

③ 赵珩.老饕漫笔:近五十年饮馔撷忆(增订版)[M].北京:生活·读书·新知三联书店,2012.

④ 高峰.六国饭店:民国第一社交场[J].文史博览,2015(2):51-52.

们先是在怀特的故乡纽约生活了一段时间,20 世纪 20 年代左右又到矿产资源丰富的加州开矿。他们选定了洛杉矶郊外的约书亚树(Joshua Tree),作为莫哈维(Mojave)沙漠和科罗拉多(Colorado)沙漠之间的一部分,那里蕴含着丰富的金矿资源。怀特在那里当上了矿场老板,并买下了一幢别墅居住。①

约书亚树的沙漠景观深具西部异域风情,巨砾扶壁、岩石山地、古怪树木、日落美景和满天繁星,成为当代人的旅游胜地。但炎热的气候令德龄倍感不适,她似乎更加怀念在中国清宫里的生活,尤其是颐和园的湖水,她在英文著作中反复回忆并描写。她还学会了开汽车,她酷爱道奇牌汽车②,能在两个多小时之内往返洛杉矶和约书亚树。在这段日子里,她还坚持英文写作,并且经常接受《洛杉矶时报》记者的采访,也经常出入洛杉矶的各种社交场合,尤其是好莱坞。她还继续在欧美上层社会做中国古董出口生意。比如当时被誉为"百万宝贝"的美国女富豪芭芭拉·霍顿(Barbara Hutton),就因为读了德龄的英文著作,被东方的异域风情深深吸引,于是向她大量购买中国古董,并与她成为情同姐妹的闺密。芭芭拉·霍顿同时也是欧洲著名金融家族罗斯柴尔德家族名媛纳迪娜·德·罗斯柴尔德(Nadine de Rothschild)的好友。这使得德龄在欧美上层社会的知名度有增无减。

当时加州的淘金热已经接近尾声,澳大利亚墨尔本发现了大量金矿,原来被称为"金山"的圣弗兰西斯科改称"旧金山"。1936 年约书亚树成为美国国家历史纪念区,怀特的矿业早已实现了向文化旅游产业转型。其实早在数年前,对于德龄的生活和工作,怀特一直都是非常配合和支持的。他以一种工程思维,把德龄所从事的文化产业当成一座金矿来开发。他就已经把德龄介绍给投资人,并且自己也计划投资开办中美合资的"美华电影公司","让德龄担任主演和副导演"。③ 1929 年,美国掀起了"梅兰芳热",德龄当时为了改变好莱坞电影中"男是苦力,女是娼妓"的华人形象,也迎合美国观众的口味,在其著作中描写了与京剧相似

---

① Hayter-Menzies G. Imperial Masquerade: The Legend of Princess Der Ling[M]. Hong Kong: Hong Kong University Press, 2008.

② 汽车中之德龄公主[N]. 申报, 1934-10-18.

③ 美小说家欢宴德龄公主[N]. 申报, 1925-05-27.

题材的中国神话故事①，为拍成好莱坞电影做准备。德龄偕同李时敏、伍爱莲（Ailian Wu）②等名流人士于 1927 年在上海兰心大剧院（又名卡尔登大剧院）演出自编自导的清宫题材英文戏《西太后》③。该剧通过上海谋得利洋行售票，并有剧本的中文译本出售，戏剧以当时国际前卫的百老汇歌舞剧形式演出，配有西方的歌舞，德龄还亲自出演自编自导的唐朝宫廷舞蹈《梅妃怨》，德龄的中美混血儿子现场演出《满洲猎舞》。德龄还计划获得摩根财团的支持，在加州建设一个"故宫博物馆"，以永久保存故宫的文物，她为此到处奔走，耗尽了生前最后十年的心血。

19 世纪末 20 世纪初，随着石油的发现，洛杉矶开始崛起，迅速发展成美国西部最大的城市。第二次世界大战后，随着现代工业的崛起，商业、金融业和旅游业繁荣，移民激增，城区不断向四周扩展，洛杉矶成为美国的特大城市，并成为美国石油化工、海洋、航天工业和电子工业的最大基地。诺思罗普、罗克韦尔等以航空工业为主的大型公司都在此设立总部，使得洛杉矶成为美国境内仅次于纽约的金融中心。

洛杉矶作为美国与亚洲的进出口贸易中心，因为码头的搬运工大多是华人，性别失调导致大量中国妇女（包括女童）被从中国贩卖到美国去当妓女，这使得华人当时在美国社会成为"苦力"和"娼妓"的代名词，在洛杉矶备受歧视。加上中国一战时期在其他国家的胁迫下同意名义上参战，但"宣而不战"，不直接派兵而是向协约国输送了大量穷苦劳工当后勤。但是，华工形象因此在欧洲遭到上层社会的嘲讽，他们认为中国人都是苦力，是"无论多少岁，智商都不到 10 岁"的人种。主打中国文化品牌的德龄，在上层社会也常常遇到这类对她先入为主的尴尬偏见，甚至很多欧美人不相信中国这个"满是苦力"的国家会有德龄书中宣称的这种文明，说她是骗子，这极大地影响了德龄的社会声誉和古董生意，使得德龄不得不开始通过出书、演讲、上电台电视台节目、举办新书签售会、担任选美比赛的评委、举办慈善活动等各种大众传播活动来改善华人在美国上层社会的形象，她声称要教育对中国无知的美国人。1931 年

---

① Princess Der Ling. Golden Phoenix[M]. New York：Dodd Mead，1932.

② 伍爱莲（Ailian Wu），上海跳舞明星，1925 年曾进入电影界，在亚美影片公司主演黎锦晖编剧的电影《碎玉缘》。

③ 此为戏剧的中文译名，英文原名不详，见英语"西太后"新讯[N].申报，1927-05-11.

1月,德龄身穿慈禧所赐的全套宫廷服装,在美国堪萨斯城妇女俱乐部演讲说:"中国姑娘们正追随着美国妇女的发展踪迹,成为速记员、教师、商人、秘书和医生等新式妇女。"①

20世纪二三十年代开始,德龄到旧金山的唐人街从事为中国抗日救亡募捐的公益活动,最早为中国抗日募捐衣物的慈善晚宴就是由德龄发起的。她还常去华工工作的一线如矿山、纺织厂去看望华工,了解他们的工作情况,写成小说和新闻报道让公众了解他们。因为这些成就,德龄被美国议会指定为中国平民救济会的主席。1938年从旧金山开始,德龄发起了影响全美国的"一碗饭运动",当时与德龄同时出席活动的还有美国前总统赫伯特·胡佛、罗斯福总统的儿子和旧金山市市长。② 旧金山的"一碗饭运动"以中国传统典故"漂母与韩信"为依据,在华人的武术、醒狮、时装表演中,以认购一碗炒饭的餐券在美国社会发起慈善募捐,以鲜明的中国传统文化特色和故乡情怀的凝聚力,在以面包为主食的西方社会,展示出华人的文化自觉和文化自信。"一碗饭运动"在美国兴起后,南下南美洲,在古巴等地的华人中产生联动效应,后来又传到英国伦敦。1941年,即德龄首倡发起"一碗饭运动"三年之后,宋庆龄在香港重新演绎"一碗饭"精神,号召香港各界资助抗战,救济同胞。

三、突破重围

慈禧太后因曾经镇压革命和默许屠杀在华外国使团的义和团运动,成为中国封建意识形态的代表,其个人形象连带清朝中国的一切,都更加被国内外舆论丑化。随着清朝宫廷在中国统治的结束,平民出身的军人统治中国,使欧洲对中国的高贵印象也不复存在,中国公主作为高贵的象征,也即将走向末路。这时,清廷外交官裕庚的女儿德龄、容龄以新的"中国公主"形象出现在西方人面前,成为中国"最后"精神贵族的象征。通过非世袭的途径也能成为"中国公主",并且能够运用自己的西方经历和知识改变清朝宫廷传统的规矩,这种传奇的故事并非德龄和容龄的凭空捏造,而是基于她们真实的经历。

---

① 兴得.清末女官——德龄[J].浙江档案,1998(3):39.

② Hayter-Menzies G. Imperial Masquerade: The Legend of Princess Der Ling[M]. Hong Kong:Hong Kong University Press,2008.

德龄姐妹随父亲裕庚出使日本、法国期间,在国外接触了外国的奢侈品。"奢侈品"(luxury)源于拉丁文的"光"(lux)。奢侈品是一种非生活必需品,国际把其定义为"一种超出人们生存与发展需要范围,具有稀缺、独特、珍奇等特点的消费品"。那个时代扶植了一个高修养的有闲阶级,他们不受罪恶感和社会良心的拖累,毫无节制地投身于绘画、音乐、舞蹈、文学、旅行、建筑,以及对享乐的追求。他们巨大的财富经过一定层次的教育和文化意识调和,创造出一个丰富和细腻的世界。

17世纪的欧洲,政治体制以外的人已经可以通过经济实力改变自己的社会地位。通过化装舞会、沙龙、博物馆、艺术家等新兴的形式,皇家和贵族上层社会的趣味对其他社会阶层形成了较为开放的培养示范影响。尤其是1858年开始,高级定制概念在法国乃至欧洲各国大为风行,使得皇室的奢侈品和御用服务高度市场化、国际化,成为法国制造业在工业化时代独树一帜的招牌。在欧洲上流社会开办的化装舞会中,汇聚了全世界最知名的时装设计师、舞蹈家、艺术家、音乐家和珠宝商的才华。毕加索、香奈儿、迪奥、达利、梵克雅宝、卡丹,仅仅是少数几个为这些构思精巧的幻想赋予生命的响亮名字。

欧式奢华风潮甚至导致俄国、日本等盲目模仿欧洲的国家的皇室几乎破产,也让美国等新兴的资本主义国家花费大量金钱购买和收藏象征着高端生活品位的欧洲国家的皇室御用奢侈品。可见,欧洲列强的国际地位直接推动了欧洲奢侈品的国际传播,奢侈品和高雅艺术产业是在国际资本的养育和国际市场的需求中迅速发展壮大的。虽然中国的皇室奢侈品历史悠久,然而中国等级森严的封建制度极大地禁锢了各阶层趣味的传播,也使得上层社会的趣味对其他社会阶层的培养示范影响更为隐蔽,限制了中国传统奢侈品和服务市场的形成和发展。

德龄家族进入清宫以后,不但把国际市场上的外国宫廷奢侈品,如路易十五风格的家具引入清宫的海晏堂,也对清宫御用概念进行了新的策划,把其发展为新的外交手段,比如慈禧为美国总统老罗斯福女儿的婚礼送去了中国特色的奢侈品——清宫御用丝绸,为增进中美关系,包括获得美国向中国退回的庚子赔款,用于后来创办清华大学在内的多所近代著名大学打下了基础。清帝退位之后,德龄家族率先把清宫御用概念用于市场化传播,打造了一系列餐饮、旅游、手工艺品、演讲、戏剧、舞蹈、电影、时装等清宫御用概念的文化服务产品,比如容龄夫妇在民国上流社会举办高仿真满汉全席"唐家宴",还把原清宫御用工坊中无处可去的太监、宫女养起来,让他们继续沿用皇家规格的技术生产相关手工艺产品,通过国际旅行社把这些工艺品卖给来华旅游的外国人,以及改良旗袍成为中华民国的国服,并自己开设了制作旗袍的服装店,推动了旗袍在上层社会的流行。这些也成为德龄家族自我呈现的重要内容和传播渠道。因此,德龄家族的这些自我呈现传播一定程度上缓和了民族矛盾,重塑了让世界仰视的中国高贵形象。

通过对以上部分戏剧场景的回顾,我们可以抵达德龄家族在不同的民族、国家跨文化的新旧交替夹缝中求生存的真实处境,极大地拓展了前人局限于清宫的有限的时空场景。在下一小节中,本书将继续讲述在接踵而来的跌宕起伏的历史剧变中德龄家族的人生戏剧冲突,或妥协或反抗,有着和常人一样的喜怒哀乐、悲欢离合。

第三节　戏剧冲突的深描

本章在第一节、第二节中,已经对德龄家族自我呈现的戏剧角色和戏剧场景进行了初步描述。这一节将从戏剧冲突的角度,进一步深化读者对德龄家族文化内涵的认识。

本小节中许多关于戏剧冲突的描述,不是来自现成的材料,因为前人没有现成可引用的描述,更不是笔者所搜集材料的简单拼凑。这些叙事性的描述都是笔者在对相关资料的推理、分析和整合基础上提取人物、地点要素,结合另行搜索到的时间、空间、文化背景资料进行的原创研究成果,是笔者经过多次酝酿和消化的纪实性创作,目的是对德龄家族的相关资料进行更容易被人理解、更为深入的阐释和解读,帮助读者理解德龄家族文化的独特内涵,从而达到共情理解。

一、成名

(一)出身不凡

德龄家族是如何成名的呢? 笔者发现,德龄家族的成名基础是从三百多年前就积累起来的。据光绪十七年《顺天乡试同年齿录》的《徐文潏齿录》记载,德龄父亲裕庚的始祖徐成忠,"从太祖入关,恩赏正白旗汉军"。这说明徐氏是清朝的开国元老,在入关前就已经是满洲人了。清宫档案《清代官员履历档案全编》记载,德龄的父亲裕庚是"汉军正白旗长寿佐领下人"①。这样的出身虽不是皇亲国戚,但至少也属于世袭享有生产资料和俸禄的特权阶层了,为其后代贵族精神的养成,以及晋升更高层的社会地位提供了很多先天优势。《徐文潏齿录》记载,德龄父亲裕庚的三世祖徐申麟"乾隆五十年(1785 年)国庆,以耆年恭预千叟宴②,蒙恩赏五品寿官,并赐圣制诗暨龙头拐杖、袍料、银牌等件"。这说明德龄家族在乾隆时期已经进清宫受到乾隆皇帝的亲自接见和御赐的五品官衔。德龄的爷爷联瑛从国子监肄业后分发江苏,任盐城县知县。③ 其妻因工于刺绣,获得"传神妙手"的美誉,其作品受到上流社会的追捧,被收入工艺美术家朱启钤撰写的《女红传征略》。这说明联瑛一家已经开始扬名于满汉上流社会。德龄父亲裕庚的族兄,徐文潏的父亲徐诚正,是五品衔的翰林院待诏,是在位于紫禁城内东侧的翰林院上班的京官。晚清的曾国藩、李鸿章等,皆是翰林中人。翰林院是当时文化层次最高的官僚机构,翰林作为当时知识阶层中的精英,在知识界享有崇高声望,文

---

① 秦国经.清代官员履历档案全编 5[M].上海:华东师范大学出版社,1997.

② 清代皇帝举办的千叟宴,乃是为全国千名老人特设的宫廷宴席。千叟宴是宴请的都年迈重臣和社会贤达耆老的高级礼宴,礼仪隆重,膳赏名贵,受宴者无不尊荣。其规模之大,等级之高(皇帝亲临宴会),耗费之巨,在中国宴席史上罕见。受宴者有严格的身份限制,由各地推选,再由皇帝确定通知地方政府。有的受宴者路途较远,便需提前两个月,日夜兼程赶到京都。座位安排按照官阶、爵位和声望分成一等席和二等席,入席严格对号入座。

③ 光绪十年《淮安府志》卷十三"职官"记载联瑛同治元年任江苏盐城县知县。见吴昆田等.淮安府志 1—6[M].台北:成文出版社,1983.结合《淮安府志》和缙绅录的记载,可以判断,咸丰七年至同治六年,只有姚铣、陈荫培是正式任命的,其他几位像李銮钧、联瑛、万青选都是署理,联瑛只是短暂署理。

脉与人脉相互交织,影响力可以延伸至社会的各个领域。裕庚曾一度被朝廷革职,但在入李鸿章幕府期间获得二品衔从而东山再起,这其中由其族兄徐诚正的翰林人脉举荐入幕的可能性很大。

据《清代野记》记载,德龄父亲裕庚原配夫人(姓名与身份不详)所生的儿子奎龄的妻子①,即德龄的大嫂是清朝皇族旁支觉罗氏续庆的女儿。裕庚的原配夫人很早病逝,裕庚就以原配夫人陪嫁的大脚婢凤儿作为填房,接着又娶了一位京妓。在这两房夫人期间,裕庚还育有一女,此女后来嫁给赵家,名赵裕氏。② 这个赵家,在那个讲究婚姻门当户对的年代,极有可能是与徐家世代通婚的旗人世家。《徐文濬齿录》显示徐家曾有两名女性嫁给玉田旗人世家赵家。而李鸿章的女婿张佩纶也在自己的日记里提到,这个玉田旗人世家赵家是某亲王的庄头。由此可以推测,德龄父系的始祖徐成忠,大概是圈地占籍玉田的。根据《红楼梦》对贾家庄头的记载,可以推测庄头不但在经济方面非常富裕,而且与当朝王公贵族的私交非同一般。裕庚这几段旧式婚姻养育的子女及裕庚为他们安排的旧式婚配,说明当时裕庚还是通过继续强化攀附皇亲国戚的"满化"手段,来维持家族传统的社会地位。

德龄的爷爷联瑛终生致力于通过科举制度以求向清廷政权中心靠拢的传统人生道路,因循守旧,害怕变革,《清代野记》称联瑛素有"君子人也"的清誉。其子裕庚在努力保持家族优势的同时,也力图扭转父亲的劣势。素有"八旗才子""神童"之称的裕庚,学业一帆风顺,但仕途颇为曲折。在国子监读书时,因为受到当时国子监的祭酒(国子监最高长官)胜保的赏识,裕庚12岁便从"官学生"转为"入泮"的"生员",14岁取得廪生资格,并且享受廪膳补贴,16岁成为国子监贡生。1855年之前多次参加乡试,但未能成为举人,只能做"从六品"的"知州的佐官"。直到裕庚满20岁,来到恩师胜保军里任职。这是裕庚入仕的开始。对于裕庚来说,面对父亲留下来的优势和劣势,历经捐纳、革职、候补的仕途曲折,终于在新旧交替的社会中找到了一条建构自身优势的独特人生道路。由于这条道路实在比较独特,所以在社会上轰动一时,成为众多野史、艳

---

① 梁溪坐观老人.清代野记[M].上海:进步书局,1915.

② 旧官家之恶姻缘[N].申报,1913-12-31.

史、演义的题材,在坊间广为流传。

　　裕庚入仕以后,目睹和亲身感受到了清朝八旗上层社会的腐朽衰落的趋势,并预料到"师夷长技以制夷"才是社会发展的新趋势。临终前他告诉德龄,不久后的一天,中国将不再有满族和汉族的区别。[①] 上海图书馆所藏的盛宣怀档案中,有一份《裕庚哀启》,为裕庚去世时其子勋龄所撰。《裕庚哀启》提到裕庚在光绪元年(1875 年)娶美国皮尔森氏为妻。与中美混血的妻子路易莎组成家庭以后,裕庚就逐渐放弃了传统"满化"的倾向,而向新兴的"西化"方向找出路。于是,当与路易莎的两个女儿相继出生时,裕庚冒着生命危险向内务府隐瞒了两个女儿出生的信息。但造化弄人,最终两个女儿随裕庚出使日本和法国回到中国后,还是被召入清朝宫廷做了女官,这短短两三年的宫廷生活经历,影响了她们一生的命运。关于德龄的己辈,《裕庚哀启》仅提到裕庚与路易莎的四个子女,即:勋龄、德龄、馨龄、容龄。这四位子女也是大众最为熟悉的德龄己辈家族成员。他们一直与父母一起以一个完整的六口之家形象,出现在当时的公众场合、媒体报道以及家族成员的对外传播活动中。

　　德龄的父亲裕庚,生活在一个中外矛盾尚可调和的年代。他与德龄的中美混血母亲路易莎结婚后,凭借中西合璧的语言和文化优势左右逢源,在中国的政治和外交舞台上叱咤风云。于是,他也想在他的四个子女身上复制他的成功模式,从小培养他们成为外交官。在担任驻日本公使期间,他安排自己的两个女儿向日本宫内省大臣学习外交礼节、日语、插花和舞蹈。在出国担任驻法国公使之前,媒体就报道他带着自己的儿子去拜访中外的官僚。担任驻法国公使以后,他还安排自己的两个儿子担任驻法公使馆的秘书和翻译官,送他们去法国军校学习,安排自己的两个女儿向法国总统府大礼官学习外交礼节和法语。在法国,裕庚一家因为中西合璧的文化背景、长袖善舞的社交手段、良好的公众形象,并与塞纳河畔出身门第高贵的法国白人家族维克托瓦尔氏联姻,被多个国家的媒体追捧,成为欧洲上层名流,风光无限。裕庚带着自己的子女和法国洋媳妇回国后,先是安排自己的儿子去地方担任补缺的候补文官。[②]

---

　　① 　Princess Der Ling. Kow tow[M]. New York:Dodd Mead,1929.

　　② 　时事要闻[N]. 大公报, 1902-10-18.

　　1903 年 3 月,清廷驻法公使裕庚一家六口任满回京时,由于慈禧太后所默许的民间发起的屠杀列强驻华使团的义和团运动,中国与列强的关系跌至谷底。经过艰苦的谈判和巨额赔偿之后,慈禧太后才得以在外国列强有条件地许可下继续执政,清政府被迫开始实行新政,硬着头皮继续与西方打交道。慈禧为了进一步了解西方,处理好与外国驻华使节的关系,尽可能地斡旋和争取外交的主动权,由曾经出访英国而因故暂居清廷驻法公使馆并与德龄姐妹相熟的庆亲王儿子载振贝子的推荐,诏德龄姐妹进宫。两姐妹在母亲路易莎的陪同下,应诏进清宫担任慈禧太后的"御前女官",负责翻译和伺候慈禧太后的生活,同时也开启了一个改善慈禧太后本人及其所掌权的清朝政府在国际上的形象,促进清朝宫廷与外国的交流的新式的女性外交的时代。慈禧太后先是下旨要求裕庚的夫人(即德龄的母亲)带领德龄、容龄入宫担任"御前女官",为慈禧处理与外国语言、礼仪、文化、对策等相关的问题;后来又安排德龄的哥哥勋龄管理颐和园的电灯,德龄的弟弟馨龄管理颐和园的轮船;再后来因为慈禧太后有照相的兴趣,听德龄的母亲说勋龄研究过照相术,就让勋龄来给自己照相,成为慈禧太后御用的摄影师。后世流传的慈禧太后的照片,绝大多数都出自勋龄之手。① 这样,加上当朝三品官员裕庚,德龄一家六口人全都在清宫内工作。

　　裕庚希望自己的家人能进宫影响慈禧太后推行改革。1903 年 9 月 19 日,德龄的弟弟馨龄被国内外媒体报道在天津的一家饭店与法国古董商保罗·伯希和(Paul Pelliot)②会晤,计划奏请由汇丰银行吴君代请的印度马戏团供慈禧太后御览。当时正在清宫中侍奉慈禧太后的德龄母

---

　　① 秦瘦鸥.清宫最早的摄影家——勋龄[J].紫禁城,1982(4):5-6.
　　② 保罗·伯希和(Paul Pelliot,1878—1945),世界著名的法国汉学家、探险家。就学于巴黎大学,主修英语,后入法国汉学中心学习汉语,继入国立东方语言学校,专攻东方各国语文历史。曾从师法国汉学家 E. E. 沙婉(1865—1918)等人学习,致力于中国学研究。1908 年往中国敦煌石窟探险,购买了大批敦煌文物,带回法国;今藏法国国家图书馆博物馆。伯希和是欧美公认的中国学领袖,其影响遍及欧美日本及中国。然而伯希和与中国人交往,开始却并非友谊佳话,而是以令他本人蒙羞的敦煌盗宝为开端。

女三人也与馨龄里应外合，顺利实现了让慈禧太后看马戏的计划①②③。裕庚多次从上海经过天津往返北京，透露了裕庚在京津沪与以东印度公司南洋殖民地为大本营的汇丰银行之间各种不为人知的利益关系。而这正得罪了与保罗·伯希和关系同样密切，以进献外国动物（建设万牲园的前身）取悦慈禧太后，时任南洋大臣兼两江总督的端方。这也使得当时朝廷中有很多人认为裕庚的家属在"惑乱后宫"，纷纷弹劾他们。当时裕庚的风湿病日益加重，危及生命。1904 年日俄战争期间，身在清宫中的容龄曾通过日本驻北京公使馆向日本驻上海公使馆发密电求助，说自己一家虽然备受慈禧太后的宠爱，但宫中很多人妒忌他们，恐怕要有祸事发生，他们一家准备出宫逃往上海，希望日本驻上海公使馆予以庇护，如有必要，可引渡他们逃到日本。

　　1905 年 12 月德龄的父亲裕庚病逝。1908 年 11 月光绪皇帝和慈禧太后也相继去世。由于德龄一家曾得到慈禧太后的重用和恩宠，得罪了很多宫中的人（包括在宣统朝执政的裕隆太后），政治靠山倒塌之后，德龄家族的政敌以端方为首，对他的子女展开了疯狂的政治报复，先后以"不学无术"为名奏请罢黜德龄两个兄弟的官职，并且宣布永不录用，这些事情在民间传得沸沸扬扬，认为德龄一家"有冤不申"。其他许多封建文人也跟风对德龄一家口诛笔伐，大有斩尽杀绝之势。

　　（二）另类公主

　　德龄、容龄姐妹先后离开清宫，分别以笔名"Princess Der Ling""Princess Shou Shan"④"德龄郡主""寿山郡主"英文著作，德龄在著作中称慈禧太后曾封她为一等女侍官。

---

　　①　Carl K A. With the Empress Dowager[M]. London：Century Company，1905.

　　②　Princess Der Ling. Two Years in the Forbidden City[M]. New York：Moffat Yard，1911.

　　③　裕容龄口述，漆运钧笔录. 清宫琐记[M]. 北京：北京出版社，1957.

　　④　前人都以为只有德龄才自称 Princess，并且以容龄不在公开场合使用头衔的做法作为证据来证明德龄说谎，其实容龄不但在私底下的日常生活中使用封号，同样也在国内外出书时使用封号，见 Princess Shou Shan. In Hsiang Fei：A Love Story of the Emperor Chien Lung[M]. Peiping：Yu Lien Press，1934。但是由于容龄的书出版以后社会影响力不大，因此没有引起大众的注意。

　　传统观念认为中国公主都是世袭的血缘才能获得。① 秦瘦鸥曾在《〈御香缥缈录〉中译本及德龄其人》一文中这样解释德龄公主称呼的由来:"按照清代的制度,只有皇帝亲生或过继的女儿才能称公主,德龄的父亲裕庚从优贡出身,进入仕途,因此,德龄决不能被称为公主。裕庚当年做的官不算小,她自己又进过皇宫,侍候过慈禧太后,人家很容易错当她出身贵族。加上那个时期在欧美各地,麇集着从世界每一个角落跑出来或逃出来的许多封建贵族,什么亲王、大公、王妃、公主、侯爵、男爵等等,简直不计其数,真假难分。当德龄的著作问世之初,美国书商为了耸人听闻,便于推销,胡乱给她加上个'Princess'(公主)的头衔,这是没有什么风险的,她自己也就含糊着默认了。"②

　　以上只是秦瘦鸥个人的揣测,德龄、容龄想要向世人展现的正是与传统不同的另一种成为中国公主的途径。其实,德龄容龄对自己当时在清宫中的身份表现出大大方方的态度,并没有藏着掖着,她们的身份在当时外交官的圈子中根本不是少数人才知道的秘密,只是外界大众不知道而已。除了《清稗类钞》中关于德龄享受"郡主"服制的记载③,根据民国时期采访记录的《宫女谈往录》,宫里人回忆慈禧太后在70大寿期间确实曾册封德龄姐妹为郡主④。德龄的妹妹容龄亲口称呼德龄为"德龄郡主"⑤,当时同样被慈禧封为"女官"的美国公使康格的夫人⑥、《泰晤士报》

---

　　① 1935年6月20日《申报》在连载"德龄公主原著,秦瘦鸥译"的《御香缥缈录》时登出一则更正消息:"本月七日制军与总督文中有'德龄是个前清的女官室'一语,官室二字,是宗室之误,特此更正。"7日吴爱伯撰文指出德龄写张之洞官职的错误,把她称为官室。说明当时无论是《申报》报社还是读者,都是按照传统的理解,直接把公主头衔与皇室血缘挂钩,认定了血缘关系与公主的先天条件逻辑。其实皇家的关系不一定都是靠血缘传承的,事实上慈禧太后将德龄和容龄认为义女,合影照片中互相依偎,情同母女。这是世人所不知的另一种家族关系的逻辑。

　　② 秦瘦鸥.《御香缥缈录》中译本及作者德龄其人[J].故宫博物院院刊,1982(4):43-46.

　　③ 徐珂.清稗类钞:第四十六册·舟车服饰[M].上海:商务印书馆,1928.

　　④ 金易,沈义羚.宫女谈往录[M].北京:故宫出版社,2010.

　　⑤ 《容龄女士前序》见德龄.御香缥缈录[M].秦瘦鸥,译.上海:申报馆,1936.

　　⑥ 康格夫人作为当时美国驻华公使夫人,其私人书信具有重要的情报价值,绝不是捕风捉影之说,也很有说服力。Letters from China, with Particular Reference to the Empress Dowager and the Women of China[M]. New York: AC McClurg & Company,1909.

驻北京记者,后来成为袁世凯政治顾问的莫理循(George Ernest Morrison)①在内的一批外国人也在私人书信中称她为"Princess Der Ling"。德龄还保存了慈禧御赐给"德龄郡主 一等女官"的"福"字照片,以及挽着慈禧太后胳膊情同母女的亲密合影②。据外交官凤凌的孙子柏功敩(他的父亲彬熙是在法国与德龄姐妹同居一个院子一起长大的好友,回国后一直来往密切,互相走访,交情很深)回忆,容龄曾说慈禧太后认德龄姐妹为干女儿,并赐给她们公主级别的府邸,他自己还和父亲彬熙(当时作为外交官在比利时驻华公使馆工作)常一起去慈禧御赐给容龄的府邸做客。③ 著名中比混血女作家,容龄养女唐丽题的小学同学、闺密韩素音也曾被邀请去这所公主级别的府邸做客,据她回忆该府邸极其豪华,就像《红楼梦》中的官府大院。④ 当时慈禧太后的实权比在位的光绪皇帝还要大,但是太后的干女儿该称为什么,就不能按照清代祖制来理解了。从这个角度也可以理解为,慈禧给了德龄姐妹郡主级别的所谓"干女儿"的待遇(很有可能还只是个虚衔,没有正式的册封和官方的俸禄),使德龄姐妹虚度自己的大好青春年华无偿为她服务且忠诚于她,该被指责为"不厚道"的并不是以慈禧太后干女儿自居的德龄姐妹,而是"大忽悠"慈禧了。

---

① 莫理循是一位与近代中国关系密切的旅行家及政治家,熟知很多清末民初政情内幕。莫理循在北京的洋人圈内"认识每一个人,而每一个人都以认识他为荣"。不少洋人抱怨道,他们一抵达北京,便被火车站旁的车夫径直拉往莫理循家。因为车夫以为所有的洋人来客都是来拜访莫理循的。他的私人书信对国际关系具有重要情报价值,不会是捕风捉影之说。莫理循. 清末民初政情内幕:《泰晤士报》驻北京记者 袁世凯政治顾问乔·厄·莫理循书信集(下)(1912—1920)[M]. 骆惠敏编. 上海:知识出版社,1986.

② 照片见 Hayter-Menzies G. Imperial Masquerade:The Legend of Princess Der Ling[M]. Hong Kong:Hong Kong University Press,2008.

③ 柏功敩. 从北京说到巴黎[M]. 北京:同心出版社,2008. 在文献信息后面补充内容:柏功敩的《从北京说到巴黎》一书第八十一页,爷爷凤凌曾任清廷驻法国公使馆参赞。《晚清民国外交遗事》第十页,欧洲巡检钦差薛福成把凤凌调为自己的随员,工作就是轮流巡查清廷驻欧洲各公使馆,凤凌在法国、英国工作共十年。柏功敩的《从北京说到巴黎》一书第八十一页,凤凌担任巡钦差驻清廷驻法国公使馆的时候,与容龄家同住清廷驻法国公使馆。爸爸彬熙从小跟容龄德龄一起在巴黎读书,受到弟弟一般的照顾。后来爸爸彬熙常带柏功敩去看容龄姑姑。三代人成为世交。

④ Han S. The Crippled Tree:China,Biography,History,Autobiography[M]. New York:Putnam,1965.

　　如今不少人不相信她们曾获得慈禧的册封，因为目前国内外还没有研究者针对德龄、容龄当时在清宫中的身份，在现存的清朝官方的正史文献里以严肃、认真的态度去查找相关记载，虽然现存于中国的清朝官方文献也是极其有限的，普通人也没有机会去翻阅这些目前珍藏于北京或台北故宫博物院内的典籍，甚至或许这样的典籍已经焚毁于晚清和民国的战火中，或者流落到世界其他国家的某个角落。根据朱家溍的说法，德龄姐妹没有经过奏准派允，不属于传统意义上的女宫①。但据笔者在浙江大学图书馆所购买的大清会典数据库中搜索"女官"二字，发现康熙朝有女官记录，目前浙江大学图书馆只购买了大清会典数据库中最常用的少数几个数据库，还有很多数据库没有开通，而且清朝典籍还有大量文献没有达到数据化的程度。因此，我们目前尚不能断定清朝官方文献绝对没有德龄、容龄当时在清宫中身份的记录。她们服务的对象是皇太后，而不是皇帝，她们服务的领域是外交和内务，但她们又不是外交部或内务部的正式官员。目前，连德龄出示的慈禧亲笔赐给她的字迹，都有人怀疑那是德龄伪造的。笔者虽然不具备鉴定慈禧字迹真伪的专业水准（当然，怀疑者也不能），但不能忽略的是，慈禧作为女性，当时在西方列强的干预下有条件地执政，肯定存在很多制度上的变通。据美国驻华公使康格的夫人在其私人书信中透露，慈禧竟然把美国人康格夫人也封为清朝女官。② 由此可见，在当时特殊的历史条件下，封德龄这样一个清廷大员的女儿为女官也不是不可能的事情。

　　从当时清朝的外交角度来说，从当时德龄姐妹在外国公使夫人面前所从事的为慈禧太后鞍前马后地搞外交的工作性质来看，当时不给德龄姐妹一个上得了台面的身份也不行，这是一个重大的外交礼节问题。笔者查阅《清代历朝起居注·清德宗·卷七十》发现，1904 年 9 月，裕庚因病请假半年以后病情仍然没有好转，申请开缺并获得批准，这说明裕庚当时已经没有任何官职了。德龄姐妹作为一个没有任何官职的人的女儿，在宫廷里也没有任何职务的话，那么如何出入宫廷，如何被外交对象

---

　　①　朱家溍. 德龄、容龄所著书中的史实错误——《瀛台泣血记》、《御香缥缈录》、《清宫二年记》、《清宫琐记》[J]. 故宫博物院院刊，1982(4)：25-43.

　　②　Serah Pike Conger. Letters from China, with Particular Reference to the Empress Dowager and the Women of China[M]. Chicago：A. C. McClurg & Co，1909.

称呼,都会成为一个重大的问题。当时美国驻华公使康格的妻子康格夫人在私人书信中就称呼德龄为"Princess Der Ling"①,如果慈禧不给德龄姐妹一个能代表慈禧太后跟美国驻华外交官的夫人打交道的高级身份,怎么能实行女性外交呢?

从当时清朝的内政角度来说,德龄在《清宫二年记》②中提到了两次慈禧为自己赐婚的事情,一次是德龄自己向慈禧说不愿意,一次是德龄求助李莲英向慈禧求情躲过的。多年以后,德龄对记者说,当时慈禧赐婚的对象是清末权臣荣禄的儿子,溥仪皇帝的舅舅良揆。③ 笔者发现的有记载的国舅润麒后来的说法也印证,溥仪母亲瓜尔佳氏的弟弟良揆,游历过许多西方国家,授文华殿大学士、礼部侍郎,俗称"洋三舅",家里极有钱,曾把国外的电影放映机送给溥仪。④ 慈禧太后把德龄认作干女儿,把没有皇家血统的德龄封为"德龄郡主"(不是和硕格格)和一等御前女官,不是朱家溍所说的德龄在著作中的自我吹嘘。清皇室把没有皇家血统的人认为亲戚并赐予头衔并不是仅此一例,比如在西安避难期间,因为接受了女商人周莹的捐助,慈禧认周莹为干女儿,封她为"一品夫人"⑤。这个故事被后世拍成电视剧《那年花开月正圆》。中国古代始于西汉时期的和亲,就常赐以宫女或宗室女公主的身份,代替皇帝亲生的女儿出嫁匈奴,以达到其政治目的。⑥ 慈禧无论是把德龄认作干女儿,还是赐予她郡主头衔,都是把德龄作为一颗拉拢政治势力的棋子。慈禧曾一手安排自己的亲妹妹嫁给咸丰皇帝的弟弟醇亲王,生下爱新觉罗·载湉,在慈禧太后的亲生儿子同治皇帝早逝以后,她就将载湉认作自己的儿子,立为皇帝,继续做太后。接着安排作为表弟的光绪皇帝娶自己的表姐,即把慈禧太后弟弟桂祥的女儿立为皇后。后来又安排把当时自己最器重的大臣荣禄的女儿嫁给光绪皇帝的弟弟,生下爱新觉罗·溥仪,

---

① Serah Pike Conger. Letters from China, with Particular Reference to the Empress Dowager and the Women of China[M]. Chicago: A. C. Mc Clurg,1909.

② Princess Der Ling. Two Years in the Forbidden City[M]. New York:Moffat,Yard, 1911.

③ 德龄郡主清宫谈[N].申报,1925-03-29.

④ 贾英华.你所不知道的溥仪[M].北京:人民文学出版社,2016.

⑤ 杨居让.不得不说的安吴寡妇周莹[J].唐都学刊,2010(5):108-110.

⑥ 周延.西汉和亲研究[D].上海:上海师范大学,2014.

让光绪皇帝认溥仪为嗣子，这样慈禧太后就牢牢地掌握了政权，统治中国近半个世纪，历经三代皇帝，都不会有外戚之困，避免政权旁落。[①]

德龄家族人生剧本中最重要的传奇之处，正是在于这个以不同于传统的"公主"称呼成名的矛盾和自身的奋斗过程。对于那些对她父系祖先的身世追根刨底来否定她的人，德龄在自己的英文著作[②]中这样回应道："我对自己的血统同样感到好奇并不断猜测，为此我受到过各方面不指名的谴责。妹妹和我都很想去东北的奉天，因为我们的祖先是在1644年从那里入关的。""我父亲是努尔哈赤的后裔，皇族有很多分支，我家就是其中的一支，从中可以明显地看到历史奇异的倒转。老佛爷的家庭历史并不显赫，她自己却真正完成了一些伟大的事业；我的家庭是努尔哈赤的后裔，而我现在却在伺候着她。"德龄言在此而意在彼，想借慈禧的事迹来辩白，自己（包括旗人的后代）的家庭历史不重要，后代个人奋斗才重要。

综上所述，与部分学者所认为的德龄是靠辜鸿铭炒作、媒体炒作，或者写书成名等观点不同，笔者发现站在德龄家族成名的全过程来看，德龄在全球成名并非偶然，也并非完全是她个人的作用，她家族的众多名人使她具备了先天传播优势。她的父系徐氏祖先在清初上层社会就已经具有一定的名气；从她外祖父开始的跨国混血婚姻，到她作为清廷公使的女儿随父出使日本和法国，进入清宫成为慈禧太后义女开展女性外交的一把手，更是为她在中西方不同的文化背景中成名打下了基础；她当今的泰国华裔后代仍是名人，她在当代的传播仍然可以借助后人的名人效应。而德龄在全球成名，至今也能赋予德龄的其他家族成员可共享的名人效应。

二、暴力

在不可预测的，接踵而来的社会剧变中，制度与文化的变迁所带来的权力争斗和民众不理性的暴戾言行，不仅给德龄家族的成员造成了精神上的深刻创伤，也在肉体上对他们进行了极尽疯狂的摧残。

---

① 李细珠.一个人与一个时代——论慈禧太后及其统治的是非功过[J].安徽史学，2014(3):5-12.

② Princess Der Ling. Imperial Incense [M]. New York: Dodd Mead, 1933.

(一)话语暴力

1. 道德中伤

在故宫博物院的"末代皇帝陈列馆"中,展出了一份"前清遗老裕庚贺单"。尽管溥仪被禁锢在紫禁城,但当时民国政府有优待令,尚能保全"小朝廷"安然运转。1922 年 12 月 1 日溥仪结婚,婚礼仍成为京城大事。婚礼沿用清朝皇家传统的大婚习俗,以郭布罗氏荣源之女婉容为皇后,额尔德特氏端恭之女文绣为皇妃。虽规模缩小,但礼制照旧。民国政要送来贺礼,外国使节纷纷要求出席。民国政府还为迎娶后妃的仪仗增派军队护卫,溥仪获准在乾清宫及门外广场举办西式冷餐酒会答谢中外来宾。虽然表面风光华丽,但其实是前清遗老遗少的垂死挣扎而已。根据上海图书馆所藏盛宣怀档案中的《裕庚哀启》,可知裕庚于 1905 年 12 月已经去世。这份在裕庚去世 17 年以后冒出来的裕庚贺单,显然是裕庚的后代以他的名义送的。一个死人给活人送礼的事情虽然看起来很荒唐,但这正折射了德龄与其兄妹在当时新旧社会转型中不可避免的命运悲剧。

世界范围内也许很多人都不知道,以"中国公主"身份闻名于世的德龄其实有四分之一的外国血统。笔者还进一步发现,德龄家族在 300 多年以来,缔结了数量难以统计的跨国婚姻,根据笔者所掌握的资料分析统计,已经能够断定德龄家族具有中国、美国、法国、泰国、马来西亚至少五个国家的血统。仔细分析德龄家族的跨国血缘关系,可以发现德龄家族基于血缘、地缘和贸易、金融等关系建立起很多别的中国纯华人血统家族所不具备的国际传播关系。这些国际传播关系建立于 19 世纪,延续至今将近 200 年,呈现出很多当代的国际传播关系所不具备的特点。在这些错综复杂的跨国家族关系背后,是一张巨大的互联网络,超越了时间空间,基于亲缘、地缘、学缘、政治、商贸、金融、文化等社会关系,承载着人流、物流、信息流、经济流,把中国和欧美、东南亚社会连接在一起,300 年以来(无论国家之间的关系是战争还是和平)都持续交流。比如,德龄生于天津,两岁时在华盛顿,四岁在欧洲,六岁在北京[①]。约六岁到

[①] 钱台生.满洲郡主德菱访问记[J].大上海(半月刊),1935(1):9-10.

九岁在湖北，约十岁到十三岁在日本，约十四岁到十七岁在法国，约十七岁到二十岁在北京皇宫。约二十一岁时到上海和美国人怀特结婚，之后住在北京。约1929年随丈夫到美国长住①。连以培养对华外交官、搜集对华情报出身②，当今全球排名第五的知名大学美国加州大学伯克利分校，都聘请德龄去担任中文教师。③

　　作为跨国混血家族的德龄家族成员均有更多的多国旅行经历，无论在哪个国家都属于客居，都存在被边缘化的危险，不具有强烈的本土认同，不能完全按该社会主流成员的方式生活。主流者往往是用怀疑的眼光来看待这些"陌生人"。这是因为对于大多数社会成员而言，"陌生人"的行为是不确定的、无法预测的，因而是"怪异的"。如果怀疑得不到消

---

　　①　根据笔者的研究，中国加州学院与美国加州大学伯克利分校之间有一段不为人知的合作关系。1910 年，美国圣言会的传教士在中国北京创立了华北协和华语学校对西方传教士、外交官、商人、研究中国的外国学者进行汉语培训。该校草创之初，对研究中国历史文化甚有抱负，欲将其发展成为美国人在华汉学研究中心，与北京大学、燕京大学合作办学。在裴德士博士的努力下，该校获得美国资金的资助，1930 年后改名为 California College in China，并进行了机构方面的整合使之已经接近当今的加州大学，培养目标是对美国人进行全面的中国教育，包括语言、历史、风俗和政治。见 Hayter－Menzies G. Imperial Masquerade：The Legend of Princess Der Ling［M］. Hong Kong：Hong Kong University Press，2008. 裴德士在华生活 35 年，执掌学校 25 年，与齐白石、梅兰芳、胡适、林语堂、张伯苓、蒋梦麟、蒋介石、冯玉祥、司徒雷登、史迪威、赛珍珠、斯诺等中美文化界、教育界、政治界要人过从甚密。他把华北协和华语学校改组成一所华文学校，不仅教授语言，而且讲授更深的知识。期间与加州各大学的合作，成为加州各大学派遣师生来华考察、学习、了解、研究中国语言文化的基地，有资格授予硕士学位，成为美国人来华从事汉学研究的基地。抗战期间北平沦陷，该校搬到加利福尼亚州金山湾区的伯克莱市。裴德士将学校珍贵书籍运往美国，将 10 或 12 名华文学校中籍教师护送至加州。裴德士回到美国后，在洛克菲勒基金会和哈佛燕京学社的资助下，与中国同事一起在加州大学伯克利校区重新开始华语教学。见 Weijiang Zhang. An Early Model of Effective Cross－Cultural Postsecondary Education—— A Case Study of the College of Chinese Studies in Beijing and The California College in China Foundation in California，还有很多资料这里不赘言了。
　　②　见 Chinese Princess on Way Here to Make Home［N］. Los Angeles Times，1929-05-27. 按这篇报道的时间推测德龄应该是 1929 年以后一家三口常住美国，可是中国国内多篇报道显示德龄在 1929 年之前频繁往返中美之间，尤其是见申报 1916 年 10 月报道。德龄自称"离国八年"。再加上德龄具体的出生年份也有待进一步确认，因此，此段中关于德龄行踪年份的数字在这里只作为约数参考，不做确数。
　　③　Died. Mrs. Elizabeth White［N］. Los Angeles Times，1944-12-04.

除,人们便会对"陌生人"产生恐惧心理,继而发展到仇视,引发种种非理性的"排外行为"。"陌生人"如何与其他社会成员之间进行交往和沟通?这正是全球跨文化生存的难点所在,也是德龄家族自我呈现传播具有特殊深层意义的原因。

德龄的外公约翰是在上海做生意的美国商人,娶了一位中国女子,生下路易莎·皮尔森。当时京城里充满了这位从上海来的洋小姐的风流传说,以至于清宫里有太监宫女听说德龄一家是从上海来的"流氓"。中国封建旧式文人于民国期间出版的《清代野记》《清代三百年艳史》《旧京琐记》等书中,把德龄的母亲说成是从广州流落到上海虹口卖淫的妓女,而德龄的父亲则是不学无术,无聊逛妓院的时候把德龄母亲娶回了家,租住在上海租界的洋楼里。后来德龄母女进宫偷东西贪污钱财败露后逃出宫,又到上海当舞女写书吹嘘自己的身世以求嫁给外国富商。这些人不知道裕庚是怎么认识路易莎的,于是就传说是在出使日本时认识的,还有传说是在出使法国时认识的。

笔者综合多种资料查证,德龄的母亲路易莎并不是从广州流落到上海的妓女,而是在上海开埠以后,随从美国来广州经商的父亲约翰从澳门移居到上海的。当时上海虹口是日本租界,路易莎作为一个中美混血儿不可能住在日本租界里。而根据当时纽约的报道,约翰是一家上海洋行的老板,是最早建立美国波士顿和上海之间贸易联系的商人,也从事外汇汇兑业务[①]。路易莎从小家境富裕,接受过良好的中西合璧教育,熟悉西方上层社会的礼仪,精通琴棋书画,并且在欧洲和美国上层社会有良好的人脉。而德龄的父亲裕庚有数年的镇压太平天国的经历,因其擒获和审讯太平军后期重要将领英王陈玉成的特殊军功和联络外国人的外交能力,被张之洞视为"奇才",推荐为军机处大臣。[②] 同样原因崛起的还有曾国藩、李鸿章、左宗棠、张之洞等"晚清中兴四大名臣",他们在"华洋会剿"中,亲眼看到了外国坚船利炮的巨大威力,对国际形势有较多的了解,成为与顽固派官僚不同的洋务派,是领导 1861 年至 1894 年间洋务运动的地方领袖。裕庚是在任李鸿章幕僚期间,与外国驻华公使打交道

---

① The Talented Family of the Chinese Minister to France[N]. New York Times,1902-11-09.

② 叶祖孚.西太后御前女官裕容龄(一)[J].纵横,1999(1):51-54.

联合剿灭太平天国的时候掌握了外语和外交技能,成为新派开明的洋务官僚,后来才认识路易莎并娶她为妻的。德龄出宫既不是为了逃婚,也不是因为贪污,而是去上海看望病重的父亲。据清宫官方档案记载,为慈禧画像的美国女画师卡尔的所有赏赐都由内务府与外务部直接对接,经手人、赏赐物和时间均记载得清清楚楚,没有涉及德龄的家人,①并非《清代野记》《清代三百年艳史》等野史盛传的德龄一家"贪污画酬八万金"。

《清代三百年艳史》和《旧京琐记》都是写于民国的书,根据作者当时的经历,把德龄母女的做派想象得像 20 世纪 20 年代底层的舞女一样。而德龄在上海跳舞的年代,是她结婚前,贵族化的交际舞还没有在上海的底层平民普及的时候,那时的舞会并不是营业性质,而是仅限于上层精英的私家聚会或团体庆典,规格很高,次数和规模亦均有限。比如1897 年 11 月 4 日,上海道台蔡钧为庆祝慈禧太后寿辰,曾"以西例敬礼西人",在静安寺路洋务局行辕举行盛大跳舞会,招待各国在沪显要,获得赞誉。②③ 可以得知,德龄于晚清时期结婚前所参加的舞会,无论是西人或华人主办,都属于临时性质,与后来民国时期具有固定场所、从事商业经营的交际舞厅中的职业舞女或妓女等并不是一回事。国人认为交际舞男女搂抱"有伤风化",而擅长交际舞的德龄母女就被误以为是妓女了。

有人质疑德龄的书不是她本人写的,而是别人假冒她的名义写的。④其实德龄早在 1925 年时就亲口对记者说过,1911 年首次出版的英文著

---

① 为了澄清国内外盛传的慈禧拒绝支付画像酬金,或者有人从中贪污酬金的传闻,为慈禧画像的美国女画师卡尔写了一本书,译者王和平在这本原著的后面附上了当时清宫内务府和外务部所有与画像相关的记载档案,档案证明所有赏赐都有明确的经手人、赏赐物和时间记载,与德龄及其家人无涉。见凯瑟琳·卡尔. 美国女画师的清宫回忆[M]. 王和平,译. 北京:故宫出版社,2011.

② 许峰. 空间视野下的"现代"上海[D]. 上海:上海大学,2012.

③ 邹振环. 清末的国际移民及其在近代上海文化建构中的作用[J]. 复旦学报(社会科学版),1997(3):49-55.

④ 杨思梁. 此德玲非彼德玲[N]. 中华读书报,2006-07-05.

作《清宫二年记》①就是在她上海公共租界内的西摩路旧居中写成的。她说当时丈夫怀特体贴她写作辛苦，特意为她买了一台最新款的打字机。可惜她不太擅长使用，后来还是手书写成。② 有人质疑德龄根本没进过清宫，是为了骗钱才瞎编自己进宫的经历；或者因为看到德龄的书中大量描写在颐和园中的生活，认为颐和园不是皇宫。③ 常人都以为皇帝应该是住在紫禁城，然而清朝的皇帝并不喜欢住在这个围着高墙、密不透风且容易失火的地方，比如乾隆皇帝就喜欢住在北京西郊的清漪园（颐和园旧址），慈禧太后也常年居住在此。这使得颐和园成为晚清最高统治者在紫禁城之外最重要的政治和外交活动中心，见证了中国近代历史的诸多重大历史事件。比如，光绪皇帝亲政期间，曾在颐和园召见维新派人士，筹划变法事宜。变法失败后，光绪被长期幽禁在园中的玉澜堂。④ 其实德龄既在紫禁城生活过也在颐和园生活过，原著中有她与慈禧太后的大量合影可以证明，但是在译著中这些照片都被删掉了。她对颐和园中生活的大量描写，恰恰正是晚清宫廷生活的真实写照。民国时期，远嫁美国的德龄常年从美国带团来中国旅游，一次德龄带了"二十多辆大巴"参观故宫和颐和园，看到宫里坐满了苦力和军人，被糟蹋得乱七八糟时，忍不住痛哭起来，她告诉来旅游的外国人，这是她曾经的家。在为德龄所著的《老佛爷》（*Old Buddha*）一书所写的序言中，美国人亚瑟·伯克斯（Arthur J. Burks）在美国加州洛杉矶回忆德龄在民国时期带领来中国旅游的西方游客游览原皇家御苑颐和园、西山、紫禁城的情景，在跨出门槛之前，德龄露出了"当一个人受了严重创伤，又不愿意在生人面前表现痛苦时发出的笑"⑤。

　　20 世纪 20 年代中晚期，中国正值民国的"黄金十年"，经济和社会都比较繁荣，德龄夫妇的独子雷蒙德也到了上中学的年纪。德龄家族有悠久的军事传统。德龄家族的徐氏始祖徐成忠是 1644 年"从龙入关"的八

---

①　Princess Der Ling. Two Years in the Forbidden City[M]. New York：Moffat Yard，1911.

②　德龄郡主清宫谈[N]. 申报，1925-03-29.

③　杨思梁. 此德玲非彼德玲[N]. 中华读书报，2006-07-05.

④　刘耿生. 慈禧太后·颐和园·戊戌政变[N]. 中国档案报，2003-06-20.

⑤　Princess Der Ling. Old Buddha[M]. New York：Dodd Mead，1928.

旗汉军。德龄的父亲裕庚是以平定太平天国军功起家的洋务派官员。德龄的哥哥勋龄则就读于法国陆军学校。德龄的妹夫唐宝潮毕业于法国圣西尔军校。德龄的外公约翰和丈夫怀特都出身美国海军。德龄的外甥女婿那拉廊家族则拥有一大批手握泰国南部军事大权的将军。从德龄夫妇的儿子雷蒙德后来就读的世界闻名的美国西点军校这一戏剧场景来看，由于报考这所学校需要有一定的政治背景，除了需要参加国家统一组织的大学入学考试，还必须是美国公民，在参加考试的前一年还必须得到美国总统、副总统、参议员、众议员、州长、市长或部队主管的推荐。因为德龄的丈夫怀特本来就是退役的美国军人，其子雷蒙德不难达到报考的条件。作为西点军校的学员，雷蒙德需要在军队中以士兵的身份服役五年，学员在毕业时会被授予少尉军衔。德龄夫妇携子此时定居美国，最直接的目的是达到西点军校对报考者的身份要求，让儿子接受最好的军事教育，这也是人之常情。德龄夫妇在中国最兵荒马乱的北洋政府执政时期都没有移民，而是在中国社会当时比较安定的时候移民，并不是后人所谓的国难当头抛弃祖国的"白华"。①

2.情感中伤

成名以后，德龄一直在国内外以与其美国丈夫的恩爱形象示人。1923 年 2 月德龄夫妇携儿子到中国探亲，返美途经檀香山，有新闻记者拜访德龄并记录下了以下一席谈话："郡主之夫婿淮含特氏曾一度为美国驻上海总领事。本久营商业，于东方面尤老于北京与上海，为人甚干练。固不特貌胜也。郡主与定情盖仅历五分钟。郡主此时乃对记者盛赞其夫婿之能，因谓：美国男子为世界最优美之丈夫。美国之丈夫最无私心待遇其妻，思虑十分周到，即如外子，每航行必将舱位为余安排妥帖，使余处之舒服。须知世界最奇妙之物无过于丈夫而外子尤为一俊美之人物也。"②

不幸的是，1933 年 4 月 5 日《纽约时报》报道了一个噩耗，德龄夫妇唯一的孩子雷蒙德因患急性肺炎，死于曼哈顿东 19 街 161 号的一所医

---

① 很多中国人以为德龄是抛弃祖国的"白华"，见兴得.清末女官——德龄[J].浙江档案,1998(3):39.

② 三言两语记德菱郡主近况(上)[N].申报,1923-04-04.

院,年仅 20 岁①,葬于德龄外祖父的故乡波士顿的萨福克县(Suffolk County)②。雷蒙德是一个出生在中国,顶着德龄儿子的明星光环长大的"星二代",很多媒体报道过他。在他去世前四年,他曾亲自为 1929 年首版的德龄英文著作《磕头》(*Kow Tow*)作序。艾伦·拉·莫特也在自己的书中提到雷蒙德长得高大英俊,他与德龄在咖啡馆见面时接吻,看上去就像德龄的年轻情人③,可见他们母子感情之深。德龄在 1933 年 9 月首次出版的英文著作扉页④,道出了她写这本书时的状态,是在对儿子的爱的追忆中写成的,就如同书里慈禧太后怀念自己早逝的儿子同治皇帝。然而,把这本书翻译成中文的译者,时任《申报》副刊编辑的秦瘦鸥将这本书在《申报》上连载时,通过自己的朋友唐云帆联系到了正居住在北京的唐宝潮夫人容龄——德龄的亲妹妹,以及勋龄——德龄的亲哥哥,以请教翻译中不懂的问题为名义,怂恿他们给德龄著作的中文译本写序,谈自己在清宫中的生活以及对德龄的书的看法。⑤ 这件事情又成为外界对德龄家族一系列争议的焦点。

德龄婚后,德龄与其兄妹就先后分家了,可是容龄觉得德龄所占有的财产过多,颇有不满⑥。再加上容龄、勋龄以清朝的遗老遗少自居,并且通过鸦片来麻痹自己的精神⑦,遗产自然坐吃山空。而德龄在国内期

---

① Thaddeus R. White, 20-Year-old Son of Chinese Princess, Dies of Pneumonia[N]. New York Times, 1933-04-05.

② Grant Hayter-Menzies. Thaddeus Raymond White[EB/OL]. [2018-01-15]. http://www.geni.net/.

③ La Motte E N. Peking Dust: China's Capital in World War I[M]. London: Century Company, 1919.

④ Princess Der Ling. Imperial Incense [M]. New York: Dodd Mead, 1933: I.

⑤ 秦瘦鸥.《御香缥缈录》中译本及作者德龄其人[J]. 故宫博物院院刊, 1982(4): 43-46.

⑥ 有一次不知怎的谈起她的房子来,她说,现在的院子原来是她家的马棚,晚清年代她的姐姐德龄公主在慈禧的宫廷外交活动中结识并嫁给了一个美国人,后来德龄夫妇移居北美,带走了他父母亲留下的大部分古玩字画和珠宝首饰,变卖田产的钱也被姐姐大部占有。她和丈夫唐宝潮只得到父辈留下在京城里的一处宅子。见《我所知道的裕容龄(二)》,http://blog.sina.com.cn/s/blog_407691a30101aj2m.html.

⑦ Hayter-Menzies G. Imperial Masquerade: The Legend of Princess Der Ling[M]. Hong Kong: Hong Kong University Press, 2008.

间一直与丈夫生活在上海或北京外国租界内，积极地写作、任教、演讲、开展古玩贸易、接受记者采访等各种传播职业活动，与八旗圈子中的兄妹在生活、社交和思想等方面的差距越拉越大。20 世纪 20 年代以后，德龄完全定居美国，几乎很少回国，当时她已经成为名气很大的社会活动家。而容龄、勋龄同样和她进过清宫，却已经与德龄拉开了很大差距，心里自然不平衡，更不理解德龄的做派。于是，容龄、勋龄和其他中国人一样，指责德龄著作中文学虚构的地方，说她"不厚道"①。

　　当时中国的媒体纷纷报道德龄与其兄妹失和②。其实这样报道的媒体没有注意到，以当时容龄作为唐氏家族这个旧式汉族家庭的媳妇，勋龄作为八旗子弟，如果他们不这么说，他们也会遭到周围社会关系的责难。唐氏家族虽然在当时的中国已经算是比较有西方见识的留学家族，但是容龄毕竟出身于八旗贵族，与深受传统儒家文化熏陶的唐氏家族这样一个汉族家族的结合，虽然有着西方文化这一共同点，但是在长达 200 多年的根深蒂固的满汉对立的文化背景之下，其家族生活方面的制度差异也是不容忽视的。容龄的养女唐丽题和她的好友韩素音谈起容龄，尤其不赞同容龄旧式的崇满思想。③ 而当时的报刊，也批评容龄身为中华民国的政府工作人员，居然用英文在海外媒体发表反对中国实行共和制的文章，思想太过守旧。④ 不难推测，容龄凭借丈夫唐宝潮的家族关系，好不容易捧上中华民国的政府女礼官这个公职饭碗的时候，心中应该是非常压抑的，透露出一种在新的社会制度之中，战战兢兢，处处生怕犯错，以至于完全失去自我，否定自我的强烈不适应，当时她所接待的一位美国女记者格雷斯·汤普森·塞顿（Grace Thompson Seton）说她看上去非常忧郁。⑤ 而在她的法国男友圣-琼·佩斯面前，容龄也常常说自己因

---

① 见《容龄女士前序》《勋龄代跋》《容龄女士后序》. 德龄. 御香缥缈录[M]. 秦瘦鸥，译. 上海：申报馆，1936.

② 德菱郡主昨晚赴津. 小作勾留即赴沪，因与容龄家务旧事谈不拢[N]. 益世报（北平版），1935-10-14.

③ Han S. The Crippled Tree：China，Biography，History，Autobiography[M]. New York：Putnam，1965.

④ 请愿声中之都门百态[N]. 申报，1915-10-18.

⑤ Grace Seton Thompson. Chinese Lanterns[M]. London：J. Lane，1924.

为感到苦闷而头痛。①

　　勋龄也同样苦闷，因为他遗传自外公的美国白人血统，生就一副典型的白人长相，在当时中国仇视洋鬼子、歧视洋杂种的晚清社会背景下，能对这样一个穿上清朝官服也掩盖不住洋人模样的清朝官员容忍到什么程度呢？更别提他深受西方教育，不经意所透露出来的洋人做派。雪上加霜的是，父亲裕庚去世以后政治靠山倒塌，作为裕庚的儿子被政敌打击，以没有参加科举考试"不学无术"为由被革职，以至于野史传说他不是中国人裕庚的亲生儿子，而是他母亲和其他外国男人的私生子。②这种攻击的恶毒性在于，不仅是要从中国官场、中国社会中排斥裕庚的混血儿子，更是要从家族的层面将他们先天形成的血缘关系、先天形成的自我认知连根拔起，让他们无家可归，甚至要把他们逼疯。从勋龄一贯的做派不难看出，性格成熟稳重、温柔敦厚的他忽然说要跟他曾经百般疼爱的两个妹妹断绝兄妹关系③，原因大概就在于本来他做人一贯是很低调的，不愿意招惹是非，但是因为出名的妹妹总是让他陷入这样的议论，以至于把他逼上了绝路，不但要承受巨大的精神压力，事业上也一事无成，生活完全没有出路，而且也不愿意接受两个妹妹的接济过日子。民间说他"有冤不申，有气不争"④。他长得高大帅气，既是世界名牌军校毕业，又有一手为后世惊叹的摄影技术⑤，笔者刚开始也不理解他为什么不在民国政府或者教育机构中谋个公职，或者开个照相馆谋生。后来通过德龄父亲的八旗出身的友人的回忆录⑥才知道，到了民国时期，像他这样出身的人，即使再有才能，也难以在民国政府中谋得公职。好不容易1933年6月20日中标获得沪杭线客车茶点承包权⑦，看起来日子应该会

---

　　① 　CCTV-9 纪录片《贝家花园往事》[EB/OL]. http://jishi. cntv. cn/special/bjhyws/in-dex. shtml.

　　② 　梁溪坐观老人. 清代野记[M]. 上海：进步书局，1915.

　　③ 　德龄对记者说勋龄的生活状况变得很糟糕，还莫名其妙地说要跟自己和容龄断绝兄妹关系，见德菱郡主今日可抵平[N]. 益世报（北平版），1935-10-03.

　　④ 　费只园. 清代三百年艳史[M]. 北京：中国戏剧出版社，1993.

　　⑤ 　后世很多文章都根据勋龄的摄影作品认为勋龄的摄影技术很高超，比如：林京. 慈禧摄影史话[J]. 故宫博物院院刊，1988（3）：82-88，100.

　　⑥ 　柏功敩. 晚清民国外交遗事[M]. 北京：同心出版社，2007.

　　⑦ 　沪杭线客车招商　承办茶点昨开标　徐寿臣得标[N]. 申报，1933-06-21.

好过了,却又在同年 11 月 6 日因吸鸦片被警察局抓获[①],后无业赋闲在北京靠祖房收租做寓公[②]。德龄的侄女唐丽题发表文章称勋龄在郁郁寡欢中于 1943 年底病逝,终年六十多岁,去世时手上还留着为慈禧太后冲洗照片时被化学药水腐蚀的伤痕[③]。

德龄的儿子去世后不久,秦瘦鸥打听到德龄刚好回中国,住在华懋饭店八楼某号,就约了《申报》摄影记者去采访,准备拍几张照片,写一篇新闻稿,并希望她给《瀛台泣血记》中文译本扉页题词。摄影记者对门上挂着的"请勿骚扰"英文牌子视而不见,嘭嘭拍门。德龄毕竟是上层名流,而且还沉浸在丧子之痛中。于是她把门打开一条缝,不说中文而用英语斥责他"不懂规矩"。秦瘦鸥从门缝中递上一沓《申报》,用英语告诉她:"你的著作,已经刊登在这张报上。"德龄更怒不可遏:"你们报馆中人,滥施诽谤。我正打算控告你们,要你们赔偿名誉损失。"说罢将报纸抛到门外,砰然把门关上。[④] 这次失败的采访,被多家媒体报道为《德龄公主大骂上海媒体》之类的新闻。[⑤]

德龄中年丧子后独自回国,中国人以为她是被美国丈夫休了。因为当时的中国人普遍认为婚姻就是为了传宗接代,儿子死了男方通常会休妻再娶再生儿子以延续香火。于是秦瘦鸥在译作的序言里,以及在其他传播渠道中,都言之凿凿地宣称德龄夫妇因为儿子去世,感情大受影响,已经离婚了。当时德龄在华懋饭店入住时,以怀特夫人名义登记,但秦瘦鸥在发表的文章中坚称这就是美国人的风俗,即使离婚了没有再嫁,女方仍然冠前夫的姓氏。[⑥] 秦瘦鸥的这种做法,使得德龄不愿意与他多

---

① 纸烟烟丝和入海洛英燃火吸食即可过瘾　吴纪生真害人不浅[N].申报,1933-11-08.

② 德菱郡主今日可抵平[N].益世报(北平版),1935-10-03.

③ Dan Lydia. The Unknown Photographer: Statement Written for the Smithsonian [J]. Freer Gallery of Art and Arthur M. Sackler Gallery Archives,1982(3):1.

④ 陈存仁好友谈秦瘦鸥文坛发迹的经过,并且揭露秦瘦鸥在报道中所称德龄见面时赠给他的照片,其实是通过陈存仁联系到德龄的一位朋友在他家中翻拍的,可见秦瘦鸥的报道失实到什么程度,见陈存仁. 阅世品人录:章太炎家书及其他[M]. 桂林:广西师范大学出版社,2008.

⑤ 蔡辉.旧报新读:辜鸿铭炒作出来的假公主[N].北京晚报,2017-09-22.

⑥ 秦瘦鸥.《御香缥缈录》中译本及作者德龄其人[J].故宫博物院院刊,1982(4):43-46.

接触。这就更加剧了秦瘦鸥与德龄之间的矛盾。然而秦瘦鸥为了维持自己对德龄在中国的独家消息源控制权,还一再杜撰新闻谎称德龄和他关系很好,并将自己的照片赠予他发表。① 德龄对记者亲口否认了离婚传言,说:"完全无稽!"②1935 年首次出版的英文著作《天子》(*Son of Heaven*)扉页中,德龄致谢丈夫怀特,感谢他对自己一直的支持,为了澄清外界的离婚传言,他们俩还拥抱着照了一张合影。

《申报》既连载德龄著作,也登载戏谑德龄著作的舆论,比如一位化名"洋洋"的作者在"谈言"栏目说:"我家羁旅北平时,曾雇过一个四十岁以上五十不到在清宫当过宫女的女佣,可惜她不能执笔,否则比德龄写的书还要详细呢!"③这反映了当时更多的中国人还在学习西方的路上,正处于新旧社会交替过程中的中国媒体和社会对于没落的前朝复杂的心态,很难认识到德龄这位已经能与西方人平等交流的中国先行者在西方传播清宫文化的意义,竟把德龄在清宫中的经历贬低为一般宫女的生活经历,将她视为已经被打倒的清朝政权的奴才,因此对德龄家族抱着一种娱乐化的消费心态。秦瘦鸥即使在德龄去世后,还是不断以德龄著作译者和德龄兄妹朋友的身份在国内发表德龄相关的文章④,其中的不实信息让后人信以为真,进一步加剧了外界对德龄以公主头衔欺世盗名的误解。可惜外界至今都还有人以为秦瘦鸥说的不好的消息,才是德龄刻意要隐瞒的内幕和真相,将德龄的态度误解为伪君子被揭短以后的恼羞成怒。⑤

1944 年,德龄准备赶去教室进行一场用中文演讲的路上,被一辆疾驰的装满货物的大卡车撞倒,身负重伤,于第二天凌晨痛苦地离世,离世前还遗留有未完成的清宫题材剧本遗稿。⑥ 德龄遭遇车祸去世这一事件,既有可能是她当时出于大意的偶然,也有可能是刚听到自己亲哥哥

---

① 作者与译者的会见[N]. 申报,1935-10-05.

② 德菱郡主抵平[N]. 申报,1935-10-04.

③ 太监与宫女(下)[N]. 申报,1923-06-02.

④ 秦瘦鸥.《御香缥缈录》中译本及作者德龄其人[J].故宫博物院院刊,1982,(04):43-46.

⑤ 蔡辉.旧报新读:辜鸿铭炒作出来的假公主[N].北京晚报,2017-09-22.

⑥ Hayter-Menzies G. Imperial Masquerade:The Legend of Princess Der Ling[M].Hong Kong:Hong Kong University Press,2008:343.

勋龄病逝的消息而恍惚，更与成名之后长期遭受的巨大的精神压力有关系。德龄在自己的著作中多次表达了这种压力。她这样描绘自己的生存境遇："古老中国的生活节奏是缓慢不变的，而现代美国的生活是一个沼泽，如果不拼命挣扎就会陷下去。"①即使已经意识到了成名后生存的艰辛，陷入了闹剧般不断被质疑为"虚假"的人生境地，她依然心力交瘁地走下去直到心跳停止，或许婚后不安享上层贵妇的舒适生活，而是选择站出来，在中外媒体上频频出书、演讲、上电台电视台，参加各种慈善社会活动，亲自演戏筹拍电影，面对与中国有关的重大社会事件，她频频发声，谴责溥仪充当日本的傀儡建立"伪满洲国"分裂中国的行为②，上书条陈收复东三省的计划③，为提高在美华人的社会地位而到一线的工厂去探视华工④，为中国抗日救亡发起大型的海外募捐"一碗饭运动"⑤，被媒体誉为"时评女作家"。

德龄去世后，怀特继承了德龄的遗产，实现了德龄生前的遗愿，举行了部分文物的展览。但直到怀特74岁去世这些遗产都没有变卖，他说是为了怀念自己的妻子。怀特于1953年3月30日，也就是德龄逝世后的第10年病逝于加州洛杉矶市。他生前把德龄的骨灰长期暂存加州大学伯克利分校附近的钟声教堂（Chapel of the Chimes），后来葬在附近的奥克兰公墓（Oakland Cemetery）。因为没有后代，他的葬礼由退伍军人事务部操办，在洛杉矶举行，按照他的遗愿葬在他故乡纽约长岛的萨格港。怀特去世后，德龄的清宫遗物由美国自由画廊收藏拍卖。

从上述事件中可以看出，在那个尚未像今天这样个体高度独立的时代，家族认同对于一个人的精神和社会生活是多么重要。而微观的家族文化又与宏观的社会文化紧紧相连，从这个意义上来说，家族命运折射了国家的大环境，看似与德龄家族不相干的其他中国人，更像是同属一

---

①　The Forbidden City to the Broadway 一文，见 Princess Der Ling. Lotos Petals [M]. New York：Dodd Mead，1930.

②　Der Ling，Princess. Pu-Yi：The Puppet of Japan[N]. Saturday Evening Post，1932-04-30.

③　女作家德菱上书痛诋溥仪 条陈收复东省计划[N]. 申报，1932-12-25.

④　Princess Der Ling. Lotos Petals [M]. New York：Dodd Mead，1930.

⑤　Hayter-Menzies G. Imperial Masquerade：The Legend of Princess Der Ling[M]. Hong Kong：Hong Kong University Press，2008.

个扩大了的家族一样，对他们行使着认同或排斥的权利。如果中国人不认同、不接受他们是中国人，他们又去哪里找自己的家呢？这或许也是中国人误会德龄移民美国是抛弃祖国的"白华"①，但又不理解为什么德龄会在外国人面前刻意隐瞒自己的美国血统，一直以纯种中国人自居，一直有热爱中国的种种表现深层的原因。因为如果他们在国内的话，是无法用同样的方式去表达对中国的热爱的。刚开始笔者也和大多数人一样，以为这是他们追求名利的投机行为，但看着照片中他们原本就不同于普通中国人的混血面孔，试着去体会他们当时"欲加之罪何患无辞"的难处，中国人的身份竟要靠外国人来给他们，这或许既是德龄家族难以言说的矛盾，也是他们在文化传承与传播方面最隐秘、最不容易被人感受到的特征吧。

　　德龄家族自我呈现的人生剧本中，由于异常复杂的跨文化生活经历和当时那个东西方文化剧烈碰撞的大时代背景，就是有着许多令我们这样长期生活在单一文化中的人（无论是来自东方国家还是西方国家），都感到不可思议的人生际遇。用今天的观点来看待当时德龄家族所面临的矛盾，也还是颇耐人寻味的，原来无论是上层社会还是其他阶层的社会，在跨文化的交流中都存在矛盾，正是这种矛盾性，制造出个性化的、轰动一时的时尚文化潮流。文化传承与传播的意义，正是在这种矛盾的解决中，推动了人类个体的发展和社会的变迁。

　　其实，德龄家族的生命故事早已定格在那些不会说谎的文物中，每当笔者仔细解读这些文物，就会发现，其实我们的人生剧本正是经由一段又一段的关系编织而成，在不同的关系中遇见了不同的自我，当我们向人们讲述这一个个不同的"我"是怎么在生活中与问题相处、穿梭成长，当我们被倾听被看见被见证，我们因此而变得不再孤单却又独一无二、充满力量。德龄家族的自我呈现，对"我"的故事的讲述，可以认为是迁徙创伤与文化暴力矛盾之中的一种自我叙事治疗、一种试图与文化他者进行深层沟通、一种自我解脱的方式。基于对问题、转变和身份认同的关系性的理解，通过自我呈现梳理、讲述，并与受众见证彼此的生命故事，重构自己的生命意义。这种全球化时代自我调适的做法，是一种跨

---

① 兴得.清末女官——德龄[J].浙江档案，1998(3)：39.

文化生存的智慧，在当代仍有广泛的借鉴意义。

（二）身体暴力

中华人民共和国成立后，在周恩来总理的安排下，容龄夫妇都在中央文史馆工作，与日本早稻田大学政治经济科毕业、曾为中国同盟会成员的漆运钧成为同事并且关系较密。容龄的著作《清宫琐记》就是自己口述，由漆运钧笔录而成的。

摄影家张祖道1957年采访容龄时，描述了她从客厅里出来相迎的第一印象："显得雍容华贵，面容端正，眼睛明亮有神，皮肤白嫩，身材匀称，怎么看也不像是一位已有74岁的高龄老太太。她的打扮举止，和当时的工农兵有很大的反差，流利脆响的京腔①透出果敢、坚韧、充满信心的精神。"②

不幸的是，清宫系列文艺作品在20世纪60年代被打为"反动"，文艺界开展了尖锐而疯狂的批判，以至于一批生活在晚清，或者写过晚清相关文艺作品的人，比如翻译过德龄清宫题材作品的秦瘦鸥被打为"反动文人"③，著名戏剧家姚克改编秦瘦鸥的译作为戏剧上演的《清宫怨》则被认为是"大毒草"④。像容龄这样知名的西太后御前女官，直接被关押起来，要求写悔过书清算自己的家族劣迹。在悔过书中，容龄不得不痛斥自己深爱的父亲裕庚是双手沾满农民起义者鲜血的刽子手，批判曾善待她、疼爱她的慈禧太后和光绪皇帝，但她的悔过书手稿中分明沾满了斑斑泪痕。"文化大革命"期间红卫兵来抄家时，有的街坊看不顺眼容龄的生活做派，添油加醋说些不利的话。她被划为"封建余孽"，为慈禧太后

① 纯正的京腔是清朝皇城内贵族妇女的典型标志。

② 张祖道. 女官裕容龄[J]. 中国摄影，1999（2）：50-54.

③ 当时生活在香港的陈存仁提到，内地当时刮起了一股清算清宫文化的浪潮，这股浪潮波及香港清宫剧的创作，见：陈存仁. 阅世品人录：章太炎家书及其他[M]，桂林：广西师范大学出版社，2008.

④ 甘肃师范大学中文系现代文学教研组. 卖国主义影片《清宫秘史》必须批判[M]. 1967.

戚本禹. 爱国主义还是卖国主义？评反动影片《清宫秘史》[M]. 上海：上海人民出版社，1967.

戚本禹，等. 彻底批判卖国主义影片《清宫秘史》[M]. 香港：香港三联书店，1967.

跳过舞的双腿因此被红卫兵打至骨折,家居用品被抄走,居室被拆成几间挪作他用,她被赶到一间狭小的厢房里。后来她给周恩来写信,红卫兵才送来了床和桌椅①。当时女儿唐丽题远嫁泰国,不在身边,养侄女也嫁给了天津大学的孟广喆教授,离开北京到天津生活,唐宝潮更是已于1958 年去世,容龄孤身一人。被打断双腿致残后,年迈的容龄常年卧床,生活不能自理,漆运钧家人常来探望她。漆运钧的女儿退休在家,经有关部门同意,成了她的贴身保姆兼秘书。容龄晚年腿断卧床,虽然这对于一位常年保持练功的舞蹈家来说是致命的打击,但她梳洗穿戴不马虎,谈吐情趣高雅,历经悲苦贫病仍认真地活着。漆运钧的外孙们也来探望,替她跑腿领工资、报药费、买东西,陪她聊天。她回忆从事慈善公益义演活动、教学舞蹈和外语、做时装设计的快乐往事,逗得陪她的人大笑。1973 年 1 月她因感冒引发肺炎,在北大医院去世,活过了九十载。②

而德龄家族泰国支系的人生剧本也不是一帆风顺,也有许多意想不到的命运跌宕,猜得到开头却猜不到结局。早在 19 世纪,许泗漳就以敏锐的眼光发现位于泰国南部与缅甸交界处的拉廊蕴藏着丰富的锡矿,而那里还没有人大规模开采。当时拉廊还是穷乡僻壤,瘴疠和蛇兽令人畏惧,地广人稀,所需的劳力、粮食和物资都要依靠水路运入。他就向泰国普吉府的通扣王寻求资助。通扣王与许泗漳早就相识,深知他为人忠厚,就答应了。许泗漳投入全部家产,又在槟城闽籍同乡间筹集资金组织了一个开采锡矿的公司。1844 年,暹罗王拉玛三世(1824—1851 年在位)开始设置税吏,允许民间向政府承包锡矿税务,开采拉廊地区的锡矿。许泗漳向暹罗王申请开采锡矿的专利权,每年除缴纳 1.4 万斤的锡作为赋税,还愿意增加税额 2064 银圆。第二年,暹罗王允许他承包,任命他为税吏,并封子爵。许泗漳回福建漳州老家以丰厚的报酬招募大批的华工前往拉廊,修桥铺路、建房开矿。拉廊这个闭塞落后的山村逐渐繁荣起来,带动了各行各业兴旺发达。历经十年,拉廊从只有 70 户的山村发展成为上千户的地区。③

---

① 叶祖孚.西太后御前女官裕容龄(七)[J].纵横,1999(7):50-53.

② 我所知道的裕容龄(一)[EB/OL] http://blog. sina. com. cn/s/blog_407691a 301014o5l. html.

③ 林光辉.新编泰国七十三府[M].曼谷:南美有限公司,1984.

1862 年，拉廊升为中央直辖地。因任税吏期间从未延误缴纳锡税，暹罗王任命许泗漳为拉廊长官，并封他为侯爵，嘉奖他开发拉廊和增加政府税收的功绩。在之后的几年中，许泗漳除了承包锡矿税务外，还兼包其他税务，集疆吏税吏于一身。他在拉廊修筑长城防止缅甸海盗的骚扰，建立起军政合一的地方政权。他热衷于公益慈善事业，捐巨资修庙宇，捐大片土地修运动场。他将矿区扩大到弄宜地区，使弄宜地区发展成为人口 1.1 万（其中华侨 2000 多人）的工商业区。1876 年，拉廊、普吉的数千华工因对收入不满而爆发起义，拉廊局势几乎失控。许泗漳以铁腕平定了"暴乱"，恢复了暹罗政府对拉廊的统治。为表彰许泗漳的功绩，拉玛五世封他为拉廊世袭侯王，并赐予 1200 英亩土地和大量金银财宝。1882 年，许泗漳病逝，葬于暹罗王御赐的风水吉地，暹罗王赐墓志以彰显其德。

在 20 世纪初，普吉岛看起来并不像如今的旅游手册中的图片那样迷人。那时普吉岛上除了众多的锡矿就是森林，非常荒凉，经济完全依靠采矿业，人们很少听说过新技术。普吉的现代化很大程度要归功于许泗漳的第六子，被誉为"普吉之父"的许沁美。这个曾接受过中国传统教育的中泰混血儿，是一位强大而专制的统治者，他以槟城的乔治城为原型，改变了普吉岛的外观。他消息灵通，头脑精明，预知矿业将日趋没落，一手主导了普吉岛从矿业向橡胶业、娱乐业的现代化转型。所以在锡矿业衰败的时候，普吉岛的商人早已经运着越来越多的橡胶到乔治城了，然后货船又运回家具、布匹、艺术品和奢侈品，拉回塔朗路和普吉镇。①

但是，许沁美在担任普吉府尹期间，不得不平衡好暹罗国王设定的目标与那些不断企图进入普吉岛的外国企业的利益之间的矛盾，因此如履薄冰，树敌众多，甚至包括一些外籍商界人士。目前还不清楚在这些人中是否有人想除掉许沁美，但他的逝世的确与一次暴力袭击有关。那是 1913 年，许沁美被一名当地人以"怀疑与他的妻子有染"为由在董里码头持枪射击。同年 5 月，许沁美病逝于槟城。此事轰动东南亚。暹罗王称他为"一位私交"，并说："我个人为失去他而真诚地表示哀悼。"②当初

---

① 王重阳.泰国普吉省华人拓荒史[J].南洋文摘,1965(6):5.

② 普瓦敦·松巴色,姚毅.泰国南部的华人[N].中华日报,1988-03-23(12).

谁又能想到，许沁美发迹于泰国皇室的恩宠，竟然又死于这种隆重的恩宠。

如今，普吉岛上仍然屹立着一座许沁美纪念碑。许沁美因为给泰国带来了很多进步，创造了大量的社会财富，在泰国德高望重。国王拉玛六世视许沁美为泰国皇家的挚友，赐予他骑士大十字勋章，上面的白象图案象征着国家管理秩序中最高的地位，还特别允许他佩剑进出泰国皇宫，以示对他的高度信任。①

三、涅槃

人生并不是只有成功才值得去关注，德龄家族的人生剧本中也有许多耐人寻味的励志故事。300多年以来，这么多的家族成员，无论出生在哪个时代，无论生活在哪个国家，没有谁的人生是从头到尾一帆风顺的，可谓是"家家有本难念的经"。在德龄家族人生剧本自我编码的媒介所承载的文本中，几乎无一例外地、程度不等地内含着深刻的痛苦。它并不简单地外化为某种悲悲切切、某种诉苦叹息或轻率的愤慨，而是以一种坚韧不拔的、承受的同时又充满信心的精神特征展示出来。越是努力走在前列的人，他的理想的强烈就会导致越强烈的痛苦。②

（一）成长蜕变

唐丽题（Lydia Dan）是容龄的养女、德龄的外甥女，她的生父为民国著名外交官王曾思（1890—1944），曾任中国驻俄、意、法等国公使馆秘书，1933年9月至11月曾一度任外交部参事。容龄夫妇把她视为己出，按照名媛的规格培养她，经常带她出入社交场合，使得她年少时就已经成为经常在媒体露面的千金小姐。丽题私下对她的好友韩素音说，容龄是想把她培养成一个公主，将来嫁给满洲贵族传宗接代，其实她并不甘心成为依附于男性的传统女性。于是她暗暗下决心通过求知追求进步。

1936年，21岁的她获得英国名校谢菲尔德大学贝内特学院的本科

---

① Phraya Ratsadanupradit（Khaw Sim Bee Na-Rannong）Monument[EB/OL].[2018-09-15] http://hk. tourismthailand. org/Attraction/Phraya-Ratsadanupradit-Khaw-Sim-Bee-na-Ranong-Monument-5457.

② 吴亮.痛苦——文学创作的内驱力之一[J].文艺理论研究,1984(4):25-27.

文凭。1940 年，获得巴黎自由政治科学学校（今巴黎政治学院的前身）的硕士文凭。毕业后，她进入中华民国外交部工作。1941—1942 年，她受政府公派赴美国著名的女子学院拉德克利夫学院攻读硕士。该学院和著名的宋氏三姐妹就读的威尔斯利学院（Wellesley College）一样，同属于美国七姐妹学院，倡导女性独立自主、坚忍不拔的理念，创造与男性平等的发展机会。那时拉德克利夫学院是在哈佛大学的校园内办学，入校不久唐丽题就遇到了曾在哈佛大学读硕士的库克·那拉廊（Chok Na-Ranong），谱写了一段才子佳人的浪漫恋曲。出身于泰国华裔望族的库克·那拉廊曾在中国接受过美国中央情报局的训练，当时他正领导泰国的亲王、王子们从事抵抗日本侵略泰国的"自由泰运动"。巧的是，在唐丽题刚到法国读硕士的时候，库克·那拉廊就已经离开巴黎到美国哈佛大学读硕士了，他们刚好错过。库克·那拉廊因为自己的父亲也患有小儿麻痹症，所以并不在乎唐丽题小儿麻痹症遗留的跛脚缺陷。出于相近的年纪和相同的美国和法国留学经历，以及共同的救国革命理想，库克·那拉廊在认识唐丽题不到一年的时间后，就在与她举行了婚礼。婚后，唐丽题继续在哈佛大学攻读政治学的博士学位，成为民国时期中国极其罕见的留学女博士。毕业后，她放下从小受训的公主架子，随夫回到泰国曼谷定居。

库克·那拉廊来自备受泰国皇室器重的豪门望族那拉廊（Na-Ranong）家族，Na-Ranong 是泰国国王御赐给他们的专用姓氏，意为"在拉廊繁荣和繁衍"。全泰国姓 Na-Ranong 的人都是他们家族的后代。那拉廊家族在泰国相当于一个省级的诸侯国，拥有相对独立的政权、财权、军权，其显赫的地位和巨大的财富需要大量的男性后代继承，于是有着一夫多妻的传统。库克·那拉廊的父亲拥有九个妻子，库克·那拉廊是他父亲的第八个妻子所生。从小深受西方教育的库克·那拉廊在与唐丽题结婚以后，还是遵循家族的传统，在泰国又先后娶了四位妻子，这或许是唐丽题始料不及的。

唐丽题到泰国生活以后，容龄和唐宝潮还经常给唐丽题写信，鼓励她、安慰她。容龄在信中自称"老太太"，唐宝潮在信中自称"Daddy"，给她家庭的关怀。唐丽题终于决心凭借自己的博士学位重新进入社会工作。

1951—1967 年,她在位于曼谷的泰国最好的大学之一朱拉隆功大学担任政治学教师直至评为副教授。

1954—1960 年,她在泰国法政大学担任特邀学者。

1955—1965 年,她在法国新闻社曼谷分部工作。

1967—1968 年,她任加拿大卡尔顿大学客座学者。

1968—1972 年,她在美利坚大学国际服务学院和华盛顿法学院担任客座教授。

1969—1970 年,她在威斯康星大学国际研究学院工作。

唐丽题的奋斗过程,充分地体现出德龄家族文化中自强不息的精神。

(二)立德不朽

成名对于人生剧本传播有什么深层的意义? 中国儒家传统文化对于人生的终极价值和意义非常重视,孔子曾经说:"君子疾没世而名不称焉。"可见他对于一个人死后留在世上的名声和影响是十分重视的。从《论语》中的有关记载来看,孔子基本上是赞同叔孙豹关于人生不朽的基本思想的。《左传》里记载,春秋时期鲁国的叔孙豹说:"太上有立德,其次有立功,其次有立言;虽久不废,此之谓不朽。"在中国历史上,对于人生不朽问题的思考,很早就开始了。夏商时期,人们关于灵魂不死的思想,实际上就是对生命不朽的最早的解释。叔孙豹关于人生"三不朽"的说法,摆脱了迷信的束缚,是对于人生不朽的哲学思考。叔孙豹认为,第一位的不朽,是"立德",即追求崇高的道德理想,完善自己的道德人格,完善人类社会的道德法则,成为后世永远效法的道德榜样;第二位的不朽,是"立功",是说出于为社会、为人类谋福利的目的,尽自己的能力建功立业,为后世立下伟大的功勋,使社会和人民长久地享受到好处;第三位的不朽,是"立言",是说研究和发现自然和社会的规律,提出长久适用的真理性的至理名言,以便对后人的生活有益。以上所说的三个方面,因为对整个社会都有利,所以能够一直流传下去,不因个人生命的终结和肉体的腐朽而中止,所以称为不朽。

　　昆德拉写道："一个人从童年时代就开始渴望不朽了。"①渴望不朽就是关心死后传播的"在场"，自古以来，名人与非名人、普通人、苍生百姓、湮没无闻者，差别就在于死后是否还有传播的生命力。一个人一生的寿命是非常短暂的，而千古流芳，体现了人类心底对自身传播生命力超越肉体生命局限的追求。

　　德龄妹夫唐宝潮来自一个显赫而低调的大家族——近代史上名扬海外的唐氏家族。唐家位于广东香山县，香山县是孙中山的故乡，1925年孙中山逝世，为纪念国父改香山县为中山县。唐宝潮的堂叔唐绍仪，由同乡孙中山监誓加入同盟会并出任民国第一任总理，即中国历史上的第一位总理。

　　唐氏家族的发源地唐家湾位于珠江入海口的金星门水道，左边是伶仃洋上的淇澳岛。明朝中叶以后，葡萄牙占据澳门，澳门及其附近地区因此成为最先灌输近代西方文明于封建中国的"珠澳中西文化走廊"。古镇唐家湾早在100多年前就颇有名气，具有鲜明的海洋文明特征，当时从美国旧金山寄封信，只要写上"中国唐家湾"的字样，唐家人便可收到。唐氏族人秉承了海洋文明的重商意识和冒险精神，勇于融通中西文明。以唐廷枢为代表的近代中国商业巨子和洋务活动家们积累了最初的财富，为将子弟送往国外留学深造打下了物质基础。以留学教育为媒介，唐绍仪、唐宝锷、唐宝潮等众多唐氏后裔成为学贯中西的新型华人，率先实现了个体的近代化。②

　　目前在唐家湾，唐氏家族的遗迹有唐绍仪故居。探访唐绍仪的故居，仍能感受到唐氏家族韬光养晦的人生智慧。离唐绍仪故居不远处有一座由唐绍仪的私家园林改建的"共乐园"，依山面海，占地50多亩，500多株荔枝树，许多名贵花木均为国外引进，包括国内罕见的尼泊尔"信鸽巢"、孙中山赠送的日本松树和已历数百年的"盘石飞榕"。园内还设有完全按照欧洲模式营建、近代唯一的私人天文台"观星阁"和硬地网球场，更显当时少有的时尚。唐绍仪原本颇受袁世凯重用，但是袁世凯称帝以后，他立即不徇私情，公开反对。他的为官之道至今仍可为后世借

---

　　①　转引自高海涛. 解构名人——从昆德拉的《不朽》看一种文化现象[J]. 艺术广角，1995(4):9-13.

　　②　沈荣国. 近代中国第一留学家族——珠海唐家唐氏[J]. 岭南文史，2010(4):42-51.

鉴。他曾传下家训告诫子孙："人臣奉职,惟以公正自守。"①1921 年,唐绍仪响应孙中山"与众乐乐"的倡议,亲笔题写了石门上"共乐园"三个大字,并手书楹联"开门任便来宾客,看竹何须问主人",将其开辟为对普通人开放的公园。

唐国安 14 岁作为中国官派的留美幼童,告别家乡到美国学习,1881年回国,1906 年发表文章《劝告中国留学生》呼吁留学生救亡图存,轰动一时。后经同族亲戚兼留美同学唐绍仪推荐进入民国政府工作。唐国安利用美国退还清政府的庚子部分退款建起来的"游美肄业馆",定名"清华学堂",开学仅七个多月便因为辛亥革命爆发、办学经费被挪用而停办,管理层纷纷弃教,只剩下时任名誉副会长的唐国安独撑危局。他解决了学校的经费和土地问题,清华学堂在关闭五个月后终于复校,学堂也更名为"清华学校",唐国安成为首任校长。在复校后不久、第一届学生毕业后,唐国安心脏病日益加剧,在病榻上签发完要求将退款经费直接拨给学校的报告的同时递交了辞呈,1913 年 8 月病逝于清华园。生前他叮嘱夫人在他过世后,把藏书全部捐给清华图书馆。

唐国安在任上吸取留美的经验,通过实行"中五、高三制"改革,使清华学校实际具备了美国大学的部分教育职能,可直接与美国高校对接。他确立的"进德修业、自强不息"的章程,对以后清华办学思想产生了深远影响。如今,高悬于清华礼堂楼后壁墙上的两块大匾"寿与国同"和"人文日新",与礼堂前台墙上悬挂的"自强不息,厚德载物"遥相辉映,记录了当初唐国安任上创业维艰的历史。《清华年刊》称颂他是"为国谋最大福祉的真正爱国者,富有坦诚、忠实、正义、自我牺牲的精神"。

第四节　本章小结

本章将原著、实景、录像等自我呈现的原始媒介中的信息视为传播文本,探索德龄家族的自我呈现中在戏剧角色、戏剧场景和戏剧冲突等三方面与他者呈现不同的人生剧本内容。

---

①　周豫.融通中西以实业兴邦　为民谋福惟公正自守[N].南方日报,2015-11-25.

在戏剧角色方面,历史上真实的德龄家族是一个在全球上流社会具有非凡影响力的华裔混血贵族,不仅有着光鲜的外表,更有着有趣的灵魂。德龄家族的中国祖先最早可以追溯至 1644 年从龙入关的清朝开国八旗元老徐成忠,美国祖先最早可以追溯至来华经商的美国白人先驱约翰·皮尔森,泰国支系祖先最早可以追溯至得到泰国国王御赐其姓的那拉廊家族的华人始祖许泗漳。① 全世界姓那拉廊的人都是他们家族的后代,意为"受封于拉廊、在拉廊发达繁荣"。其大量家族成员被吸纳到泰国统治阶层当中。1862 年,许泗漳被封帕耶爵衔,升任拉廊府府尹。他的儿孙中有九人被封为帕耶爵衔,五人被封为銮爵衔,三人被封为坤爵衔,多人担任府尹等要职。② 这个从 100 多年前至今都是左右泰国政局的家族,世代拥有通往东南亚其他国家乃至欧洲的海上出口有着重要意义的克拉地峡所在地——泰国拉廊府的行政权、经济权和军事权。虽然那拉廊家族在泰国地位已经很高,但他们对自己的华人文化传统仍然很珍视,至今还保存着 100 多年前许泗漳下南洋时从中国带去的唯一家当——一根扁担,以示不忘本。德龄家族成员中不乏中华民国第一任总理唐绍仪、清华大学创始人和首任校长唐国安、中国最早的买办唐廷枢、击退英商对华的茶叶倾销并反过来垄断欧美茶叶市场的被誉为"中国茶商中的拿破仑"的唐翘卿等名人。③

在戏剧场景方面,300 多年以来,德龄家族的足迹遍布世界 13 个国家 78 处不同的地点,缔结了无数的跨国婚姻,在家族谱系内既有清朝皇族宗室觉罗氏的血统(德龄的大嫂就是觉罗氏),又有中国、美国、法国、

---

① 王苍柏.东亚现代化视野中的华人经济网络——以泰国为例的研究[J].华侨华人历史研究,1998(3):9-33.

② 1932 年之后,泰国国王已经不再封爵,因此拥有爵位的人非常少,并且这些爵位在当代仍然允许世袭。泰国的爵位分为两种:一种是生而有之,即为世袭爵位,另一种则是国王委以重任时加封的爵位,如帕、公摩、帕province昭丹、蒙。那拉廊家族的爵位引自中文文献,笔者没有查到泰国语原文,暂时还不了解实际受封的爵位等级。但可以知道府尹相当于今天中国各省的省长。并且笔者曾询问在华留学的泰国朋友,那拉廊家族是否在当今泰国社会影响力非常大,虽然他们对泰国爵位也没有研究,但根据他们的常识判断,都公认那拉廊家族至今在泰国社会的影响力仍然非常大,地位非常高贵,至今仍是泰国政治、经济和军事方面的要人。

③ 沈荣国.近代中国第一留学家族——珠海唐家唐氏[J].岭南文史,2010(4):42-51.

泰国、马来西亚至少五个不同国家的血统。

在戏剧冲突方面,德龄家族是一个对海外华人社会和中外国际关系产生过并且至今仍然发挥着重要影响的家族组织。他们大多都接受过世界上最好的教育,通过建构起国际化的经济网络和情报网络,逐渐接近国家的政治中心,与多个国家的当权者建立私交关系,从而获得显赫的政治地位,同时他们也不忘积累其他的社会资本。当他们政权旁落的时候,他们善于发展和利用家族的经济和文化等软实力,继续对政治产生影响,从而获得东山再起的机会。他们长袖善舞,足智多谋,多才多艺,极富冒险和开拓精神,纵横政治、军事、艺术、教育等领域,突破不同社会阶层、民族、种族、国家之间根深蒂固的隔阂,架起了多种形式的跨文化平等交流的桥梁,在全球范围内建立起庞大的传播版图和多层次的传播格局。

德龄家族的命运起伏跌宕,达到了常人难以达到的人生境界,又有着比常人更为丰富的生命体验。更为难得的是,德龄家族具有先进开放的传播精神,作为如此接近皇权、本应高高在上的贵族,他们不以抛头露面和袒露心声为耻,留下了丰富的著作、实景和录像资料,成为其人生剧本的真实见证,使得普通平民百姓能够获得认识和了解他们的机会。

第五章　人生剧本传播的个性失真

　　本书的第三章和第四章已经从传播者的角度,对比分析了德龄家族人生剧本传播他者呈现和自我呈现的特点,发现他者呈现存在戏剧角色刻板、戏剧场景单一和戏剧冲突陈旧等现象。本章将从传播效果的角度,透过这些文化现象的表面,进一步探讨隐藏在背后的家族人生剧本传播中个性失真的问题。

第一节　个性失真的表现

　　自从互联网进入 2.0 时代,以微博、微信为代表的社会化媒体发展迅速,微型的个体取代过去大众的群体成为传播和接受信息的基本单位,构成了微媒体渗透日常生活的"微时代"。与过去的大众传播时代相比,"微时代"传播情境下的人们更追求效率,越来越难以有耐心将自己的精力专注于需要投入大量精力去品味、深思有深层意义的文本,而习惯于消费缩短或改编了的"快餐型"微型文本。

　　英语中"个性"一词是 personality,这个词来源于拉丁语 persona,原义是指希腊罗马时代的戏剧演员在舞台上戴的假面具,这种假面具代表剧中人的身份。心理学家据此定义,把一个在人生舞台上扮演的角色及种种行为的心理活动,看作个性的表现。个性的内涵十分宽广丰富,苏联心理学家们把个性看作是具有一定社会地位和起一定社会作用的有意识的个体。美国心理学家阿尔波特(G. W. Alport)探讨了有关个性的各种定义。[①] 据他统计,关于个性的定义约有 50 多个,但都离不开个性心理特征和个性倾向性两个方面。两者彼此联系,错综复杂地构成多侧面、多层次和多水平的体系,反映在一个人身上,就构成了人与人之间千差万别的个性。当今,"个性"这个概念引申为能独立思考、有自己行为特征的人,即真正的人本身。"个性"也可译为人格。

在本书第一章第三小节"根据名人传播效应命名家族"中论述到,国内外前人研究在类型化的比较中埋没了德龄家族的个性特征,其独立人格没有得到尊重。因此,在本书中,"个性化"的概念有着比社会学和心理学研究更丰富的含义。本研究所谓的"个性化",不仅是一种传播现象,也是一种生存策略,是在微时代用来对抗标准化、工具化、麻醉化等文化工业所引发的问题的解决方案,始终贯穿于笔者对德龄家族人生剧本传播问题的探讨过程,并深刻地寄寓于本研究所提出的传播策略中。正如法兰克福学派所批判的,在文化工业标准化的生产体制中,文化产业的产品和服务面临着同质化并失去竞争优势的风险。在工具理性片面化的价值标准之下,普遍性和特殊性假惺惺地统一起来了。消费者个体只是一个物、一种统计因素,可以通过简单地归类把"个体"变为"大众",作为批量化文化工业生产中"面目模糊"的对象。在本书中,消费者个体绝不被视为像物一样无生命的静态存在,而是被视为有独立人格、有独特潜能的活生生的"人"。在消费者面对海量的选择机会而疲劳麻木的状况下,个性化传播能够获得市场竞争的比较优势。本章的第三节将针对当今微时代所存在的文化工业标准化、工具化、麻醉化等三方面人类生存危机,指出德龄家族人生剧本传播个性失真的弊端所在。

通过总结第三章和第四章的研究发现,德龄家族人生剧本传播的个性失真问题体现在以下三个方面。

一、传播文本高度同质化

通过本书第三章中对德龄家族人生剧本传播之他者呈现的研究,在

---

① 个性的概念及构成,见王世意. 心理学原理及其与应用[M]. 西安:陕西师范大学出版社,2014.

戏剧角色、戏剧场景和戏剧冲突方面，绝大多数局限于清宫相关的传播议题，其传播文本虽有观点和表述上的差异，但传播内容和呈现思想大同小异，同质化极高。

在长达百年的他者呈现传播过程中，历经如此多社会文化历史变迁的关卡，在这么多个国家流传，为什么会出现高度同质化这样的情况呢？经过仔细对比分析各种他者呈现的文本版本和观点后，笔者发现，中国本土的翻译，尤其是秦瘦鸥的翻译及其在各种媒体上发表与德龄家族相关的言论以后，成为对德龄家族人生剧本的传播影响最大的力量，其影响力在海内外甚至有超越德龄英文原著影响力的势头。

维基百科上有"德龄"八个文种的词条，除了英文和中文以外，还有法文、西班牙—葡萄牙文、瑞典—挪威文、日文、乌克兰文、印尼文等文种。在 EBCOS 数据库上搜索，还发现了瑞士的文献。经笔者运用翻译软件进行翻译后，发现这些语种的文献内容高度雷同，基本上都是对德龄所著的《清宫二年记》[①]一书内容的介绍和德龄清宫经历的简介，对某些方面进行了高度压缩，而某些方面又进行了夸张的渲染，虽然远离德龄的原旨，但总的观点与中国国内大致相似。

美国著名传播学者约翰·费斯克的媒介文本理论以电视文本为例，将文本分为三个层次：①初级文本，即屏幕的信号模式以及在任意时间内的点播模式；②次级文本，如记者述评、明星传闻、电视杂志、广告、招贴画、电视节目宣传等形成的宣传产业；③三级文本，即人们对电视的解读、谈论与闲聊。[②] 在德龄家族人生剧本的他者呈现传播中，同样存在着类似的三个层次文本。

约翰·费斯克提出，文本之间的互文性存在垂直和水平两个维度。运用约翰·费斯克的媒介文本理论的这两个维度进行分析，可以发现他者在将德龄家族的人生剧本进行改编传播的过程中，显示出以下两方面的特征。

---

①　Princess Der Ling. Two Years in the Forbidden City[M]. New York：Moffat Yard，1911.

②　约翰·费斯克的相关传播学理论可以详细参见：张潇扬. "生产者式"电视文本的现代性解读——基于约翰·费斯克媒介文化研究视角[J]. 当代传播，2014(4)：23-25；张潇扬. 约翰·费斯克的媒介文化理论研究[D]. 济南：山东大学，2015.

（一）类别同质化

初级文本通常是沿着类别、人物或剧情的水平轴发生联系。约翰·费斯克认为，影响水平互文性的主要方式是"类别"。无论是德龄家族话题传播中的网络媒介，翻译传播中的书籍、杂志、报纸等媒介，还是文艺传播中的小说、戏剧、影视剧等媒介，都是高度"类别化"的媒体，这些媒体中所传播的文本分属于界限分明的同一种类别：清宫大戏。同一类别的不同节目或系列剧具有共同的常规，这不仅形成了与其他类别文本的联系，而且形成了文本与观众、文本与制作者、制作者与观众之间的联系。

按照约翰·费斯克的观点，在消费社会的传播环境下，如果某种文本类型与主流意识形态密切相关，那么这个类型就比较流行。清宫大戏这种类别的形成有着深刻的传统。清王朝作为中国历史上最后一个封建王朝，其灭亡又是在历史上前所未有的中外关系共同作用下的结果，是历史正剧和表达新生的革命意识形态的新历史剧的绝好题材。中国从民间到官方自古以来就有"看大戏"的传统，大戏具有宏大叙事、情节复杂、人物众多的特征，通常采用全知全能的视角，摒弃个人视角和个人情感，承担社会主流意识形态对大众的教育功能。在这种清宫大戏的类型中，德龄家族的成员彻底沦为了配角，主角是慈禧和光绪皇帝等清宫皇族代表人物，即使在名为"德龄与慈禧""德龄公主"的文艺传播中也是如此，德龄家族的成员是为表现中国革命和中外冲突这些与别的清宫大戏一样的同质化戏剧冲突服务的。

（二）意义同质化

垂直互文性是指初级文本、次级文本及三级文本之间的关系，由初级文本和与之相关的其他文本的关系所构成。从他者改编的传播来看，德龄家族的人生剧本就具有典型的垂直互文性。德龄家族人生剧本的他者改编本身不是自足的文本，而是意义的煽动者，其传播效果只能在众多的、经常相互冲突的流通中加以研究。大众文化以互文的方式，流通于初级文本（德龄家族本人的清宫经历）、次级文本（广告、媒体评论）和三级文本（人们对德龄家族清宫经历的解读、谈论与闲聊）之间。不论是初级、次级或者三级文本,所有他者改编的德龄家族人生剧本都是不充分和不完整的。德龄家族的人生剧本只是意义与快感的互文式流通,既不是一个文本也不是其人,而是一组正在发生的意义。

约翰·费斯克认为,初级文本与次级文本分别属于"意义文本"和"解释文本",大众传媒是制度性的文本,具有很强的经济动机,因此对初级文本的首选解读往往带有主流意识形态的特征,并且服务于支配阶级的利益。次级文本比如批评或者宣传,起到的作用是推动初级文本首选意义的流通。它们的意义又以生产者的方式被反馈到大众传媒上,就像大众传媒决定它们的意义时一样。三级文本是这种流通的关键阶段,因为这些文本出现在观看者与他们的社会关系上。这样,文本生产主体试图通过垂直互文性途径使文本意义生产与传播绝对化,试图操纵大众对文本的解读成为单一意识形态意义的流动。法兰克福学派所批判的文化工业的标准化生产更加强化证实了这一点。

二、人的肉体高度工具化

身体,才是人类真实触摸世界的媒介。而人类所发明创造的身体以外的其他媒介,本应是身体的延伸,是人类感知世界的工具。但可悲的是,当人类所发明的机器越来越智能时,人类真实的身体却越来越接近满足各种个人欲望和社会目的的工具,个体在他使用的机器面前消失不见了。

在工具理性的支配下,个人只是把自己设定为一个物,一种统计因素,或是一种成败。他的标准就是自我持存,即是否成功地适应他职业的客观性以及与之相应的行为模式。工具理性把人当成了无差别的对象,与任何装配线上的机械产品一样,每个人都可以被其他人代替,个体是可以相互转变的,是一种复制品。作为一个人,他完全是无价值和无意义的,随着时间的流逝,当他丧失了作为个体的独特个性后,才会发觉确实如此。

三、体验情境高度虚拟化

所谓的文化工业是指凭借现代科学技术手段大规模地复制、传播文化商品的娱乐工业体系。这种娱乐工业产生于发达资本主义工业国家,它以制作和传播非创造性的、标准化的大众文化商品为手段和载体,通过独特的大众传播媒介,如电影、电视、广播、报纸、杂志等多种普遍有效的途径送达消费者,供其消费,进而从中获取高额利润,实现发财致富的目的。

随着大众传播的发展,传播媒介日益丰富多样,大量的信息纷纷涌向广大受众。现在,绝大多数的人每天都要花很多时间看电视、听广播、读报刊,被各种各样的信息搞得眼花缭乱,自以为已经充分了解周围的社会,实际上,人们很少有时间去进行人际交往、参加社会活动,只是让被动的、虚假的共鸣来代替积极的行动,对社会现实采取一种事实上袖手旁观的态度。在大众传播高度发达的现代社会,存在着三种意义上的"现实":第一种是实际存在的现实;第二种是传播媒介有选择地提示的"象征性现实";第三种是人们在自己头脑中描绘的关于外部世界的图像,即"主观现实"。个人由于主客观因素的限制,不可能对每一件在自身之外发生的事件都了解。因此,传播媒介对人们认识和理解现实世界发挥着巨大的影响。尽管人们接收了许多外部世界的信息,并且还可能对需要解决的社会问题有所了解,但并不会真正付诸行动,与社会的关系反而日趋疏远和冷漠。这种对社会问题和社会活动的虚幻的满足,最终结果便是导致"社会麻醉"。

第二节　个性失真的原因

过去,一些媒体人和研究者总把失真的原因归于德龄本人。但德龄早已于 1944 年去世,德龄家族的其他成员目前也都很低调,没有积极性在大众传媒上对自己的人生剧本进行自我呈现了。德龄家族能够利用大众传媒进行自我呈现已经是很难得的事情,这种归因不但没有现实操作价值,反而影响德龄家族相关文化资源的开发。

今后德龄家族的人生剧本传播,基本上都会以他者呈现为主。因此,在他者呈现中去寻找失真的原因,是可以在今后的传播过程中去改善的。结合本书第三章、第四章对德龄家族人生剧本传播所做的历史调查,德龄家族人生剧本传播个性失真的原因在于缺乏个性化的情感源头、缺乏个性化的体验渠道、缺乏个性化的互惠关系等三个方面。

一、缺乏个性化的情感源头

在长达百年的传播过程中，从德龄家族人生剧本改编者的身份和生平，及其在传播中的投入状况来看，大部分改编者从事德龄家族人生剧本的传播行为并不是职业行为，他们另有五花八门的职业。比如对德龄家族在中国的本土化传播影响重大的秦瘦鸥，他的职业是京沪、沪杭甬铁路局职工，后来竟担任中华民国经济部下属的台湾金铜矿业公司副局长兼驻沪办事处主任；把德龄生平全部八部著作翻译成中文的译者顾秋心，她的职业是半导体专业和计算机专业的大学教师；写作并出版小说《清宫秘事：光绪与德龄秘恋》同时又担任电视剧《德龄公主》编剧的谈宝森，他的职业是相声演员，从事德龄家族人生剧本的传播仅仅是利用业余时间甚至退休晚年所发展的业余爱好。但是，与报纸媒体、电视台等职业化的大众传媒组织市场化的传播行为中的匿名改编者相比，那些出于兴趣的署名改编者在情感、精力、经济和时间等方面的投入已经算是比较多的了。

从投入状况的比较来看，在德龄成名早期，他者对于德龄家族其人发自肺腑的真情实感投入较大，中晚期投入基本上随时间的推远而递减。比如把德龄英文著作翻译成中文的早期译者陈冷汰、陈贻先，是比德龄年长或者年龄相当的人，都是生于清朝官宦之家并且成为中国较早接受西方教育的人，经历了从晚清到民国的历史变迁。在其中文译本的序言中，对于德龄写作和出版的难处和先锋之处评价感同身受，非常到位。接下来，生于1908年的秦瘦鸥，与德龄差了20岁。自秦瘦鸥能记事起，中国已经成为中华民国，对于清朝的情感和态度已经与晚清遗老遗少完全不同了。秦瘦鸥年轻的时候是一位热血的时髦青年，对清朝的统治，尤其是慈禧太后的统治充满了批判意识，他所翻译的德龄著作中文译本充满着浓浓的民国腔调，他在对德龄家族人生剧本的改编过程中虽然投入了大量发自肺腑的情感，但是所投入的情感已经与德龄在书中所表达的情感不同了。虽然笔者不能完全感受到当时德龄在社会上的传播热度和传播盛况，但凭借当时的报刊报道推测，应该跟后来当红的时尚明星周璇、阮玲玉不相上下。再之后还有一位用心良苦的译者顾秋心，她正是凭着对德龄原著的热情，在其晚年托人到美国图书馆找齐了德龄一生中所出版的八部著作，成为把德龄著作全部翻译成中文的第一人。但顾秋心毕竟是一位哈工大计算机学院的退休教师，之前一直从事计算机方面的教学工作，这样的背景和业余的工作状态多少会限制她对德龄原著的理解。改编者的职业身份限制了他们在情感源头上的投入，其精力投入、经济投入和时间投入状况更加可想而知了。

对于改编者在传播中所获得的回报，有的研究者以为获利颇丰，比如研究者王敏曾试图查阅秦瘦鸥译著《御香缥缈录》的版税记载，但没有找到。她引用鲁迅曾因版税的纠纷委托律师向北新书局索取版税之权的例子，推测版税是当时上海文人普遍的谋生手段之一，并且根据该译著发行的数量和媒体广告的频率来推测秦瘦鸥在"经济上的成功"。但笔者不认可这种推测，因为秦瘦鸥的好友陈存仁提到当时全国盗版猖獗，秦瘦鸥所翻译的德龄译本《瀛台泣血记》还未出版就已经被盗印提前出版了，以至于秦瘦鸥"泣血赔本数千元"。就近年的传播状况而言，他者改编传播很少以文化项目市场运作的形式开展，更多的是他者依托自己在国家事业单位体制内的职业平台所进行的个人行为，而且他们的年龄相对来说已经不年轻了，很难达到目前文化产业发展的前沿。

综上所述，改编德龄家族人生剧本的他者由于情感投入、精力投入、经济投入和时间投入等方面的限制，往往容易满足于唾手可得的、别人写好的现成文本，尽可能降低生产成本，没有加强对改编的个性化情感源头的开拓，拘泥于清宫大戏的传统文本类型中对有限的文本内容添油加醋，拾人牙慧。这种反复消费式的低成本生产，虽然有文化事业和文化产业对文化生产支持体系的制度缺陷的因素存在，但问题根源更在于改编者本人的不思进取、急功近利、浅尝辄止的心态和做法。从学术研究的社会服务功能来说，学术界长期没有为德龄家族相关文化产业提供实用的智力支持，传播学研究不重视履行服务社会的义务，产学研脱节，没有及时生产出可转化为现实应用的研究成果，也是导致相关产业现实发展裹足不前的原因之一。在这样低投入的生产体系中，德龄家族相关文化产业是不可能获得高回报的。

二、缺乏个性化的体验渠道

人生剧本传播,是指在自我内心世界与外部世界的信息交换中,由自我做出选择的人生决策过程,正是这个过程形成了每个人独一无二的、个性化的人生剧本。但是,为什么日常生活中,我们不容易看到人们活出他们人生剧本的个性呢?还有一个很重要的问题:害怕创伤。人类不得不面对人生中过去的、现在的、未来的,各种影响广泛的大灾难如战争、饥荒、自然灾害、社会动荡,以及个体命运中生老病死、人际矛盾等不可预测的人生际遇,以及内心深层的不确定感。从这个意义上来说,日常生活中我们所面临的创伤无所不在,加上家族或者所处共同体的创伤遗传,我们每一个人生来都是不同程度的受创者。创伤的伤害渗透在生活的各个方面,影响着人的生理、社会和情感幸福。

马修·阿诺德(Matthew Arnold)认为,真正的个性体现为两个方面:一方面是人对美好标准的认知、运用和追求;另一方面是人对美好事物的创造。在法兰克福学派的文化工业批判理论看来,在文化产业体系下,人已经失去了对美好标准的认知、运用和追求,以及创造美好事物的独立性,即失去了真正的个性。那么,取而代之的是——伪个性。①

人对生命的体验的感受能力并不是线性的,人的体验是相对于之前的经历而言的,并且一个人在经历过某种人生体验之后,会渐渐对相同的体验失去感受能力。这样看来,人是不可能一辈子只体验曾经带来愉悦感受的事情的,除非不断地有新的体验。而事实上人的体验越多,对

---

① 法兰克福学派提出了对文化工业伪个性的批判理论,详见:殷晓蓉.法兰克福学派与美国传播学[J].学术月刊,1999(2):17-22.

黄沁蕾.法兰克福学派的文化工业理论[J].社会,2001(3):28-29.

毛云聪.试论法兰克福学派文化工业理论的传承与嬗变[J].才智,2014(12):279-280.

薛民,方晶刚.法兰克福学派"文化工业"理论述评[J].复旦学报(社会科学版),1996(3):93-98,105.

魏艳芳.共性与个性的交织——法兰克福学派大众文化批判理论的总体特征[J].淮北师范大学学报(哲学社会科学版),2016,37(1):43-46.

王晓升.为个性自由而斗争:法兰克福学派社会历史理论评述[M].北京:社会科学文献出版社,2009.

刘亚男."机械复制艺术"与"文化工业"——对比本雅明与阿多诺的大众文化观[J].理论观察,2015(11):63-64.

世界的理解越深,对快乐的感受能力就越强。

因此,拓展人生体验的渠道,提升人生境界,让个体的人生叙事与更大的力量联结,可以让一个孤独的人获得力量。

但是,目前就德龄家族的人生剧本传播媒介来说,他者呈现的媒介虽然包括书籍、杂志、报纸、小说、戏剧、电影、电视剧、网络等多种媒介,但文本的内容和类型同质化极高。而德龄家族的原著、实景、录像等自我呈现的原始媒介都是稀缺昂贵的文物,大众很难接触到,而且解码也存在很大的困难。这些媒介都有待开发,通过架起德龄家族人生体验与消费者人生体验的桥梁,可以拓展消费者的人生体验。

三、缺乏个性化的互惠关系

文化工业对消费者的影响是通过娱乐确立起来的,一个人只要有了闲暇时间,就不得不接受文化制造商提供给他的产品。文化制造商们知道,即使消费者心烦意乱,也仍然会消费他们的产品,因为每一个产品都是一个巨大的经济机器的模型,这些经济机器无论是在工作时,还是在闲置时,都会操纵大众。

每个人的自由在形式上都得到了保证,每个人都没有必要堂而皇之地回答他到底在想什么。同时,相反的是,每个人从一开始就被禁闭在学校(成为学生)、单位(成为员工)、媒体(成为用户)等日常生活中的社会组织系统之中,而不是成为他或她自己。所有这些社会系统,构成了最敏感的社会控制工具。每个人只要不想被社会排斥,就必须遵守这些规则。

在阿多诺看来,生产标准化汽车的装配线同时也生产着倦怠、麻木、被动的工人。被雇来的工人如同他们生产的产品一样,被迫习惯于工业化的生产体系。文化产业中的工业标准化不仅满足了倦怠、被动的工人的消费需求,同时更进一步强化了他们的被动性。心生厌倦的消费者需要不断的刺激,因而,文化工业便生产出虚伪的新奇幻象。如同他们的麻木不仁一样,工人没有意愿也没有能力同他们所消费的文化产品做智力上的斗争。[①] 人们越来越没有能力全神贯注于任何东西,只能享受最

---

① 　陆扬,王毅.大众文化研究[M].上海:上海三联书店,2001.

平庸的和被缩短与改编了的文本。[①]

　　在这种生产低投入,对消费者而言又高耗能的消费体系中,消费者在平时工作中所消耗的精力在消费文化产品的时候得不到补充,文化产业如何能长久地盈利呢? 除非探索一种双赢的关系,让文化企业与消费者之间建立起互惠的关系。

第三节　个性失真的弊端

　　所谓前沿问题,指的是某个领域中具有前瞻性、先导性和探索性的重大问题。个性化传播问题,早在 20 世纪中期,从"文化产业"概念的前身"文化工业"概念诞生之初,就被法兰克福学派认为是一个关系到人类社会生死存亡的重大问题。[②] 虽然伯明翰学派对文化产业中的个性化传播问题的严重性提出质疑,但当今国内社会各界人士已经意识到,中国文化产业发展中的个性化问题的确越来越突出。

　　清华大学国家文化产业研究中心主任和新媒体传播研究中心主任熊澄宇认为,文化产业研究应强调差异性,由于各高校的人才结构和学科定位有所不同,因此,各研究中心应当注重差异性发展,形成具有自身特色的文化产业研究模式。[③] 发展文化产业不能再用"传统句式",要为产品找到特定消费群体。只有当这一特定消费群体接受了产品传递的文化信息,文化产品才有可能找到市场。[④]

　　南京大学国家文化产业研究中心主任顾江认为,当前文化产业发展最大的问题就是,结构上同质化现象严重。地方政府对发展文化产业园区缺乏准确的定位。都叫文创园区,能让人记住的有几个? 文化创意产业发展关键是塑造个性。[⑤]

────────────

① 朱晓慧.新马克思主义消费文化批判理论[M].上海:学林出版社,2008.

② 齐仁庆.中国文化产业发展的价值取向问题研究[D].长春:东北师范大学,2012.

③ 郝日虹.文化产业研究应强调差异性[N].中国社会科学报,2012-12-14(A01).

④ 王宇.发展文化产业不能再用"传统句式"[N].泉州晚报,2011-12-19(7).

⑤ 王海平.南京大学国家文化产业研究中心主任顾江:当前文化产业同质化严重[N].21 世纪经济报道,2011-10-27.

近年来"个性化"成为文化产业的热门议题。在民革上海市委副主任、上海社科院应用经济研究所文化创意产业研究室主任王慧敏委员看来,上海的文化资源并不少,但缺乏具有城市特质的文创品牌,贴近老百姓生活的文创品牌也难觅踪影。传统的标准化产品缺少差异性,品质也有改进空间。东华大学时尚创意产业发展研究中心主任潘瑾委员认为,如果文创产业能与制造业深度融合,不仅可以提高产品的品质与附加值,还可以提升市场知晓度,助力"上海制造"向"上海创造"转型。"在上海购物,不仅要能买到世界各大品牌商品,也要能看到与众不同的个性化产品,这就要靠文创产业助力。"更为重要的是,正是这些有温度、有美感、有匠心的文创产品,在悄然塑造市民的生活新方式,提升整座城市的审美品位。潘瑾认为,发展文创产业既符合上海现代化国际大都市的定位,也是实现高品质生活的必由之路。①

文化工业的伪个性及其消极影响,虽然并未被大部分的研究者或受众警惕,但已经成为德龄家族人生剧本个性化传播的本质问题。在文化产业体系下,德龄家族人生剧本的他者改编已经失去了对美好标准的认知、运用和追求,以及创造美好事物的独立性,即失去了真正的个性,取而代之的是——伪个性,表现为:生产标准整齐划一、工具理性价值片面以及消费者的疲劳麻木等商业俗套传播的问题。从这个角度而言,笔者关注和致力于解决德龄家族人生剧本传播中个性失真的问题,也就是在具体的传播情境中,以小见大地关注并致力于解决当今中国文化产业实践中普遍存在的前沿问题。

第四节 本章小结

所谓的个性失真,一方面包括传播过程中对德龄家族个性的表现失真,另一方面也包括传播过程中受众个性化体验的失真。本章从历史上德龄家族人生剧本传播的状况出发,结合当今微时代的文化传播特征,输入传播学、哲学、心理学、美学等理论知识,从以下三方面分析了德龄

---

① 洪俊杰. 都叫文创园区,能让人记住的有几个[N]. 解放日报,2018-01-28.

家族人生剧本传播的个性失真的表现、原因和弊端。

第一，传播文本高度同质化，对经典的现成文本反复消费式的文化工业低成本生产体系，使得德龄家族的形象脱离现实生活，缺乏个体的真情实感。

第二，人的肉体高度工具化，工业社会的工具理性在当今社会的泛滥，使得人类个体的个性受到极大压抑，百年前的清宫剧本已经很难满足当代人的个性化体验需求，对于德龄家族人生剧本未开发的内容又缺乏个性化的体验渠道。

第三，文化消费对于消费者而言成为一种需要被动去应付的生命外驱力，使得消费者在平时工作中所消耗的精力在消费文化产品的时候得不到补充，导致消费者更加疲劳和麻木。文化产业只有探索一种双赢的关系，让文化企业与消费者之间建立起互惠的关系，培育和激发消费者的生命内驱力，才能有长久的发展动力。

第六章　人生剧本传播的个性归真

上一章已经从传播效果的角度,透过文化现象的表面,深入探讨了隐藏在背后的家族人生剧本传播中个性失真的问题。本章将结合第四章所挖掘出的德龄家族人生剧本自我呈现中大量未被媒体放大的、尚待开发的文化资源,从传播效果的角度,为在当代传播情境中解决家族人生剧本传播个性失真的问题,提出可参考的建议。

第一节　戏剧角色归真

一、角色扮演体验

角色扮演也称为扮装游戏,是一种古老的、历久不衰的娱乐活动,比如"过家家""上花轿""警察抓土匪""玩打仗"等我们童年时觉得"好玩",因此"感兴趣"参与的游戏。在活动中,参与者在故事世界中通过扮演角色进行互动。参与者通过对角色的扮演,可以获得快乐、体验以及宝贵的经历。作为一种人与人之间重要的社交活动,我们可以将个人暂时置身于他人的社会地位,亲身体验和实践他人的角色,从而能够更好地理解他人的处境,体验他人在不同情况下的内心情感,同时,能够培养人性中重要的同理心,更好地履行自己的角色。

人生的戏剧性,正如莎士比亚所说:全世界是一个舞台,所有的男女都是演员。他们有各自的进口与出口,一个人在一生中扮演许多角色。[①]

德龄家族的人生剧本中有什么有趣的、好玩的角色呢? 过去,德龄家族的不少成员已经获得了一定的知名度,德龄本人生前从事多种传播职业,在文学、演讲、戏剧、教育领域在国际范围内尤其是在国外,成为华人的杰出代表,尤其是德龄著作收获了很多忠诚度高的书迷,甚至成为几代人的集体记忆,也使著作中所提到的几位家族成员被更多的人所关注,但是德龄家族没有作为一个整体被人关注过。因此,无论是戏剧角色、戏剧场景还是戏剧冲突方面,都没有能够充分地展现。在300多年德龄家族的谱系范围内,存在着多位在不同领域有着突出表现的成员。他们的角色既有白手起家的富豪,又有军功赫赫的英雄;既有海归的知识分子,又有乱世中的国家政要;既有温柔贤淑的千金小姐,又有桀骜不羁的富家少爷;既有万众瞩目的明星,又有孤芳自赏的艺术家。目前德龄家族还有大量未被媒体放大的人生剧本内容,蕴含着丰富的文化资源,是一座远未被充分开发的文化富矿。

德龄家族的生活是令人羡慕的。著名英籍华裔女作家、比利时前国防大臣的外甥女韩素音拥有出众的语言能力和欧洲贵族品位,西方评论界极为赞许她的英文造诣"精美、清丽、雅洁的文笔在当代英美文坛堪称一流"[②]。作为与德龄的外甥女唐丽题从小学时起就终生保持友谊的好朋友,韩素音在自己的回忆录《残树》[③]中详细描写了唐丽题在20世纪初优越的教育条件以及自愧不如的语言能力。为了把唐丽题培养成国际标准的中国名媛,容龄和唐宝潮让唐丽题同时上中国人办的和欧洲人办的贵族学校。她刚到上小学的年纪,父母就已经为她聘请了五个私人教师,一个教笛子,两个教古文,一个教诗和书法,一个教德语,还在修道院学校学法语和英语。她学习中国传统的柔术和防身术,培养上流社会淑女的仪态谈吐。当时唐丽题还学日语,她从日语教员那里学插花艺术。她跟法语老师学数学,还像数学家一样严肃地向比自己高年级的韩素音

①　Goffman E. Presentation of Self in Everyday Life[M]. Chicago:Anchor,1959.

②　胡玲,刘军平. 孤舟一系故园心 知音彩虹耀译界[J]. 东方翻译,2013(2):44-48.

③　Han S. The Crippled Tree:China,Biography,History,Autobiography[M]. Berkeley:Putnam,1965.

的哥哥学对数、微积分,以培养理财能力。韩素音在唐丽题的家里看到,她的生活可谓是应有尽有。书房里有丰富的藏书,古色古香的美丽书桌上摆满了文房四宝,绿松石的笔架上有个金把,一边刻着一只小青蛙,青花明瓷的画筒里插放着卷起来的古画。有许多抽屉的柜子里放了许许多多小玩意,小巧的水晶玉石的刻花瓶、翠鸟的羽毛、珊瑚等等。她还有照相机、唱机等当时中国罕见的西方电器,并熟练地为韩素音播放了其中的一张唱片。因为具有这样的家世,韩素音的妈妈早就预言,唐丽题将来一定能嫁个好丈夫,虽然她的脚天生有点跛。后来,唐丽题果然在美国留学的时候与同在美国留学的泰国华裔望族库克·那拉廊结婚,后随他到泰国生活。

虽然已经有一些网友自发建立了名为"裕德龄""裕容龄"等百度贴吧,但用户人数不多,活跃度很低。在一些零散的博客文章里,也能看到一些文史爱好者发表对德龄及其亲戚考证的博文。一些网站和营销公众号也在源源不断转发或通过东拼西凑发表关于德龄及其亲戚的文章和评论。由于德龄家族是笔者原创提出来的概念,因此过去并没有形成有规模的、可测量的、以"德龄家族"为名的粉丝群体。

但德龄家族的"迷"们绝大多数依次接近的是贴近大众的话题传播、形成产业的翻译传播(包含书籍媒介出版、杂志媒介登载和报刊媒介登载)、曲高和寡的文艺传播、日趋衰微的国外传播等他者改编的传播,对于德龄家族自我呈现的关注程度不够,因为以德龄家族的原著、实景和录像等资源的稀缺性,常人在不投入更多的情感、精力、经济和时间的情况下,是接触不到的。

德龄家族的趣缘关系是德龄家族人生剧本得以保持跨时空传播的重要社会支持,可以为文化产业项目策划在如何维系长期活跃的公共关系和培育潜在市场方面提供新思维。德龄家族的趣缘关系,广泛地分布在餐饮旅游、时装珠宝、政治外交、古玩收藏、人物八卦、历史探秘、文学、舞蹈、戏剧、摄影、影视、建筑、金融、军事等领域,海内外各年龄层的人都会感兴趣。角色体验可以满足受众的情感需要,而趣缘迷群可以作为个性化的传播渠道,加深对德龄家族人生剧本中戏剧角色的体验,并建构粉丝自我身份的认同。德龄家族还有大量未被大众认知的新角色,可以进一步开发成为文化资源,发展德龄家族文化的粉丝经济。

二、社交传播情境的创设

角色体验的最便捷的途径之一就是打开电脑或手机，在网上搜索相关的迷群组织并加入。迷群是一种特殊的社群组织，迷群活动主要是在与趣味相投的人建立社交关系的情境之下开展的。粉丝组织化最高的层次是迷群①。迷群是一种基于趣缘关系形成的，具有较高身份认同的社群，在线上和线下均有长期的活跃度和影响力，并具有自发的文本生产功能。从文化产业的角度，可以将迷群作为一种潜在的长期市场加以培育。

根据粉丝的投入程度和情感倾向，可以分为以下三个类型。

（1）真爱粉。真爱粉指的是在情感、精力、经济和时间等方面投入较多的粉丝，其对所支持的对象的情感倾向是正面的。真爱粉实质上是粉丝群体中忠诚度和美誉度最高的一种类型。

（2）黑粉。黑粉也是在情感、精力、经济和时间等方面投入较多的粉丝，但其对所支持的对象的情感倾向是负面的。黑粉实质上是粉丝群体中忠诚度高但美誉度低的一种类型。

（3）路人粉。路人粉指的是在情感、精力、经济和时间等方面投入较少的粉丝，其对所支持的对象的情感倾向是不明朗的。路人粉实质上是粉丝群体中忠诚度低的一种类型。

以上三种粉丝类型可以相互转化，比如真爱粉可能转化为路人粉或黑粉，路人粉可能转化为真爱粉或黑粉，黑粉也可能转化为真爱粉或路人粉。而粉丝毕竟是有投入的群体，是相对于没有投入的非粉丝群体而言的。传播失败的情况是掉粉——即从粉丝变为非粉丝、从有投入变为0投入，传播成功的情况是把非粉丝转化为粉丝。因此，对于德龄家族迷群的发展，需要进行合理的引导，争取把非粉丝变成粉丝，把路人粉、黑粉变成真爱粉。②

迷群对戏剧角色长期的关注黏性是如何形成的呢？从社交传播的

---

① 迷是粉丝的同义词，都对应着英文的 fans 一词，学界经常将这两种中文翻译交叉混用，没有必要进行严格的区分。

② 国内关于迷群、迷文化的研究成果很多，详细的理论论述见陆亨. 共享游戏：从传播"仪式观"看网络时代的电视迷群文化[D]. 北京：中国人民大学，2008.

角度如何创设培养迷群的条件？

第一，要创设一个"局"，在这个局中赋予粉丝一个与德龄家族相关的角色，将粉丝从德龄家族的"局外人"变成"局内人"。赋予粉丝的角色可以是德龄家族的成员本人，也可以是家族成员的朋友、情人等各种亲密关系。比如百度贴吧"裕容龄"吧里，有一名 ID 用户名为"裕容龄"的活跃网友经常发表攻击德龄的帖子。这说明她希望扮演的角色是德龄的妹妹容龄本人，站在容龄立场上与德龄在光绪皇帝面前争宠。而百度贴吧"光绪"吧里，还有一名 ID 用户名为"静芬"①的活跃网友，发表过一个攻击德龄的帖子。这说明她希望扮演的角色是光绪皇帝的妻子、表姐裕隆太后，站在光绪皇帝妻子的立场上对德龄与光绪皇帝的亲密关系表示不满。这些角色都是从秦瘦鸥译本的《瀛台泣血记》中来的。这个译本把德龄写成了光绪皇帝的知己和伴侣，秦瘦鸥所擅长的民国爱情小说中缠绵悱恻的语言和桥段，给粉丝留下了许多想象的空间。这是典型的通过"设局"成功"圈粉"的例子。

第二，是社交传播平台上角色扮演的反馈。社交传播平台本身也是一个"局"，在这个"局"中，粉丝的角色扮演能够顺利实现并且得到自己所期待的反馈。比如，那两个粉丝进行角色扮演的例子，如果不是在特定贴吧中发表这类帖子，而是放到"裕德龄"的贴吧中去发表，或者放到一些其他清史贴吧中去发表，那么这两个角色就不一定能够顺利扮演下去，即使扮演也要顶着很大的舆论压力。因此，个性化的社交传播平台，是粉丝进行个性化角色选择和个性化角色扮演的关键。

第三，也是最关键的一步，就是角色交往的延伸。粉丝在社交传播平台上进行角色扮演的时候，同时也在与该平台上的其他粉丝进行各种各样的互动。在这些互动过程中，经常会谈论与所扮演的角色无关的话题，比如天冷下雪了、工作真累、为什么今天没上贴吧之类的社交话题，以增进感情，活跃社交的气氛。如果谈得比较投机的网友，还会互相加QQ、加微信，一方面可以交流更加私密的与角色相关的话题，另一方面

---

① 静芬在书中是光绪皇帝的妻子、表姐，裕隆太后的名字。该书译自德龄的英文著作《天子》(*Son of Heaven*)，原著于 1935 年由美国纽约的 D. 阿普尔顿-世纪出版公司同时在美国纽约和英国伦敦出版。见 Princess Der Ling. Son of Heaven[M]. New York/ London: D. Appleton-Century, 1935.

还会交流与自己本人生活相关的其他话题。这样,因为对角色的兴趣、对话题的讨论,社交传播平台可以成为人们展示个人知识、个人性格、个人形象和个人追求的场域,还可以成为人与人扩大社交圈的重要媒介。由于有了在粉丝群体中社交传播的互动,迷群对戏剧角色长期的关注黏性就逐渐形成了。

综上所述,在文化产业策划过程中注重赋予粉丝与德龄家族相关的角色,在社交传播平台上营造亲和、个性化的角色扮演氛围,为粉丝之间线上线下的互动提供条件,搭建桥梁,从而建立企业与粉丝互惠的趣缘关系,培育潜在的长期市场,有利于在德龄家族人生剧本当代的个性化展示和当代受众的个性化需求之间找到一个平衡点,从传播的角度达到开发德龄家族相关粉丝经济的目的。

第二节　戏剧场景归真

一、实景仿真体验

实景体验可以满足受众的知识需要,而实景旅游可以作为个性化的传播渠道,加深对德龄家族人生剧本中戏剧场景的体验,发展德龄家族文化的旅游经济。

笔者发现,德龄家族的生活遗迹包括全球 13 个国家 78 个地点[①],既有优美的自然环境,又有独特的人文资源,非常适合用来开发影视类和旅游类的文化产业项目。人们对自然环境的选择常常表现出一种个性心理的特质,对环境的适应也是因人而异的。适宜的自然环境不但可以令人赏心悦目,而且可以使人开阔胸襟、净化心灵。德龄家族人生剧本相关的人文资源大到一国一省,小到一家一户,诸如风土人情、生活习俗、节庆仪式、饮食服饰、城乡风貌、街谈巷议等等,也为消费者提供了充分的体验空间。通过体验德龄家族生活的相关文化消费情境,消费者个人命运中的紧张得以缓解,内在生命力得以张扬,从而达到生理环境、心

---

① 见本文附录 2。

理环境、社会物理环境的和谐统一。

过去德龄家族相关的一小部分实景已经得到了政府或民间人士的保护和开发，比如北京福田公墓中清朝皇室成员墓中有所谓的"德龄公主墓"，湖北省荆州市政府目前正把德龄故居列为政府保护文物，天津商业街上有一座私人博物馆"格格府"声称是德龄故居。但是，这些保护和开发都比较忽视体验情境的建设。在《北京市石景山区地名志》中，北京福田公墓资料介绍此墓是德龄与其丈夫唐宝潮的合葬墓，其实唐宝潮是德龄的妹夫，两人怎么可能合葬呢？德龄意外身亡后被安葬在美国，作为中华文化名人，中国建一个德龄公主的墓来纪念本来很有意义，但弄错了墓主的家庭关系就不妥了。湖北省荆州市的德龄故居已经被列为政府保护文物，但管理方宣称的德龄姐妹出生于荆州，甚至祖籍荆州的说法让人们误以为德龄姐妹是普通的汉族人，与德龄满族八旗贵族的身份不符。而天津商业街的私人博物馆"格格府"（所谓"德龄故居"），根据大众点评网的评价可知，由于没有在德龄的生平方面做深入挖掘，没有讲好德龄家族的故事，而只是把德龄当作一个吸引人的噱头，观众反映进去以后看到的基本上全是博物馆馆主臧秀云的个人宣传和个人藏品，馆主私人色彩浓厚，还有烧香算命等收费项目。[①] 这样的体验情境，没有体现出个性化的文化消费意义，自然得不到消费者的青睐。

二、旅游传播情境的创设

实景体验主要是靠离开家的旅游活动实现的，因此实景体验属于旅游传播范畴。这里的旅游不一定是指路途很远、参与频率很少的旅游，也可以是家门口的一次美食之旅、博物馆之旅、公园之旅、野外之旅。

在个性化实景体验情境的创设方面，德龄家族本身就有很多成功的实践，对于今天的实景体验情境创造仍然具有很好的示范意义。比如德龄夫妇在美国用表情动作各异的模特穿着清宫服饰在清宫风格家居环境中所进行的清宫文化展览，容龄夫妇所办的高仿真清宫满汉全席"唐

---

① 格格府评价[EB/OL]. 大众点评网. http://m. dianping. com/shop/3297841/review_def.

家宴"①，德龄姐妹穿着清宫服饰在中国和美国开展的清宫故事和中国当代妇女生活方面的演讲，泰国普吉岛上被誉为"普吉之父"的德龄家族成员许沁美骑着白马、佩戴泰王御赐的象征最高荣誉的白象勋章的纪念雕塑，都是通过实景媒介创设出丰富的旅游体验情境。

　　目前德龄家族文化传承得最好的景点之一，就是泰国的普吉岛，那里至今都充满着那拉廊家族的文化氛围，并且有大量家族产业。

　　许泗漳的第六子许沁美十二岁时，曾随父亲回福建漳州读了三年私塾。二十五岁时，被暹罗王御赐侯爵，封为董里府长官。1900年，许沁美升任为著名产锡区普吉府府尹，整治普吉府地方社会治安，剿除黑帮，消灭反叛势力。他继承其父许泗漳开采和经营锡矿的经验，创立了通卡港（即普吉）机械采锡公司。1906年获得采锡特许权，开始用当时最先进的斗式挖泥船采锡。到1910年，该公司仍是暹罗唯一使用挖泥船采锡的公司，占泰国锡产量的25.5％（泰国当时的锡产量是全球第一）。早在1900年左右，锡市场不再稳定，他预见到普吉岛依赖锡矿的经济结构将面临危险，想到用橡胶来拯救地方经济。橡胶树原是南美亚马孙河流域的野树，通过中国南部的"猪仔"移植到马来半岛，为马来半岛提供了源源不断的财富。但当时马来西亚殖民政府严禁橡胶种苗出口，他种植橡胶树的大胆想法也遭到了普吉居民和官员的强烈反对。据说早在1893年，许沁美借官方出访马来西亚的机会，秘密找到一棵橡胶树苗，藏在精心改造的皮包里，在出关时候躲过了海关的重重检查，成功将树苗带回了普吉。许沁美把这棵珍贵的橡胶苗种在府衙前，无微不至地照顾，终于生根发芽，成为泰国土地上第一棵橡胶树。这棵树现在仍在干东县署前的公路边，人们用红布缠绕着这棵好几公尺高的古树的树身，成为著名地标。经许沁美的精心培植和大力提倡，泰南在几十年间由一棵小胶苗发

---

　　① 据说当时在世的人中，只有容龄与德龄姐妹因为经常陪侍太后，才有"眼福"看到太后享用的御用满汉全席，有时还有"口福"尝到御用满汉全席"天下为首"菜肴的味道。容龄专门请前清告老的御厨出山，以口授和亲临指点其徒烹调菜肴。要想品尝到"唐家宴"的风味，须经"贵人"介绍，获得容龄首肯，才能在宴会的半个月前订座，每次宴会还不能超过五桌。宴会地点在慈禧太后御赐的容龄公主府邸北京东皇城根大街的原九门提督府内。订座最多的是英、法、荷、比及日本的驻华使馆，还有当时的买办富豪。每月大约只接待两三次。"唐家宴"可以是中餐仿满汉全席，也可以是西餐仿英法宫廷宴会。见德龄父亲的八旗友人后代的回忆录：柏功敩. 从北京说到巴黎[M]. 北京：同心出版社，2008.

展成了拥有千万橡胶园的绿色世界。如今,泰国已成为世界最大的橡胶生产国,橡胶工业成为泰国支柱产业。[①]

许沁美在领导普吉府期间,建起了第一条现代化道路、第一家医院、第一所学校,促进了普吉岛和国际区域贸易中心槟城之间的物流连接;在普吉府首次引入了西欧最时髦的电影院及相关娱乐设施,成为泰国现代文化的先锋,被誉为"泰南最杰出的工业领袖"。许沁美的后代在普吉岛建设了现代化的酒店服务体系,并把"工业文明"的概念植入普吉岛的海洋自然环境,把普吉岛打造成独具泰国异域风情的传统与现代完美融合的国际旅游知名景点。

当今,去普吉岛旅游成为国际时尚的休闲度假的热门选择。被誉为印度洋安达曼海上的一颗"明珠"的普吉岛,拥有宽阔美丽的海滩、洁白无瑕的沙粒、碧绿翡翠的海水,吸引了众多国际名流的光顾。国际流行天后蕾哈娜曾于 2013 年在此度假,热门美剧《绯闻女孩》中的好莱坞女演员 Queen S. 也常去普吉岛休闲。中国著名女星杨幂也于 2017 年在普吉岛拍摄了国际一线杂志 *ELLE* 封面。普吉岛以高端酒店的一条龙服务和中西合璧的文化成为很多中国明星首选的海外婚礼举办地。林志颖、张梓琳、伊能静都分别在这里举办过婚礼,因出演《爱情公寓》而爆红的"曾小贤"、《奔跑吧兄弟》搞怪大咖陈赫也曾在普吉岛"玩"过一场婚礼。在这里海滩婚礼和教堂婚礼、西式婚礼和泰式婚礼,各种类型婚礼均可实现。作为泰国最大的岛屿,普吉岛芭东海滩的海岛风光和普吉镇异域风情古建筑最为著名。普吉的海鲜以味道鲜美的鱼、蟹、鱿鱼,尤其是安达曼海盛产的对虾和大龙虾,以泰国大餐特有的新鲜热辣的口味闻名于世。风味独特的干咖喱和新鲜的虾米,搭配普吉岛上出产的类似沙拉的时令蔬菜,极具异域风情。普吉岛还有中泰合璧的特色点心"泰式月饼",是外国游客馈赠亲友的佳品。因此,普吉岛之旅不仅是德龄家族文化的怀旧之旅,也是爱情的浪漫之旅、异国的美食之旅。

综上所述,通过围绕家族生活创造和设计新的体验情境,开发体验德龄家族生活的实景旅游项目,合理地对消费者的生命内驱力加以调节和疏导,不断优化完善驱力场,更强烈而持久的人生剧本传播内驱力将

---

① 王重阳.泰国普吉省华人拓荒史[J].南洋文摘,1965(6):5.

会不断形成。帮助消费者探寻人生的真谛,有利于在德龄家族人生剧本当代的个性化展示和当代受众的个性化需求间找到一个平衡点,从传播的角度达到开发德龄家族相关旅游经济的目的。

第三节　戏剧冲突归真

一、冲突代入体验

冲突体验可以满足受众的情感需要,而抓住德龄家族个性化矛盾的小说或影视剧文化产品,可以作为个性化的传播渠道,形成对德龄家族人生剧本的戏剧冲突的认同。

个体生命形式的有限性与现实境遇的复杂性、艰难性构成了永恒的矛盾,为了求得生存,主体必须不断地进行创造和超越,而生命的本质也正在于永不止息的奋斗和运动,在于永无止境的创造和革新。它激发人们不断努力超越此在,求得生存成长,完善生命被现实所剥夺的种种权利,寻找生命之根,展望生命之未来,体现了主体强烈的生命意识和自觉意识,成为生命自身的确证。因此,人生剧本的个性化的矛盾体现了一种生生不息的内在生命冲力。

对德龄家族的冲突体验可以看成是一种治疗叙事。任何人终究逃不过生老病死这一普遍的人生规律。因此,拓展自我的人生体验,提升自己有限生命的人生境界,会成为微时代普遍的体验消费需求。德龄家族人生剧本自我呈现的内在意义在于重塑自我,外在意义在于有利于受众的创伤治疗。假如德龄家族的个人创伤经历恰好与消费者的具体经历相似,消费者在看到德龄家族应对人生创伤的过程后,将能更好地理解自己所遇到的类似事件,从而使自己的痛苦或其他负面情绪得到舒缓或化解。这意味着,人生剧本不仅对作者本人有疗伤功能,对受众也有治疗功能。人们可以通过以德龄家族的人生剧本为互文对象,暴露创伤,寻找失散的回忆,拆解并重构创伤事件,达到情感宣泄和重建自我的目的。消费者通过互文的自我,代入体验德龄家族的创伤事件时,仿佛重新体验了一遍当时的经历,备感痛苦。但是体验过后,就像是快刀子割脓疮,达到净化的效果,不再做一个迷失的人,放下支离破碎的旧我,创造一个新我,甚至会"最终窥见无我的精神境界"。①

二、故事传播情境的创设

德龄家族的人生剧本既以事实的形式传播,也被当作故事传播。文化人类学家马林诺夫斯基认为,故事与格言、谜语一样,不论在原始或发达的文化中,往往都是艺术和知识的混合物。在轻松愉悦的氛围中讲述故事情节,德龄家族的个性才会显得更加生动形象,才会让人记忆深刻。要想让德龄家族文化深入人心进而快速传播,必须要有好的故事作为载体。那么什么是好故事呢?

过去学界的研究者和德龄家族人生剧本他者改编的传播者,由于并没有把"德龄家族"当作一个整体来看待,情感、精力、经济、时间等文化生产的投入越来越少,不思进取、急功近利、浅尝辄止的心态和做法日益普遍,更加容易满足于唾手可得的、别人写好的现成文本,于是,绝大多数只局限于清宫相关的传播议题,流于宏大叙事和对重大问题的争论,难以唤起微时代消费者个性化的真情实感,也使得德龄相关的文化产业给人以"已经过时"的感觉。

当今是个信息爆炸的时代,消费者面临无数的文化产品和服务的选择机会。那么,如何能够吸引消费者把注意力贯注于德龄家族的人生剧本呢?对于人生剧本的传播而言,必须抓住个性化的戏剧冲突。

通过第四章对德龄家族人生剧本的自我呈现进行研究后发现,创伤与暴力的矛盾才是德龄家族人生剧本的主要矛盾。正是这个矛盾,真正推动了德龄家族人生剧本情节的发展以及个性的成长。而他者改编中争吵得不可开交的公主头衔真假、德龄著作中史实真假、中西文化冲突、新旧政治思想冲突等一类争议,不光发生在德龄家族身上,也发生在很多同时期的人身上,虽然具有普遍意义,但都不是德龄家族人生剧本的特殊矛盾、主要矛盾。

目前德龄家族人生剧本传播最缺什么?其实最缺一个好的故事,缺让当代年轻人感兴趣的故事。戏剧冲突必须是具体的、个别的、独特的。

---

① 王海铝.意境的现代阐释[D].浙江大学,2005.

在舞台上，人物所处的环境应该是独特的，人物的经历应该是独特的，人物的性格应该是独特的，人物的遭遇、命运也应该是独特的。在独特性中寄寓着具有普遍意义的东西，寓于个性之中，这是戏剧性的根基。一般化的人物、一般化的冲突，都不会产生真正的戏剧性。①

比如，德龄家族那拉廊支系从中国家族变成跨国豪门望族的故事就极富戏剧性。其中国始祖许泗漳原本是福建漳州海澄县珠宝社新园人②，清嘉庆初年，他读私塾时常听父老谈论清政府统治的残暴。不满于旗人子女生来享受荣华富贵，而汉族人则终生劳碌，任贪官剥削，他青年时奋勇参加了反清义士在漳州组织的小刀会。1822 年起义失败，被清兵围剿。25 岁的许泗漳与哥哥许泗福被迫到南洋槟榔屿谋生。当时除一身衣服和一根挑东西的扁担以外，许泗漳别无他物，就从社会最底层开始，当苦力、种菜、卖菜，开启了他的南洋奋斗传奇。稍有积蓄后，他在港仔口开设高源号经商，后来把高源号业务全部委托给哥哥经营自己开始涉足海上贸易。他购来帆船，从槟城运货沿暹罗（今泰国）西海岸各岛屿出售，又收购土产和锡矿运回槟城出售。几年后，许泗漳就在暹罗攀牙渔村娶了泰国妻子安家，从事马来西亚与暹罗之间以货易货的贸易而逐渐致富，后来还不断从福建漳州老家和槟城两地招募华工。而许泗漳的哥哥许泗福仍然留在马来西亚。许氏家族于是成为中国、马来西亚和泰国之间的跨国家族，并与欧美国家之间做起了矿产和橡胶的全球贸易。

后来许泗漳因开采锡矿的功绩，被任命为拉廊府最高长官，建立了军政经济合一的地方政权。拉玛六世国王于 1916 年 7 月 1 日颁布诏书，将"Na-Ranong"赐予所有许泗漳的后代作为泰国名字的姓，意为"受封于拉廊，在拉廊繁荣和繁衍"，标志着那拉廊氏成为泰国世袭的上层贵族。所以现在全世界所有姓 Na-Ranong 的人都是许泗漳的后代，他们活跃在泰国政、商、军和外交界。100 多年以来，其大量家族成员被吸纳到泰国统治阶层当中。Na-Ranong 在泰国是令人尊敬的享有盛誉的姓氏。

至今许氏家族仍是华人圈赫赫有名的豪门望族。许泗漳在泰国南部甚至被奉为圣人。拉玛九世与皇后经过拉廊时，曾御驾亲临其墓前上

---

① 谭霈生. 论戏剧性的几个问题[M]. 武汉市文化局戏剧工作室，1983.

② 郑来发. 开发泰南的许泗漳家族[M]//一路向海 漳州人下南洋. 福州：福建人民出版社，2016.

香,可见许泗漳永垂于暹罗历史的毕世殊勋。商人投资新的项目、政治家竞选议员时都要前往他的墓地祈求成功,每一位新省长和省政府高级官员上任之前都要去许氏墓地朝拜。这位来自中国漳州的农民拥有巨大的财富和权力,为其子孙后代树立了光辉的榜样,在泰国南部的历史上书写了光辉的篇章。许泗漳的第六子许沁美于1913年5月在槟城逝世,乔治城的其中一条街道至今仍以许沁美的中文名字命名。

综上所述,寻找和挖掘德龄家族人生剧本中独特的命运、独特的体验,挖掘人物个性特征,讲好德龄家族的生命故事,既可以丰富受众的知识,又可以避免故事情节雷同,以家族命运拓展受众的冲突代入体验,成为拓展德龄家族人生剧本个性化传播的情感源头的关键,也是突破微时代文本贬值瓶颈,提升传播文本深层意义和传播价值的重要途径。

第四节　本章小结

本章从戏剧角色、戏剧场景和戏剧冲突三个方面提出了解决个性失真问题的个性归真传播策略,在德龄家族人生剧本当代的个性化展示和当代受众的个性化需求之间寻找到一个平衡点。

从戏剧角色出发,可以通过组织德龄家族趣缘迷群发展粉丝经济;从戏剧场景出发,可创意开发体验德龄家族生活的实景旅游项目;从戏剧冲突出发,应挖掘人物个性特征讲好德龄家族的生命故事。

通过上述传播方式,可以以德龄家族的人生剧本作为文本互文对象,将德龄家族相关文化资源转化为不同趣味的人们的共同话题,为人们提供个性化的生活体验,成为人们个性化的情感寄托,甚至成为人们自我实现、个体创业的平台。

第七章　研究发现

本书从文化传承与传播的角度，把家族作为一个整体的研究对象，对其传播特征进行探讨。把家族在各种媒介上的信息视为人生剧本的文本，从他者呈现、自我呈现、个性失真与个性归真等方面进行人生剧本的拟剧分析，得出了家族文化传承与传播在媒介、效果和文本特征等三方面的研究发现。

第一节　文物是家族文化传承与传播的重要媒介

构成德龄家族人生剧本的生命故事早已定格在那些不会说谎的文物中，每当笔者仔细解读这些文物，都能获得许多前人没有的新发现。笔者所搜集到德龄家族的文物主要可分为三大类：原著、实景和录像，都可以视为德龄家族人生剧本的重要传播媒介。① 其中，原著媒介是德龄家族成员心路历程最直观的反映；实景媒介可以挖掘到传统媒介中失载的大量有价值的信息，还可以承担起当今对德龄家族的文化再生产功能，开发为实景旅游景点；录像媒介是德龄家族成员真容最直观的反映，可以为当代他者呈现德龄家族人生剧本提供重要的人物形象设计素材。

----

① 见本书的附录 1、附录 2、附录 3。

过去，人们了解德龄家族，最容易接触到的就是他者呈现的传播媒介上的文本。尤其是当代人，打开手机或电脑，在网页的搜索栏中搜索德龄，就会出现同质化极高的文本，即使是维基百科上八个不同语种的德龄词条解释①，以及科研类电子文献数据库 EBSCO 中其他国家的资料，包括瑞士、新西兰，这些文本内容基本上不超出秦瘦鸥在《瀛台泣血记》②一书中写于 1946 年的《介绍原著者》一文，有些是转述时添油加醋地对细节做了想象发挥，有些是根据当代人的理解变得更加通俗易懂，包括学界大部分与德龄相关的研究成果在德龄的材料方面也是这样。

秦瘦鸥对德龄家族在中国本土的传播影响是非常大的，无论是当时《申报》的广告，还是他的译本被全国各地翻印的发行量，或是该译本从中华民国时期就被著名编剧家姚克改编成剧场中的流行清宫戏，以及后来被香港邵氏电影公司拍成在世界上多个国家影响极大的清宫电影，这种影响甚至反过来在国际上超过了德龄原著本身的影响。秦瘦鸥的译本删掉了德龄原著的自序，以及德龄国外亲友的序言，但是他又亲自去联系德龄当时生活在国内的兄妹来写序言。迫于当时国内的文化和政治环境，对于这样一本论及晚清政治的书，涉及他们现实的身份和处境，德龄兄妹的序言本身已经不能说真心话。后来秦瘦鸥更在其晚年最后一本散文集《晚霞集》中披露，即使是当时德龄兄妹的序言，也是经过他的修改才得以公开发表的。③ 但是这一系列的曲折的传播过程，都被读者们忽略了。读者们或许都觉得，既然秦瘦鸥这么近距离地接触到德龄三兄妹，从秦瘦鸥的自述来看，德龄三兄妹对他的态度还不错，他如此自信卖力地谈论和宣传德龄，必然是很了解德龄。秦瘦鸥当时已经是靠披露中国上流社会内幕和名人隐私而成名的小说家④，又是《申报》这个大报的媒体工作者，后来还成为新中国以"爱国"著称备受尊重的著名作家。凭借这些极具公信力的身份，其说法的流行程度又这么高，普通人会觉得他说的一定都是真的，或者已经是全部事实，反过来就推断德龄

---

① 八个语种不代表只有八个国家，很多不同的国家也使用英语。

② 该书译自德龄的英文著作《天子》(*Son of Heaven*)，原著于 1935 年由美国纽约 D. 阿普尔顿-世纪出版公司出版。

③ 《早期的美籍中国女作家》，见秦瘦鸥. 晚霞集[M]. 福州：海峡文艺出版社，1985.

④ 类似今天香港娱乐界狗仔队的行径。

所说是假的。秦瘦鸥利用各种传播手段编造了一个他者呈现的人生剧本，给德龄三兄妹设置了前台的戏剧角色、戏剧场景和戏剧冲突，也为自己在剧中设置了幕后的角色：编剧和导演，使得他这个原本是德龄家族"局外人"的人，成为自己所编造的戏剧的"局内人"。而观众只看到戏剧前台的德龄三兄妹，而没有注意秦瘦鸥这个幕后的编剧和导演。德龄英文传记的作者格兰特说，他发现德龄的很多资料都出自同一来源，而且有些是"赤裸裸的诽谤"。[①] 德龄自己本人也在其著作中说，她最讨厌不了解她的人乱说她。[②] 秦瘦鸥所说的德龄，并不是真的德龄，而是他自己制造出来的一幕清宫剧中的角色。

如果不跳出他者呈现的传播媒介上高度同质化的文本，不光普通人会感觉腻烦，难以长时间关注下去，笔者也不可能有兴趣研究三年的时间。这也就是为什么前人对德龄的研究绝大多数都是一篇短文之后就没有下文了，而与德龄相关的小说、戏剧和影视剧也总感觉千篇一律：比如让德龄与光绪皇帝谈一场没有结果的恋爱，让德龄与与其年龄相差三十多岁的溥仪皇帝谈一场洋气的恋爱，让秋瑾成为德龄的好姐妹，让德龄在清宫中闹革命……正如一位读者在其博文《无味的饭：徐小斌和她的德龄公主》中对这种千篇一律的他者呈现模式的不满，这些胡拼乱凑、添油加醋的大杂烩，就像炒冷饭，为了提味大量使用添加剂。他者呈现中这种在戏剧角色、戏剧场景和戏剧方面严重注水的传播模式，已经引起了受众的反感，使得曾被大众媒体广泛传播的德龄两年清宫生活被消费过度，亟待开发新的文化资源。

如何开发新的文化资源呢？笔者的做法是：回到文物中去，把德龄家族的文物视为区别于他者呈现媒介的广义上的媒介，尽可能调查和还原德龄家族真实的情况，分析德龄家族自我呈现中的戏剧角色、戏剧场景和戏剧冲突。笔者的这种对德龄家族人生剧本的拟剧框架分析，既是本书学术研究建构理论的需要，同时也是在提醒读者和后续研究者，过去对德龄家族的认识，有没有注意到他者呈现与自我呈现这两种不同的传播方式的区别？有没有注意到这两种传播方式在媒介文本方面的差

---

① Hayter-Menzies G. Imperial Masquerade：The Legend of Princess Der Ling[M]. Hong Kong：Hong Kong University Press，2008.

② Princess Der Ling. Jades and Dragons[M]. New York：Dodd Mead，1930.

异？有没有注意到这些文本可视为传播参与者人生剧本的外化和内化过程？有没有注意到人生剧本的戏剧角色、戏剧场景和戏剧冲突这三个细微的层面？经过这一系列的自我追问和探索，我们就能够跳出他者呈现的传播媒介上高度同质化的文本背后的传播框架，不受这些传播框架中所蕴含的认知角度、情感态度和注水信息的局限。

仔细分析关于德龄的各种争议，再对比德龄家族文物中的信息，就会发现，那些提出质疑的人可能根本没有看过原著，甚至连译著都没有仔细看，更别说接触实景、录像等更加难以获取的一手材料，体会当时德龄家族本身的特殊性，以及所处环境的特殊性了。以德龄的原著为例，无论是中文版的还是外文版的译著，除了大量中文译本的书名与原著书名几乎完全无关，还把原著的德龄自序、德龄美国亲友的序言、所有的照片和插图包括德龄在清宫中与慈禧太后大量亲密的合影等都删得干干净净。秦瘦鸥则自己根据当时的政治文化背景配了序言，正文的改动之处也不计其数。但是，全世界各版本的译者不但从来不在译序中说明自己所做的删改，还刻意说自己的翻译与原著无异。比如，秦瘦鸥除了一向以发布不知真假的德龄隐私新闻为自己打广告，竟然还在《申报》登出的卖书广告中声称："当原著者在协助译者整理全书时，对于译笔的清顺流利，而又丝毫不失原旨，非常赞许。原著者说……这不是译本，该说是华文本。"[①]可是据他的好友陈存仁回忆，当时德龄不但不肯见他，还怒气冲冲地说要去法院告他"滥施诽谤"，连秦瘦鸥登在《申报》上以及译著图书中的所谓德龄亲手赠送给他的照片，都是陈存仁托关系帮助秦瘦鸥以德龄中国好友家中的照片翻拍才能在《申报》交差的，[②]哪里谈得上有原著者协助译者整理全书甚至称赞这回事？虽然秦瘦鸥谋生不易令人同情，可是德龄着实冤枉。其实从德龄多次接受中外记者的采访来看，她是一位非常风趣幽默、和蔼可亲的人。她还曾邀请记者去她家吃她亲手烤的蛋糕。但是，她唯独对秦瘦鸥的态度不好，其实是对他的做法不满。德龄亲口对记者说："余出宫后所写的书原文为英文，后经译为华文，内中多失真意，盖此华文译本几若《红楼梦》。将慈禧太后比作贾母，老祖

---

① 　订正再版清德龄女士著秦瘦鸥译御香缥缈录[N].申报,1936-08-07.

② 　"秦瘦鸥文坛发迹",见陈存仁. 阅世品人录:章太炎家书及其他[M]. 桂林:广西师范大学出版社,2008.

宗长，老祖宗短，叫个不休。将余比作林黛玉，尤为不合。"①

　　因此，对于当代人来说，文物是认知德龄家族非常重要的传播媒介，蕴含着非常大的信息量，并且给人的感觉是相当震撼的，在此仅略举一例。就笔者自身的体验而言，先是通过德龄著作的中文译著看到中文所描述的德龄对父亲裕庚的回忆，印象最深的一个片段是，裕庚在临死前，德龄想要爬上裕庚的床像以前一样，和他躺在一起聊天，裕庚摆手赶走了她，并且大喊："我不要你看见我！"当时觉得有些不理解。接着把德龄原著购买到手之后，看到作为裕庚的女儿德龄亲手所写的对于裕庚的描述，以及书中由她亲手挑选配文的手绘插图，印象最深的一幅图是，因为德龄调皮落水，身着官服的裕庚把德龄紧紧地抱在怀里，让人感觉他们真是父女情深。后来看到裕庚与孩子们的合影，看到德龄站在坐在椅子上的裕庚身后，从背后搂住裕庚依偎在他身上，对比其他的三个孩子，可以看出德龄与裕庚的感情最为亲密。接着陆续又发现了清朝正史资料里对裕庚的记载、裕庚作为清廷驻日本公使时用英文写的公函信件，以及他亲手写的中文公函，才感受到他果然不愧为"八旗才子"，不但书法隽秀，处理公务也干净利落而且富有革新精神，这样，裕庚的形象就宛然如生了。但是到《裕庚哀启》被发现的时候，心情就发生了很大的转折。《裕庚哀启》这一珍贵的文物的照片，是为笔者提供了德龄徐氏旁系家族谱系资料的陈万华先生提供的。他在检索，上海图书馆的盛宣怀档案中发现其中藏有一份《裕庚哀启》，是裕庚的儿子，也就是德龄的哥哥勋龄所撰写。得到这份资料，笔者就像刚刚接到裕庚去世的消息一样，似乎之前裕庚还是活生生的，立即被哀启中那种由生入死的情境感染了。当时裕庚刚刚病逝，除了一般失去亲人的悲痛，更重要的是，从哀启中能够看出裕庚一家政治靠山倒塌的危险。德龄说裕庚的政敌很多，那些政敌都希望他们这洋鬼子的一家人全部死掉，因此，裕庚的去世，使这些人下手再无顾忌。而当时哀启的接收者盛宣怀虽然也是跟裕庚同样亦官亦商身份的私人好友，但他当时也是树敌众多，自身难保。后来，果不其然，德龄一家就大难临头了。政敌说裕庚死于梅毒，说生就一副白人长相的勋龄不是裕庚亲生的儿子，而是德龄的母亲卖淫与别的外国男人生

① 德龄在北平寓居东城方家胡同其友人寓中[N].益世报（北平版），1935-10-04.

的。其实外人不了解勋龄的外公是纯种白人,勋龄有四分之一白人血统,因此勋龄在哀启中刻意强调了自己的母亲是美国人,并且强调裕庚是因为在对太平军的作战过程中在军营中染上了风湿病,后来出使国外的时候水土不服病情日益加剧,回国后不治病逝。但那些看似有板有眼的恶毒语言攻击仍然给正在清朝当官的裕庚两个儿子造成了致命的打击。由此例可见,当代人研究德龄家族,绝不能仅仅从他者呈现的媒介文本上,望文生义地、不加批判地照单全收。他者呈现未必就比自我呈现更公正客观,离奇恶毒的说法也不见得就是真实的内幕。

第二节　体验可改善家族文化传承与传播的效果

文化的根是最不容易一眼看见的,但它深深地存在于人生剧本的外化和内化的传播过程中,而家族就是文化传承与传播的原始单位,家族的内部和外部环境,如同一个框架,潜移默化地形成了每个人与生俱来,难以选择、摆脱的命运根源。所谓的个性失真,一方面包括传播过程中对德龄家族个性的表现失真,另一方面也包括传播过程中受众个性化体验的失真。因此,可以通过社交、旅游和故事三方面传播情境的创设,丰富受众的角色扮演、实景仿真和冲突代入的体验,从而在德龄家族人生剧本当代的个性化展示和当代受众的个性化需求间找到一个平衡点。

基于长期由媒介传播所建构出来的形象,绝大多数人接触到的只是德龄家族的形象,尤其是媒介形象,他们与德龄家族之间只能是注视者与被注视者之间的关系。这就导致他们可能会出现三种心态。

(1)狂热。在这种关系形态中,注视者建构的德龄家族形象完全被理想化,具有浓厚的天堂般的幻象色彩。

(2)憎恶。在这种关系形态中,在憎恶心理的驱使下,注视者在极力丑化、妖魔化德龄家族形象时,也建构了一种凌驾于德龄家族之上的无比美好的自我幻象。

(3)亲善。它与"狂热"要求的对德龄家族的完全顺应不同,也与"憎恶"要求的对德龄家族粗暴的丑化不同。它认为德龄家族处于与注视者既不更高、也不更低的地位,二者构成一种相互尊重、平等对话、交流的关系。

　　由此可见，如果没有真实的体验做基础，再美好的形象也只会让人觉得虚假，不可能长久地传播下去，更加谈不上能够达到文化传承与传播"潜移默化，以文化之"的高级境界。要论笔者在对德龄家族的认知程度和态度方面与其他人有什么不同的话，那就是通过三年的研究过程中对德龄家族人生剧本由浅入深的体验，认识到了德龄家族独特的文化个性。

　　如果把德龄家族的自我呈现也视为一种类似戏剧表演的传播，我们就会发现，德龄家族其实也为自己设置了一些戏剧角色、戏剧场景和戏剧冲突，虽然这些戏剧表演也不一定是完全客观真实的，但是这种自我呈现包含着更多的他们真实生活的体验，更重要的是有着不可替代的、真实的个性。

　　同一家族群体的成员，往往具有相似的生理特征、生活条件、地理环境、气候条件及道德规范、风俗习惯、宗教信仰，在共同的生活实践活动中，他们相互影响，相互依存，传承的意识、家族的经验、历史的信息、往昔的记忆和情结，逐渐积淀形成了具有相同特征、较为稳定而又相对独特的行为范式和心理结构，从而构成了每个家族生活独特的文化个性。家族成员之间的这种内部的文化传承，是外部的媒体传播无法替代的。

　　如果把媒体看作是人体的延伸，家族成员之间的传承借助的媒介主要是从人体到人体，人体是家族内部传承文化的媒介。为什么笔者要建构"德龄家族"这一概念呢？这并不仅仅是对"德龄及其亲戚"这一群人称呼和字面上的改变，更是一种属性上的改变，使得传播关系这一原本在"德龄及其亲戚"内部之间的弱关系变成了强关系。从传播的角度来看，传统社会中讲究"门当户对"的联姻原则，可以理解为名贵家族之间强化和延续其家族文化品牌知名度、美誉度和忠诚度"强强联合"的一种传播策略。

　　对于德龄家族来说，德龄父亲裕庚的去世就是家道没落的一个重大事件，在当时中国这个重男轻女的社会，只能把重振家业的希望寄托在裕庚的两个儿子身上。可正因为是裕庚的儿子，反而成为裕庚生前的政敌端方在裕庚去世后的政治报复首当其冲的对象，先后被革职，以至于身败名裂，并且被民间编成顺口溜，嘲笑他们"有气不争"，是"官场败类"。这时,德龄的兄妹都终日沉浸在鸦片中逃避家道没落的痛苦,只有德龄一个人勇敢地站出来,去挡住从各方面刺向她家族的枪剑。作为一个弱女子,在那个风雨飘摇的时代,能把重振家族名誉,甚至重振中国名誉的事业当成自己终生从事的事业,她的内心究竟承受了多少的压力?从这个角度来理解德龄的自我呈现,会比一些学者把德龄看成和普通人家出身的人没有区别的对象,更能接近其真意。

从德龄重振家业的传播手段来看,当时她的家族并没有为她提供可以直接继承的社会地位,但她却依靠自己的智慧,从写作第一人称为口吻的回忆录,从清宫两年的生活这一短短的人生片段开始,慢慢地写到进宫前的生活、出宫后的生活,写尽了自己的一生。又从慈禧的人生故事开始写,写到了清朝皇家两百多年的命运。再从中国的民间故事开始写,从中国人对于天宫的信仰,写到了中国世俗生活的理想。这些并不仅仅是普通人所理解的虚构想象,从人生剧本传播的角度来说,这种写作源于她人生中外部经历的内化,即她成为美国驻华外交官的妻子之后,在中国外交官的社交圈中,以及在移居美国之后,作为一个上层社会的贵妇,为美国华人以及中美关系所做的平民慈善活动以及支援中国抗日的实践行动,内化成为德龄自身独特的文化个性。而德龄运用自身独特文化个性所写作的传播文本,是其真实人生剧本的外化,外化之前也考虑了受众的需求以及德龄本人想要达到的传播效果。因此,德龄在全球传播的成功,不能仅仅理解为外部传播技巧运用的成功,更本质的成功原因在于她内心世界的人生剧本编得好,因此外化出来才有人们看到的传播文本,才能起到这种百年以后看到还能动人心弦的传播效果。

根据笔者所掌握的材料来看,除了大众比较熟悉的德龄本人,德龄家族的其他很多成员的人生剧本也是充满了戏剧性。德龄家族的关系,就像一张无形的网,塑造着网中每一个人的命运,赋予他们荣光,又限制着他们的自由,他们有顺从也有反抗,从而显示出生命的张力,书写出特殊的人生剧本。

"德龄家族"这一概念,就是把这一华裔混血名门家族内部的特殊关系提取出来,以家族为单位,用传播的"手电筒"对他们进行聚焦,将他们的特征加以强化,思考他们与大众之间的关系,思考人类以家族为单位的繁衍过程中的种种戏剧性的冲突,以及在当今社会中已经消逝的一种原始文明。

我们任何一个人类个体都没有办法活 300 多年，包括德龄家族的任何一个成员，谁都没有办法在自己有生之年将自己家族 300 多年的人生一眼看尽。但是站在当代把德龄家族的人生剧本作为一个整体来看，这是多么特殊、多么生动的文本。德龄家族的人生剧本包括全球 13 个国家 78 个地点，12 代以上的人物，拥有至少 5 个不同国家的血统，男男女女，有着各自不同的外貌、性格、职业、命运，但是又有着如此相似和典型的家族特征。他们的戏剧角色如此鲜活，戏剧场景如此多元，戏剧冲突如此典型，而且因为家族，因为人生，可以唤起我们原始的人类情感以及对自身命运的思考，对历史、文化、生命的思考。

因此，德龄家族人生剧本的传播文本将可以由每个人类个体凭借自己的人生经验去解读，其传播意义将难以穷尽。

第三节 家族人生剧本是具有开放性的传播文本

人生剧本传播，指的是人类个体内心人生计划的外化过程，以及外部世界在其内心的人生计划内化过程。在家族传播研究中，人生剧本的传播过程也可以视为一个"以文化之"的文化传承与传播过程。在本书中，人类个体既包括德龄家族的成员，也包括德龄家族人生剧本传播的参与者与潜在参与者。换句话说，人类个体包括本书的研究对象、研究者、读者，以及本书中所提到的过去、现在和未来德龄家族人生剧本相关文化资源开发以后的消费者，等等。人生剧本的传播是这样一个"去中心化"的互文传播的过程。而本书中所能呈现的德龄家族的人生剧本，是笔者对德龄家族相关材料按照媒介来源进行归类，并将这些材料视为特定媒介的传播文本，并运用拟剧分析框架分析出来的，并不是指某一个现成的文学文本。正所谓"人生如戏，戏如人生"，拟剧分析重在"拟"，而不是指真的戏剧。

德龄家族人生剧本的意义生产和文本生产都应该是开放的，是可以让我们去自由体悟的。过去，德龄家族被反复消费和过度阐释的，由前人所提供的经过压缩或注水改编的现成传播文本局限于"清宫剧"模式，只反映了其家族命运中的冰山一角,埋没了德龄家族的个性。目前德龄家族还有大量未被媒体放大的人生剧本内容,蕴含着丰富的文化资源,是一座远未被充分开发的文化富矿。德龄家族的人生并不是只有成功者才值得去关注。300多年以来,这么多的家族成员,无论出生在哪个时代,无论生活在哪个国家,没有谁的人生是从头到尾一帆风顺的,可谓是"家家有本难念的经"。他们经历了如此多的社会剧变,受到了如此多的创伤,身心遭受了巨大的折磨,不停地变换着要扮演的戏剧角色、要演出的戏剧场景和要面对的戏剧冲突。人生如此曲折,活着究竟是为了什么? 如何才能有动力活下去呢?

一个人要想把自己的人生计划安排得十全十美是不可能的,人生剧本理论把人的人生计划比作剧本,但其实人生剧本从来不是完全靠自己来书写的。每个人不但无法选择自己出生的家族,无法选择与生俱来所要扮演的戏剧角色、要演出的戏剧场景和要面对的戏剧冲突,更要在接踵而来、不可预测的人生际遇中,去适应各种变化。

从德龄家族的人生剧本中,我们看到了种种不同的活法,不同的人生道路的尝试,有成功也有失败,有快乐也有悲伤。虽然我们每一个人在自己的人生剧本中,想要换种活法是很难变成现实的,但可以从他们的人生剧本中去拓展自己的人生体验,从不同的角度获得关于人生意义的启示。人生如果一直受外力驱使,随波逐流,毕竟不能长久,人生剧本总会因为年龄的增长、经验的沉淀而逐渐定型,形成自我的个性和主见,并本能地去为找到一个能够安放自我的位置而奋斗,从而形成了生命的内驱力,为自己的活着找一个能够安心的理由。

笔者所主张的传播策略,并不是要生产一个多么完美无缺的、封闭的、静态的德龄家族人生剧本来让当代人崇拜、瞻仰,就算是本书第四章对德龄家族人生剧本自我呈现的描述,也不能被视为一个现成的传播文本。真正用于传播实践的话,德龄家族的人生剧本肯定是要根据传播的具体情境进行改写、艺术加工和包装等他者呈现,根据当代受众的需求,经历受众反馈等传播环节的。

因此,在德龄家族人生剧本当代的个性化展示和当代受众的个性化需求之间寻找一个平衡点,通过组织德龄家族趣缘迷群发展粉丝经济、开发体验德龄家族生活的实景旅游项目、挖掘人物个性特征再现德龄家族的生命故事等方式，以德龄家族的人生剧本作为文本互文对象，可以将德龄家族相关文化资源转化为不同趣味的人们的共同话题，为人们提供个性化的生活体验，成为人们个性化的情感寄托，甚至成为人们自我实现、个体创业的平台。

参考文献

一、中文文献

（一）中文著作类

柏功敫.从北京说到巴黎[M].北京:同心出版社,2008.

柏功敫.晚清民国外交遗事[M].北京:同心出版社,2007.

兵兵.德龄公主[M].桂林:漓江出版社,2000.

蔡东藩.慈禧太后演义[M].北京:北京古籍出版社,1996.

陈存仁.阅世品人录:章太炎家书及其他[M].桂林:广西师范大学出版社,2008.

陈丹燕.成为和平饭店[M].上海:上海文艺出版社,2012.

陈炜舜.被误认的老照片[M].香港:香港中和出版有限公司,2017.

费只园.清代三百年艳史[M].北京:中国戏剧出版社,1993.

郭泽德,白洪谭.质化研究理论与方法——中国质化研究论文精选集[M].武汉:武汉大学出版社,2015.

何冀平.天下第一楼:何冀平剧本选[M].北京:北京十月文艺出版社,2004.

湖北省地方志编纂委员会.湖北省志人物稿[M].北京:光明日报出版社,1989.

黄福庆.清末留日学生[M].台北:"中央研究院"近代史研究所,1975.

贾英华.你所不知道的溥仪[M].北京:人民文学出版社,2016.

贾英华.怎样写好人物传记[M].北京:中国宇航出版社,2014.

金易,沈义羚.宫女谈往录[M].北京:故宫出版社,2010.

黎庶昌.黎星使宴集合编补遗[M].贵阳:贵州人民出版社,2001.

李红利,赵丽莎.遗失在西方的中国史:法国彩色画报记录的中国(1850—1937)[M].北京:北京时代华文书局,2015.

李锦.苏东坡的幸福人生:东坡心理传记[M].南京:江苏教育出版社,2014.

李耀曦,周长风.老舍与济南[M].济南:济南出版社,1998.

李勇.美学原理[M].北京:中央编译出版社,2015.

梁溪坐观老人.清代野记[M].上海:进步书局,1915.

林光辉.新编泰国七十三府[M].曼谷:南美有限公司,1984.

林雅芳.心理弹性[M].南京:江苏教育出版社,2014.

刘国铭.中国国民党百年人物全书(上册)[M].北京:团结出版社,2005.

刘海翔.欧洲大地的中国风[M].深圳:海天出版社,2005.

刘青弋.刘青弋文集·中华民国舞蹈史(1912—1949)[M].上海:上海音乐出版社,2013.

刘晓丽,李敏.国外的旅游名景[M].北京:中国社会出版社,2006.

陆扬,王毅.大众文化研究[M].上海:上海三联书店,2001.

乔志高.言犹在耳[M].上海:上海世界图书出版公司,2001.

秦国经.清代官员履历档案全编5[M].上海:华东师范大学出版社,1997.

秦瘦鸥.晚霞集[M].福州:海峡文艺出版社,1985.

沙市市地方志编纂委员会.沙市市志[M].北京:中国经济出版社,1992.

商务印书馆编译所.上海指南卷五　食宿游鉴[M].上海:商务印书馆,1922.

上海书店出版社.中国地方志集成 河北府县志辑 21 康熙玉田县志

光绪玉田县志 民国临榆县志[M].上海:上海书店出版社,2006.

邵培仁.传播学[M].北京:高等教育出版社,2000.

沈弘.遗失在西方的中国史:《伦敦新闻画报》记录的晚清(1842—1873)[M].北京:北京时代华文书局,2014.

石景山区地名志编辑委员会.北京市石景山区地名志[M].北京:北京科学技术出版社,1991.

思勤.人生六大脚本[M].北京:华龄出版社,1995.

谈宝森.清宫秘事:光绪与德龄秘恋[M].北京:中国华侨出版社,2011.

谭霈生.论戏剧性的几个问题[M].武汉:武汉市文化局戏剧工作室,1983.

唐君毅.人生之体验[M].上海:中华书局,1946.

王勤谟.王惕斋及嫡孙文集:中日文化交流先行者[M].北京:中国文史出版社,2013.

王世意.心理学原理及其应用[M].西安:陕西师范大学出版社,2014.

王婷.名流:一个文化研究的视角[M].上海:复旦大学出版社,2016.

王晓升.为个性自由而斗争:法兰克福学派社会历史理论评述[M].北京:社会科学文献出版社,2009.

王元骧.审美超越与艺术精神[M].杭州:浙江大学出版社,2006.

闻香师."法国制造"迷人在哪?[N].21世纪经济报道,2011-04-13.

吴翎君.美国大企业与近代中国的国际化[M].北京:社会科学文献出版社,2014.

吴贻谷.武汉大学校史(1893—1993)[M].武汉:武汉大学出版社,1993.

夏枝巢.清宫词[M].北京:北京师范大学文学院,1941.

信修明,等.太监谈往录[M].北京:故宫出版社,2010.

徐贲.人以什么理由来记忆[M].长春:吉林出版集团有限责任公司,2008.

徐珂.清稗类钞第四十六册·舟车服饰[M].上海:商务印书馆,1928.

徐小斌.德龄公主[M].北京:人民文学出版社,2004.

许昭堂,许高彬.走近李鸿章[M].北京:中国书店出版社,2013.

叶舒宪.文学与治疗[M].北京:社会科学文献出版社,1999.

裕容龄口述,漆运钧笔录.清宫琐记[M].北京:北京出版社,1957.

张怀久.从神到人——形象塑造理论再思考[M].太原:北岳文艺出版社,1988.

漳州市人民政府侨务办公室.漳州华侨志[M].厦门:厦门大学出版社,1994.

赵冬梅.心理创伤的理论与研究[M].广州:暨南大学出版社,2011.

赵珩.老饕漫笔——近五十年饮馔撷忆(增订版)[M].北京:生活·读书·新知三联书店,2012.

赵省伟,李小玉.遗失在西方的中国史:法国《小日报》记录的晚清(1891—1911)[M].北京:中国计划出版社,2015.

赵文.心理流畅感[M].南京:江苏教育出版社,2014.

郑孝胥.郑孝胥日记:1[M].北京:中华书局,1993.

郑逸梅.郑逸梅选集:第6卷[M].哈尔滨:黑龙江人民出版社,2001.

中山市文化志编写委员会.中山市文化志[M].广州:广东人民出版社,1994.

中央文史研究室.中央文史研究馆馆员传略[M].北京:中华书局,2001.

朱启钤.女红传征略刺绣第二[M].铅印本,1928.

朱晓慧.新马克思主义消费文化批判理论[M].上海:学林出版社,2008.

朱训.志在振兴中华:欧美同学会90周年:1913—2003[M].香港:香港华夏文化艺术出版社,2003.

宗白华.美学散步[M].上海:上海人民出版社,1981.

(二)中文译著类

C·R.斯奈德,沙恩·洛佩斯.积极心理学:探索人类优势的科学与实践[M].王彦,席居哲,王艳梅,译.北京:人民邮电出版社,2013.

Deborah L. Cabaniss,Sabrina Cherry, Carolyn J. Douglas,等.心理

动力学个案概念化[M].孙铃,等,译.北京:中国轻工业出版社,2015.

クリスト冈崎.用 NLP 发挥你的天赋:改写人生脚本的方法[M].林仁惠,译.台北:究竟出版社,2013.

爱德华・W.萨义德.东方学[M].王宇根,译.上海:上海三联书店,1999.

安田朴.中国文化西传欧洲史[M].耿昇,译.北京:商务印书馆,2000.

伯恩.人生脚本:说完"你好",说什么?[M].周司丽,译.北京:中国轻工业出版社,2016.

德龄.慈禧御苑外史[M].顾秋心,译.北京:中国人民大学出版社,2012.

德龄.德龄公主回忆录[M].荷莎,苏淼,译.北京:团结出版社,2007.

德龄.光绪泣血记[M].顾秋心,译.北京:中国人民大学出版社,2012.

德龄.皇室烟云[M].顾秋心,译.北京:中国人民大学出版社,2012.

德龄.金凤[M].顾秋心,译.北京:中国人民大学出版社,2012.

德龄.莲花瓣[M].顾秋心,译.北京:中国人民大学出版社,2012.

德龄.清宫二年记[M].顾秋心,译.北京:中国人民大学出版社,2012.

德龄.童年回忆录[M].顾秋心,译.北京:中国人民大学出版社,2012.

德龄.我和慈禧太后[M].富强,译.北京:九州出版社,2007.

德龄.现世宝[M].顾秋心,译.北京:中国人民大学出版社,2012.

德龄.瀛台泣血记:光绪帝毕生血泪史[M].秦瘦鸥,译.上海:百新书店,1945.

德龄.瀛台泣血记[M].秦瘦鸥,译.上海:东方出版中心,2008.

德龄.御香缥缈录[M].秦瘦鸥,译.上海:申报馆,1936.

德龄.紫禁城的黄昏:德龄公主回忆录[M].秦传安,译.北京:中央编译出版社,2010.

恩斯特・卡西尔.人论[M].甘阳,译.上海:上海译文出版社,2004.

菲利普・布罗姆.晕眩年代:1900—1914 年西方的变化与文化[M].

彭小华,译.成都:四川人民出版社,2016.

菲利普·查德威克·福斯特·史密斯.中国皇后号[M].《广州日报》国际新闻部、法律室,译.广州:广州出版社,2007.

弗里德里希·威廉·尼采.悲剧的诞生[M].刘崎,译.北京:作家出版社,1986.

弗里德里希·威廉·尼采.尼采文集[M].江文,译.北京:中国戏剧出版社,2008.

凯瑟琳·卡尔.美国女画师的清宫回忆[M].王和平,译.北京:故宫出版社,2011.

克里斯·罗杰克.名流:关于名人现象的文化研究[M].李立玮,闵楠,张信然,译.北京:新世界出版社,2002.

铃木敏昭.拒绝被支配的勇气:获得自由,重写人生脚本的心理学[M].张佳雯,译.台北:时报出版社,2016.

马克·柯里.后现代叙事理论[M].宁一中,译.北京:北京大学出版社,2003.

莫理循.清末民初政情内幕:《泰晤士报》驻北京记者 袁世凯政治顾问乔·厄·莫理循书信集(下)(1912—1920)[M].骆惠敏编.刘桂梁,邹震,张广学,等,译.上海:知识出版社,1986.

诺曼·K.邓津,伊冯娜·S.林肯.定性研究(第1卷):方法论基础[M].风笑天,等,译.重庆:重庆大学出版社,2007.

诺曼·K.邓津,伊冯娜·S.林肯.定性研究(第2卷):策略与艺术[M].风笑天,等,译.重庆:重庆大学出版社,2007.

欧文·戈夫曼.日常生活中的自我表演[M].徐江敏,译.昆明:云南人民出版社,1988.

欧文·戈夫曼.日常生活中的自我呈现[M].黄爱华,冯钢,译.杭州:浙江人民出版社,1989.

让·皮埃尔·里乌,让-弗朗索瓦·西里内利.法国文化史·卷3:启蒙与自由·十八世纪和十九世纪[M].李棣华,朱静,许光华,译.上海:华东师范大学出版社,2011.

苏珊·桑塔格.关于他人的痛苦[M].黄灿然,译.上海:上海译文出版社,2006.

威廉·C. 亨特. 广州"番鬼"录 1825-1844——缔约前"番鬼"在广州的情形[M]. 冯树铁, 译. 广州: 广东人民出版社, 1993.

(三)中文期刊类及学位论文

Ann Daly, 刘晓真. 美国现代舞大师系列之一——伊莎多拉·邓肯: 自然的身体[J]. 舞蹈, 2017(7):29-34.

"中国皇后号"首航广州 230 周年纪念活动在广州举行[J]. 城市观察, 2014(5):2.

边文锋. 清季中国向日本遣使设领考(1877-1911)[D]. 北京: 中国人民大学, 2007.

曹琰旎. 美国约书亚树国家公园环境教育介绍[J]. 地理教学, 2014(18):49-51.

陈洪典. 一帧慈禧与德龄等人的合影[J]. 紫禁城, 1987(5):26.

陈礼荣. 神秘的"德龄公主"[J]. 世纪, 2000(3):36-38.

程乃珊. 这里曾居住过中国第一家庭——上海宋家花园[J]. 建筑与文化, 2006(2):94-99.

崔倩. 外军院校校训与人才价值观培育之浅析——以美国西点军校、法国圣西尔军校为例[J]. 科教文汇(上旬刊), 2015(4):139-140.

戴叶君. 民国国内古玩贸易网络探析——以上海古玩市场为研究中心[J]. 收藏家, 2009(7):61-67.

德龄郡主大骂上海报纸[J]. 娱乐, 1935(15):376.

杜保源. 私立复旦大学(1905—1941)内部管理研究[D]. 上海: 华东师范大学, 2013.

杜骏飞. 框架效应[J]. 新闻与传播研究, 2017, 24(7):113-126.

范锦荣. 泰国华人政治参与研究[D]. 广州: 暨南大学, 2011.

傅晓莺, 张义丰, 李想. 北京山区乡村工业旅游开发的意义与对策研究——以门头沟区龙泉镇为例[J]. 安徽农业科学, 2008(6):2394-2396.

盖新亮. 常识——一个民俗学的范畴和研究向度[D]. 温州: 温州大学, 2009.

高初, 高帆, 牛畏予. 光影人生——写在高帆、牛畏予摄影回顾展开幕之际[J]. 数码摄影, 2017(7):24-26.

高峰.六国饭店：民国第一社交场[J].文史博览,2015(2):51-52.

高红霞.近代上海的天后信仰[J].安徽史学,2013(5):30-34.

戈庆勇.臧秀云格格府新主人的多彩人生[J].中华儿女,2013(1):64-66.

何静.国家级重点研究基地 华中师范大学国家文化产业研究中心[J].华中师范大学学报(人文社会科学版),2012,51(1):161.

洪崇恩.上海著名历史建筑天后宫如何走向未来[J].上海城市规划,2010(6):49-52.

黄河清.美国百老汇运作模式及其启示[D].长沙：中南大学,2011.

黄沁蕾.法兰克福学派的文化工业理论[J].社会,2001(3):28-29.

黄湘金.贵胄女学堂考论[J].北京社会科学,2009(3):59-67.

孔渊."德龄"不是公主[J].咬文嚼字,2007(12):20-21.

寇瑶,李建群."伪个性"与"游牧式的主体性"——阿多诺与费斯克"大众"观之比较[J].贵州社会科学,2014(7):11-15.

李帆.晚清时期御前女官对当权者的影响——以德龄公主为例[J].文史月刊,2012(S3):28-29.

李清华.深描民族志方法的现象学基础[J].贵州社会科学,2014(2):81-86.

李细珠.一个人与一个时代——论慈禧太后及其统治的是非功过[J].安徽史学,2014(3):5-12.

李孝迁.北京华文学校述论[J].学术研究,2014(2):108-122.

李英歌.早期好莱坞电影对海派文化的影响(1930—1949)[D].长春：东北师范大学,2016.

李永东.租界文化与三十年代文学[D].济南：山东大学,2005.

李勇刚.寻觅在历史的犄角旮旯里——访北京社科院李宝臣研究员[J].学习博览,2009(5):10.

林京.慈禧摄影史话[J].故宫博物院院刊,1988(3):82-88,100.

林庆新.创伤叙事与"不及物写作"[J].国外文学,2008(4):23-31.

林汀水.海澄之月港港考[J].中国社会经济史研究,1995(3):97-98.

刘黎平.郡主裕德龄：慈禧的个性翻译官[J].农家之友,2016(8):38,40.

刘宁元.清末北京早期女子教育的肇兴[J].北京档案,2013(9):47-49.

刘雯.对于受众研究的历史与现状发展的认识[J].今传媒,2015,23(2):134-136.

刘亚男."机械复制艺术"与"文化工业"——对比本雅明与阿多诺的大众文化观[J].理论观察,2015(11):63-64.

陆亨.共享游戏:从传播"仪式观"看网络时代的电视迷群文化[D].北京:中国人民大学,2008.

马光川,林聚任.常人方法论与科学社会学研究传统的继承创新[J].科学与社会,2015,5(1):59-71.

毛云聪.试论法兰克福学派文化工业理论的传承与嬗变[J].才智,2014(12):279-280.

孟广喆同志生平[J].焊接学报,1989(4):208.

倪婷婷.加入外籍的华人作家非母语创作的归类问题[J].江苏社会科学,2013(5):202-207.

霓裳.中国第一个女芭蕾舞蹈家——裕容龄[J].满族研究,1996(1):12.

潘忠党.架构分析:一个亟需理论澄清的领域[J].传播与社会学刊,2006(1):17-46.

庞振超,高雅.被"遗忘"的复旦校长——李登辉的高等教育理念及实践[J].黄河科技大学学报,2016,18(4):51-55.

齐仁庆.中国文化产业发展的价值取向问题研究[D].长春:东北师范大学,2012.

钱台生.满洲郡主德菱访问记[J].大上海(半月刊),1935(1):9-10.

秦瘦鸥.《御香缥缈录》中译本及作者德龄其人[J].故宫博物院院刊,1982(4):43-46.

秦瘦鸥.清宫最早的摄影家——勋龄[J].紫禁城,1982(4)5-6.

桑兵.科举、学校到学堂与中西学之争[J].学术研究,2012(3):81-96.

邵宝.清末留日学生与日本社会[D].苏州:苏州大学,2013.

沈荣国.近代中国第一留学家族——珠海唐家唐氏[J].岭南文史,

2010(4):42-51.

沈原.清末驻外使领馆始建馆舍初探[J].历史档案,2007(4):73-78.

师彦灵.论身体与创伤再现和治愈的关系[J].科学经济社会,2011,29(1):188-192.

司腾.天津鼓楼传统商业街区更新设计研究[D].北京:北京建筑大学,2014.

宋庆.外滩历史老大楼研究[D].上海:同济大学,2007.

苏平富."征兆":意识形态的创伤性内核——齐泽克意识形态理论初论[J].现代哲学,2006(4):53-58.

孙彩芹.框架理论发展35年文献综述——兼述内地框架理论发展11年的问题和建议[J].国际新闻界,2010(9):18-24.

汤力,闵小梅.裕德龄:慈禧太后的御用翻译[J].兰台世界,2014(36):127-128.

汤淑娟.老照片中的慈禧秘史[J].摄影之友,2014,(11):38-39.

唐海英.清代宫廷舞蹈家裕容龄研究[J].兰台世界,2014(7):95-96.

唐艳香.饭店与上海城市生活(1843—1949)[D].上海:复旦大学,2008.

陶东风.文化创伤与见证文学[J].当代文坛,2011(5):10-15.

陶家俊.创伤[J].外国文学,2011(4):117-125,159-160.

涂险峰,陈溪.感受"他者之痛"——维特根斯坦后期哲学视野中的创伤话语分析[J].武汉大学学报(人文科学版),2012,65(2):70-76.

王苍柏.东亚现代化视野中的华人经济网络——以泰国为例的研究[J].华侨华人历史研究,1998(3):9-33.

王琛发.张弼士:在槟榔屿神道设教的晚清官员[J].粤海风,2012(1):46-52.

王德彰.末科状元与裕容龄的婚事[J].档案天地,2007(4):23.

王均霞.常人方法论与家乡民俗学的研究策略[J].文化遗产,2010(1):101-108.

王双玲.日本大都市圈的产业转移与地域演化[D].长春:东北师范大学,2007.

王重阳.泰国普吉省华人拓荒史[J].南洋文摘,1965(6):5.

王蕾.二战后美国艺术赞助体系与美国当代艺术崛起[D].北京:中国艺术研究院,2015.

魏广振.创伤体验叙述研究[D].济南:山东师范大学,2014.

魏艳芳.共性与个性的交织——法兰克福学派大众文化批判理论的总体特征[J].淮北师范大学学报(哲学社会科学版),2016,37(1):43-46.

无鸣.艺术殿堂——巴黎歌剧院[J].北京房地产,1994(3):55.

吴飞.传播学研究的自主性反思[J].浙江大学学报(人文社会科学版),2009,39(2):121-128.

吴丽丽.上海地区妈祖信仰研究[D].上海:华东师范大学,2010.

吴亮.痛苦——文学创作的内驱力之一[J].文艺理论研究,1984(4):25-27.

夏东元.论洋务运动的经济背景和思想背景[J].上海社会科学院学术季刊,1986(3):61-71.

肖伟.论欧文·戈夫曼的框架思想[J].国际新闻界,2010(12):30-36.

谢夫.从上海和平大厦谈起——看沙逊家族在上海的冒险[J].学术月刊,1959(10):68-73.

谢喆平.百年唐氏 五代清华[J].看历史,2011(4):114-120.

兴得.清末女官——德龄[J].浙江档案,1998(3):39.

邢冬梅.自然科学的"生活世界起源"——科学的常人方法论研究[J].哲学动态,2014(1):93-99.

熊月之.近代上海跨种族婚姻与混血儿问题[J].上海大学学报(社会科学版),2010,17(4):17-26.

徐书墨.美国现代中国学教育的个案:华文学院(The College of Chinese Studies)研究(1910—1949)[D].北京:北京师范大学,2010.

徐文明.论华语电影中的清代历史表述、想象与意义生产[D].上海:上海大学,2010.

许恩.裕容龄开启近现代中西舞蹈合璧的艺术体例[J].兰台世界,2013(36):100-101.

许峰.空间视野下的"现代"上海[D].上海:上海大学,2012.

薛民,方晶刚.法兰克福学派"文化工业"理论述评[J].复旦学报(社会科学版),1996(3):93-98,105.

薛维华.中国公主:作为异国情调的中国形象[J].岱宗学刊:泰安教育学院学报,2001(2):37-41.

闫秋红.论早期海外华人作家德龄的清宫题材创作[J].满族研究,2012(1):121-124.

闫晓军,张晓凤,刘艳红,等.北京市门头沟区休闲旅游资源开发SWOT分析[J].科技和产业,2016,16(3):4-7.

杨东晓.德龄的义和团记忆[J].新世纪周刊,2007(19):82-84.

杨居让.不得不说的安吴寡妇周莹[J].唐都学刊,2010,26(5):108-110.

杨玲.权力、资本和集群:当代文化场中的明星作家——以郭敬明和最世作者群为例[J].文化研究,2012(1):3-23.

杨云,刘琦,朱婷婷.基于传统发展特色 打造全方位开放型大学——访日本筑波大学校长永田恭介[J].世界教育信息,2015,28(18):3-7.

叶祖孚.西太后御前女官裕容龄(一)[J].纵横,1999(1):51-54.

叶祖孚.西太后御前女官裕容龄(二)[J].纵横,1999(2):51-54.

叶祖孚.西太后御前女官裕容龄(三)[J].纵横,1999(3):52-56.

叶祖孚.西太后御前女官裕容龄(四)[J].纵横,1999(4):34-38.

叶祖孚.西太后御前女官裕容龄(五)[J].纵横,1999(5):47-50.

叶祖孚.西太后御前女官裕容龄(六)[J].纵横,1999(6):50-54.

叶祖孚.西太后御前女官裕容龄(七)[J].纵横,1999(7):50-53.

殷晓蓉.法兰克福学派与美国传播学[J].学术月刊,1999(2):17-22.

殷晓蓉.美国传播学受众研究的一个重要转折——关于"使用与满足说"的深层探讨[J].中州学刊,1999(5):58-61.

尤川.裕容龄:学习西方舞蹈第一人[J].文史博览,2006(9):40-42.

虞文俊.自我想象与媒体建构下的德龄公主[J].湖北师范学院学报(哲学社会科学版),2009,29(2):66-70.

裕容龄.清末舞蹈家裕容龄回忆录[J].舞蹈双月刊,1958(2):45.

袁本涛.百年学府的新生与崛起——筑波大学[J].清华大学教育研究,2003(3):88-94.

袁锐东.源自三个世纪前的宏伟构想——泰国筹划开掘克拉运河

[J]. 当代世界,2002(6):14-15.

张康之. 论后工业化进程中的个性化[J]. 武汉大学学报(人文科学版),2017,70(3):14-21.

张立波. 后殖民主义的历史背景、思想资源与理论特征[J]. 郑州轻工业学院学报(社会科学版),2004(3):38-43.

张连海. 从现代人类学到后现代人类学:演进、转向与对垒[J]. 民族研究,2013(6):50-62.

张培. 国内外拟据理论研究综述[J]. 新闻世界,2011(3):144-145.

张巧琳. 美国华人的历史与现状[J]. 衡阳师专学报(社会科学版),1987(4):13-21.

张文达. 谭家菜始末[J]. 书城,2000(5):16.

张潇扬. "生产者式"电视文本的现代性解读——基于约翰·费斯克的媒介文化研究视角[J]. 当代传播,2014(4):23-25.

张潇扬. 约翰·费斯克的媒介文化理论研究[D]. 济南:山东大学,2015.

张祖道. 女官裕容龄[J]. 中国摄影,1999(2):50-54.

赵冰. 长江流域:荆州城市空间营造[J]. 华中建筑,2011,29(5):1-4.

周定国. 巴黎地名的名人情结[J]. 百科知识,2005(17):59-60.

周林英. 爱伦·坡诗歌在华译介研究(1905—1949年间)[J]. 海峡科学,2011(2):76-79.

周冉. 中南海前身 帝王游艺在西苑[J]. 国家人文历史,2013(19):24-27.

周维新. 盛京皇宫藏品于民国时期的移迻[J]. 沈阳故宫博物院院刊,2011,(00):355-361.

周向东,李柏松. 清代宫廷舞蹈钩沉[J]. 兰台世界,2013(13):99-100.

周延. 西汉和亲研究[D]. 上海:上海师范大学,2014.

朱慧方. 东盟十国与广西旅游业格局及旅游合作路径研究[D]. 南宁:广西师范学院,2016.

朱家溍. 德龄、容龄所著书中的史实错误——《瀛台泣血记》《御香缥缈录》《清宫二年记》《清宫琐记》[J]. 故宫博物院院刊,1982(4):25-43.

朱家溍.德龄和容龄所著书的实质[J].紫禁城,1982(4):2-3.

朱升芹.晚清驻日公使与中日外交(1876—1911)[D].苏州:苏州大学,2012.

朱思潮.蝴蝶舞后裕容龄对中国近代舞蹈的影响[J].兰台世界,2013(36):108-109.

邹振环.清末的国际移民及其在近代上海文化建构中的作用[J].复旦学报(社会科学版),1997(3):49-55.

(四)中文报纸类

《御香缥缈录》广告[N].申报(汉口版),1938-01-26.

蔡辉.旧报新读:辜鸿铭炒作出来的假公主[N].北京晚报,2017-09-22.

陈礼荣.用英文写宫闱——记生于湖北的女作家德龄[N].湖北日报,2003-05-15(B04).

陈贻先.湖北三杰[N].申报,1948-02-16.

程曼丽.国际传播主体探析[N].中华新闻报,2007-05-23(C01).

慈善会中唐宝潮夫人及唐丽题徐懿德两女士合演"佛舞"之化装[N].北洋画报,1929-03-30.

德菱今日赴平[N].申报,1935-10-01.

德菱郡主抵平[N].申报,1935-10-04.

德菱郡主今日可抵平[N].益世报(北平版),1935-10-03.

德菱郡主昨晚赴津,小作勾留即赴沪,因与容龄家务旧事谈不拢[N].益世报(天津版),1935-10-14.

德龄郡主清宫谈[N].申报,1925-03-29.

德龄在北平寓居东城方家胡同其友人寓中[N].益世报(北平版),1935-10-04.

订正再版清德龄女士著秦瘦鸥译御香缥缈录[N].申报,1936-08-07.

端督廓清湖北官场败类[N].申报,1910-06-18.

高劳.清宫秘史[J].东方杂志,1912(9):3.

更正消息[N].申报,1935-06-20.

谷虚.清宫琐记[J].东方杂志,1913(9):12.

官事:江苏候补道勋龄乘新裕轮船赴京到道辞行[N].申报,1907-09-18.

郝日虹.文化产业研究应强调差异性[N].中国社会科学报,2012-12-14(A01).

洪俊杰.都叫文创园区,能让人记住的有几个[N].解放日报,2018-01-28(003).

候补道强抢妻妹之骇闻　湖北候补道馨龄[J].图画日报,1909(48):11.

沪杭线客车招商　承办茶点昨开标　徐寿臣得标[N].申报,1933-06-21.

黄华.创新载体 形成品牌[N].云南日报,2008-03-28(002).

黄永林.文化产业人才培养要解决四个"脱节"[N].光明日报,2010-03-04(010).

金戈.槟城——华人梦想开始之地[N].国际商报,2007-01-30(007).

紧要新闻[N].申报,1907-09-02.

紧要新闻[N].申报,1935-10-04.

旧官家之恶姻缘[N].申报,1913-12-31.

李好.何谓"西山"[N].北京日报,2017-06-19(01).

李金铨.美国主流传播文献的两大真空[N].中国社会科学报,2015-12-03(003).

李子君.国家文化中心建设的产业解读[N].北京商报,2011-11-18(005).

刘耿生.慈禧太后·颐和园·戊戌政变[N].中国档案报,2003-06-20(004).

刘晓春.百余年前,张之洞创办湖北高校外语教育[N].中国档案报,2016-08-26(003).

美小说家欢宴德龄公主[N].申报,1925-05-27.

女作家德菱上书痛诋溥仪 条陈收复东省计划[N].申报,1932-12-25.

普瓦敦·松巴色,姚毅.泰国南部的华人[N].中华日报,1988-03-23(12).

汽车中之德龄公主[N]. 申报,1934-10-18.

请愿声中之都门百态[N]. 申报,1915-10-18.

曲晓燕. 六家国家文化产业研究中心成立[N]. 中国文化报,2007-02-02(001).

三言两语记德菱郡主近况(上)[N]. 申报,1923-04-04.

三言两语记德菱郡主近况(下)[N]. 申报,1923-04-05.

上海官场纪事[N]. 申报,1899-08-06.

申报《自由谈·游戏文章》之"龙谈"[N]. 申报,1916-02-08.

申报广告《清宫二年记》三版出书[N]. 申报,1915-12-10.

时事要闻[N]. 大公报. 1902-10-18.

太监与宫女(下)[N]. 申报,1923-06-02.

唐宝潮夫人及其女公子丽题女士合扮观音及童子之像(服装表演会)[N]. 北洋画报,1928-03-03.

唐宝潮夫人将举行讲演 十三晚在北京饭店[N]. 大公报(天津版),1932-06-06.

汪堂家. 多义的"创伤"[N]. 中国社会科学报,2010-07-13(006).

王丹. 华中师范大学国家文化产业研究中心特聘教授范建华:实现特色小镇旅游和产业双轮驱动[N]. 云南日报,2017-07-30(007).

王海平. 南京大学国家文化产业研究中心主任顾江:当前文化产业同质化严重[N]. 21世纪经济报道,2011-10-27(006).

王宇. 发展文化产业不能再用"传统句式"[N]. 泉州晚报,2011-12-19(007).

为莘莘学子请命 唐宝潮夫人再登舞坛[N]. 益世报(天津版),1948-06-23.

新闻[N]. 申报,1895-12-18.

馨革道转押地皮之纠葛(武昌)[N]. 申报,1910-12-21.

逊清德菱郡主扮演"大地"一主角[N]. 申报,1936-03-08.

杨浩鹏. 明确文化产业理论研究的方向[N]. 中国文化报,2012-12-21(005).

杨浩鹏. 中心(基地)要办出特色办出水平[N]. 中国文化报,2012-12-13(001).

杨思梁.此德玲非彼德玲[N].中华读书报,2006-07-05.

译件:京津时报及法国报同云驻巴黎中国使臣裕庚氏之次公子 Charles Hsin-ling 聘娶法国人洋琴女教习 Professeur de Piano 为室[N]. 大公报,1902-12-04.

译件益闻[N].大公报,1903-09-19.

印度马戏于十八日上供御览　闻系裕庚之公子进献[N].顺天时报, 1903-09-29.

英语"西太后"新讯[N].申报,1927-05-11.

张俊.古城背影 沙市中山大马路(一)[N].荆州日报,2015-12-18.

赵成.习近平会见出席第九届中国—东盟博览会的东盟国家领导人 [N].人民日报,2012-09-21(001).

赵岩.寻找共识,先得在迷思之中回归常识[N].上海证券报,2014- 04-22(A08).

纸烟烟丝和入海洛英燃火吸食即可过瘾　吴纪生真害人不浅[N]. 申报,1933-11-08.

中外近事[N].大公报,1903-10-02.

周豫.融通中西以实业兴邦　为民谋福惟公正自守[N].南方日报, 2015-11-25(A22).

作者与译者的会见[N].申报,1935-10-05.

(五)中文其他类

CCTV-9 纪录片《贝家花园往事》[OL]. http://jishi. cntv. cn/spe-cial/bjhyws/index. shtml.

北京皇城保护规划[EB/OL]. http://www. bjghw. gov. cn/web/static/articles/catalog_30000/article_ff80808122dedb360122ee7d2efb003 b/ff80808122dedb360122ee7d2e fb003b. html.

贝家花园往事·第二集·异域之心:外交官与格格的秘密情史 [OL]. http://www. iqiyi. com/v_19rroh2yh4. html.

长河两岸尽古迹——石刻艺术博物馆,让石头诉说历史(一)[OL]. http://blog. sina. com. cn/s/blog_942379fd0102w4cu. html.

冯双白,茅慧.清末著名舞蹈家——裕容龄[A].北京:高等教育出版社,2010.

格格府评价[OL].大众点评网.http://m.dianping.com/shop/3297841/review_def.

辜鸿铭.中国的皇太后：一个公平的评价——辜鸿铭评德龄所著《清宫二年记》[A].桂林：广西师范大学出版社,2001.

关于馨龄的几点线索[OL].裕容龄百度贴吧.

何树青.天津："裕容龄、李平凡艺术足迹学术考察"将举行[OL].人民网,2012-12-21.

胡屏.被遗忘的女性写作——华裔美国女作家德龄（Princess Derling)个案研究[M]//艾晓明.20世纪文学与中国妇女.天津：天津人民出版社,2008.

胡翼青.论社会学芝加哥学派对传播学学科建构的历史贡献[C]//中国传播学会成立大会暨第九次全国传播学研讨会论文集,2006.

近代中国陆军留学第一人——珠海人唐宝潮[OL].http://blog.sina.com.cn/s/blog_5ddac9700100cvr0.html)

黎绍芬.我的父亲黎元洪[M]//张蓓.黎元洪 被逼梁山的泥菩萨.南京：江苏文艺出版社,2014.

刘恒岳[OL].http://baike.sogou.com/h7592146.htm? sp=l7592147.

南无.麟朗王许泗漳事略[A]//泰国福建会馆成立五十周年纪念特刊.曼谷：泰国潮州会馆,1961.

潘忠党.作为"深描"的民族志[OL].http://www.360doc.com/content/16/0904/23/4011789_588451377.shtml.

容龄,我生命的一部分[OL].http://blog.sina.com.cn/s/blog_48cf136a01017lei.html.

三十年代初期民国外交部官员[OL].http://www.360doc.com/content/12/0208/10/349878_184965043.shtml.

宋伟杰.既"远"且"近"的目光：林语堂、德龄公主、谢阁兰的北京叙事[M].北京：北京大学出版社,2005.

泰国晋江同乡会成立 陈雄财任首届会长[OL].中国新闻网 http://www.chinanews.com/zgqj/2012/11-06/4304460.shtml.

唐培垫.裕容龄——从闺阁走向世界的中国女性[M]//中国人民政治协商会议天津市委员会学习和文史资料委员会.天津文史资料选辑（总第一百○六辑）.天津：天津人民出版社,2005.

田夫.我来剥德龄公主的皮[M].北京：华夏出版社,2012.

王敏.秦瘦鸥译述德龄公主《御香缥缈录》的赞助机制[M].北京：清华大学出版社,2017.

为山东大学堂首任校长唐绍仪正名[OL].新浪博客 http://blog.sina.com.cn/s/blog_7ece0e7c0102vs9m.html.

我所知道的裕容龄（一）[OL].新浪博客 http://blog.sina.com.cn/s/blog_407691a301014o5l.html

我所知道的裕容龄（二）[OL].新浪博客 http://blog.sina.com.cn/s/blog_407691a30101aj2m.html

我所知道的裕容龄（三）[OL].新浪博客 http://blog.sina.com.cn/s/blog_407691a30102vfjj.html

我所知道的裕容龄（四）[OL].新浪博客 http://blog.sina.com.cn/s/blog_407691a30102vnpc.html

我所知道的裕容龄（五）[OL].新浪博客 http://blog.sina.com.cn/s/blog_407691a30102vnpd.html

我所知道的裕容龄（六）[OL].新浪博客 http://blog.sina.com.cn/s/blog_407691a30102vri2.html

我所知道的裕容龄（九）[OL].新浪博客 http://blog.sina.com.cn/s/blog_407691a30102wc55.html

我所知道的裕容龄（十一）[OL].新浪博客 http://blog.sina.com.cn/s/blog_407691a30102wh8e.html

武汉大学官方网站.历任领导[OL].http://www.whu.edu.cn/xxgk/lrld.htm.

许氏之子 普吉之父：普吉传奇华裔府尹许心美[OL].普吉岛新闻网 http://th.pujidaoxinwen.com/-889.php.

杨红林.混血儿德龄居然混成了"公主"[M].合肥：安徽人民出版社,2013.

芝公园［OL］.百度旅游 http://www.jpwindow.com/spot/

ShibaPark. html.

中山市人民政府地方志办公室. 中国舞蹈家协会会员［R］. 中山市人物志，2012.

周劭. 德龄公主［A］. 上海：上海书店出版社，1997.

二、英文文献

（一）英文著作类

Carl K A. With the Empress Dowager［M］. London：Century Company，1905.

Goffman E. Presentation of Self in Everyday Life［M］. Chicago：Anchor，1959.

Goffman E. Frame Analysis：An Essay on the Organization of Experience［M］. New York：Harper&Row，1974.

Grace Seton Thompson. Chinese Lanterns［M］. London：J. Lane，1924.

Han S. The Crippled Tree：China，Biography，History，Autobiography［M］. Berkeley：Putnam，1965.

Hayter-Menzies G. Imperial Masquerade：The Legend of Princess Der Ling［M］. Hong Kong：Hong Kong University Press，2008.

James Zee-Min. Chinese Potpourri［M］. Hong Kong：Oriental Publishers，1961.

Ku H. M. The Story of a Chinese Oxford Movement［M］. Shanghai：The North China Herald，1912.

La Motte E N. Peking Dust：China's Capital in World War I［M］. London：Century Company，1919.

Meyrowitz J. No Sense of Place：The Impact of Electronic Media on Social Behavior［M］. New York：Oxford University Press，1985.

Philip Van Rensselaer. Million Dollar Baby：An Intimate Portrait of Barbara Hutton［M］. Berkeley：Putnam，1979.

Princess Der Ling. Golden Phoenix ［M］. New York：Dodd

Mead，1932.

Princess Der Ling. Imperial Incense [M]. New York：Dodd Mead，1933.

Princess Der Ling. Jades and Dragons [M]. New York：Dodd Mead，1930.

Princess Der Ling. Kow Tow[M]. New York：Dodd Mead，1929.

Princess Der Ling. Lotos Petals [M]. New York：Dodd Mead，1930.

Princess Der Ling. Son of Heaven[M]. New York/ London：D. Appleton-Century，1935.

Princess Der Ling. Two Years in the Forbidden City (with a new foreword by Graham Earnshaw) [M]. Hong Kong：Earnshaw books，2010.

Princess Der Ling. Two Years in the Forbidden City[M]. New York：Moffat Yard，1911.

Princess Der Ling. Old Buddha [M]. New York：Dodd Mead，1928.

Princess Shou Shan. In Hsiang Fei：A Love Story of the Emperor Chien Lung[M]. Peiping：Yu Lien Press，1934.

Seagrave S，Seagrave P. Dragon Lady：The Life and Legend of the Last Empress of China[M]. London：Vintage，1993.

Serah Pike Conger. Letters from China，with Particular Reference to the Empress Dowager and the Women of China[M]. Chicago：A. C. Mc Clurg & Co，1909.

(二)英文报纸类

Chinese Princess on Way Here to Make Home[N]. Los Angeles Times，1929-05-27.

Died. Mrs. Elizabeth White[N]. Los Angeles Times，1944-12-04.

Fourth Avenue's Newest Improvement[N]. The New York Times. 1909-05-09.

Gossip of the Hour[N]. The Tatler，1901-07-10.

Princess Der Ling. Pu-Yi, The Puppet of Japan[N]. Saturday Evening Post，1932-04-30.

Removal to a New Store[N] . The New York Times，1894-10-11.

Thaddeus R. White 20-Year-old Son of Chinese Princess Dies of Pneumonia[N]. New York Times，1933-04-05.

The Talented Family of the Chinese Minister to France[N]. New York Times，1902-11-09.

（三）英文其他类

Bateson G. A theory of play and fantasy[J]. Psychiatric Research Reports，1972，2：39-51.

Chokchai Na-Ranong joins Omnicom Media Group Thailand as content and sponsorship head[OL]. http：//www. campaignbrief. com/asia/2016/02/chokchai-na-ranong-joins-omnic. html.

Chula Na-Ranong N[OL]. http：//www. geni. net/

Dan Lydia. The Unknown Photographer：Statement Written for the Smithsonian[J]. Freer Gallery of Art and Arthur M. Sackler Gallery Archives，1982.

Frank H. Dodd Dies[N]. The New York Times，1916-11-11.

Grant Hayter-Menzies[OL]. http：//www. geni. net/

Kittiratt Na-Ranong[OL]. Wikipedia. https：//en. wikipedia. org/wiki/Kittiratt_Na-Ranong.

Phraya Ratsadanupradit （Khaw Sim Bee Na-Rannong） Monument [OL] . http：//hk. tourismthailand. org/Attraction/Phraya-Ratsadanu-pradit-Khaw-Sim-Bee-na-Ranong-Monument-5457.

Princess Der Ling [OL]. https：//en. wikipedia. org/wiki/Princess_Der_Ling.

Shinawatra University [OL]. Wikipedia. https：//en. wikipedia. org/wiki/Shinawatra_University.

Wang Xiuyu. Review：Imperial Masquerade：The Legend of Princess Der Ling，by Grant Hayter-Menzies[J]. Journal of Historical Biography，2008，4(1).

　　Weeks W E. Decoding the Imperial Masquerade[J]. Diplomatic History，2010，21(3):467-471.

　　Wu，Shengqing. A review of the book "Imperial Masquerade: The Legend of Princess Der Ling"[A]. NAN NU—Men，Women & Gender in Early & Imperial China. 2010，12(1):164-168.

三、德文文献

　　Mühlemann G. Rezension zu: Grant Hayter-Menzies. Imperial Masquerade: The Legend of Princess Der Ling（Hong Kong 2008)[J]. Journal of Forestry Research，2011，17(1):21-24.

　　VON Prinzessin Der Ling Kuang Hsü Sohn des Himmels[M]. München: HugendubelVerlag，1936.

四、法文文献

　　Der Ling [OL]. https://fr. wikipedia. org/wiki/Der_Ling.
　　MAChine OO Roslys Dusedin[N]. Otago Witness，1904-02-17.

五、西班牙—葡萄牙文文献

　　Der Ling [OL] https://es. wikipedia. org/wiki/Der_Ling.

六、瑞典—挪威文文献

　　Der Ling [OL]. https://no. wikipedia. org/wiki/Der_Ling.

七、日文文献

　　德齢.西太后絵巻（北京巻）[M]. 実藤恵秀，訳. 東京：大東出版部.1941.

　　德齢.西太后絵巻（奉天巻）[M]. 実藤恵秀，訳. 東京：大東出版部.1941.

　　德齢.西太后秘话その恋と権勢の生涯[M]. さねとう けいしゅう，訳. 東京：東方書店,1983.

德龄. 天子光绪帝悲話[M]. 永峰すみ・野田みどり訳. 東京：株式会社東方書店,1985.

八、乌克兰文文献

Юй Дерлін [OL]. https://ja. wikipedia. org/wiki/Юй Дерлін.

九、印尼文文献

Putri Der Ling [OL]. https://id. wikipedia. org/wiki/Putri_Der_Ling.

附　录

附录 1　德龄家族人生剧本自我编码的原著媒介统计

作者	与德龄的关系	原著题目	媒介形式	主要内容
德龄	本人	*Two Years in the Forbidden City*	图书	清宫生活
		Old Buddha		清宫生活
		Kow Tow		进宫前生活
		Lotos Petals		进宫前后生活
		Jades and Dragons		北平上流社会百态
		Golden Phoenix		中国民间故事
		Imperial Incense		寻找满族的文脉
		Son of Heaven		光绪皇帝传记小说
容龄	德龄的妹妹	*In Hsiang Fei : A Love Story of the Emperor Chien Lung*	图书	电影《香妃》剧本的英文版
		清宫琐记（口述）		清宫生活
		御香缥缈录·序◇容龄郡主为本刊作	图书序言	澄清书中的虚实，但结合容龄当时的处境以及秦瘦鸥所说的修改来看，她当时说的那些未必是真心话
		容龄郡主后序		自己的感想
容龄	德龄的妹妹	清末舞蹈家裕容龄回忆录（口述）	杂志文章	回忆舞蹈生涯
		题目不详	报纸文章	反对中国实行共和制

续表

作者	与德龄的关系	原著题目	媒介形式	主要内容
勋龄	德龄的哥哥	宫廷生活之回忆——《御香缥缈录》代跋	图书序言	回忆清宫生活片段
唐丽题	德龄的外甥女，德龄妹妹容龄的养女	*The Unknown Photographer: Statement Written for the Smithsonian*	杂志文章	回忆姨妈德龄与母亲、大伯的家庭生活
库猜·那拉廊	德龄的外甥女婿	*Memorandum*	图书	回忆在中国展开的支援泰国抗日的自由泰运动
唐培堃	德龄妹夫的侄孙	芭蕾舞蹈家裕容龄及其丈夫唐宝潮	杂志文章	回忆容龄和唐宝潮的生平，但主要是历史学者帮他整理，借他的口来说的，一手信息极少
		裕容龄——从闺阁走向世界的中国女性	杂志文章	回忆容龄的生平，但同样存在上述问题

附录 2　德龄家族自我呈现的实景媒介统计

国家	地理位置	自然人文地理的媒介特性		与德龄家族的关系
中国	辽宁省沈阳市	沈阳故宫博物院		清朝入关前德龄父系徐氏家族的祖籍
	河北省唐山市玉田县东关	京东旗人聚居遗迹		清朝入关后德龄父系徐氏家族的祖籍
	北京市	皇宫御苑	颐和园	德龄家族重要的政治和外交舞台
			紫禁城	
			西苑三海	
		北京饭店		德龄妹妹容龄民国期间重要社交场所
		国子监		德龄父亲裕庚受教育和入仕的开始
		石刻艺术博物馆		有块石碑寄寓着民间对德龄改变中国女子教育的愿望
		东城区朝阳门内大街 81 号院，又名京城 81 号、朝内 81 号		美国加州大学中国分院旧址，德龄定居美国前曾在这里为来华的外国人提供语言和文化教育
		北京西山文化带	门头沟煤矿	德龄丈夫怀特曾任门头沟煤矿经理
			贝家花园	德龄妹妹容龄民国期间重要社交场所
			清华大学	德龄妹夫族叔唐国安任首任校长
			燕山德龄公主墓	官方宣称墓主为德龄公主与其丈夫唐宝潮合葬墓，唐宝潮其实是德龄妹夫
		东交民巷中的六国饭店		德龄夫妇民国期间重要社交场所
		皇城根遗址公园	欧美同学会	德龄妹妹容龄是创始人
			东城区东皇根南街 48 号	德龄妹妹容龄的故居

续表

国家	地理位置	自然人文地理的媒介特性	与德龄家族的关系
中国	天津市	格格府	传说为德龄故居,逃婚出宫居住于此
	上海市	上海公共租界的西摩路	德龄亲口说的故居
		上海兰心大剧院(又名卡尔登剧院)	德龄与蒋介石的英文教师、好莱坞当红影星李时敏在此上演自编自导的英文戏
		和平饭店(又名沙逊大厦,华懋饭店)	德龄1935年回国时下榻在此长达一周时间,采访她的中外记者络绎不绝
		广东路古玩市场	德龄丈夫在此有房产,做古玩生意
		复旦大学	德龄妹夫的叔叔唐绍仪曾担任校董,并与南洋华侨是亲家,奠定了南洋华侨对复旦大学经济资助和学术交流的历史渊源
		天后宫	德龄父亲任清廷驻日公使前的行辕
	湖北省	荆州市沙市区	传说为德龄故居,童年短暂住在沙市
		武汉大学(自强学堂遗址)	德龄弟弟馨龄任自强学堂监督(校长)
	广东省	广州市十三行遗址	德龄外公是最早来华的美国商人,娶了广州女子为妻,即德龄外婆是广州人
		珠海市唐家湾	德龄妹夫唐宝潮唐氏家族故乡
	澳门特别行政区	清朝中期来华美国商人聚居处	德龄外公来华娶妻生子后,德龄外婆和母亲居住在此
	香港特别行政区		德龄一家使日途中受到港督接见

国家	地理位置		自然人文地理的媒介特性	与德龄家族的关系
中国	台湾省		台北市	德龄父亲甲午战争期间驻台任清廷兵部侍郎,德龄弟弟的儿子 1949 年溺亡于台北
	福建省		漳州龙海市海澄镇	德龄外甥女婿那拉廊家族的中国祖籍,中文姓许
	江苏省		盐城市	德龄爷爷联瑛同治年间任盐城知县
	新疆维吾尔自治区		乌鲁木齐市	德龄父亲裕庚任英果敏下属
	安徽省		各地	德龄父亲裕庚任英果敏幕僚
				裕庚随李鸿章幕僚辗转安徽各地剿灭捻军和太平军,华洋联手擒获太平天国重要将领陈玉成,获封二品衔
马来西亚	槟城		乔治城	德龄外甥女婿祖先许泗漳初到南洋的谋生地,后成为中马泰的跨国望族
泰国	拉廊府		克拉地峡	许氏家族发迹地,成为泰国世袭贵族
	普吉府		普吉岛	那拉廊家族第二代许沁美推动现代化
	曼谷市		大皇宫	那拉廊家族受到泰国皇室高度信任
			朱拉隆功大学	德龄外甥女唐丽题嫁入那拉廊家族后的工作地点
			泰国法政大学	
			法国新闻社曼谷分部	
日本	东京都		天皇皇宫	德龄被日本天皇邀请参观皇宫中的游园会并受到天皇夫妇的握手接见
			霞关官厅街	德龄一家驻日时清廷驻日公使馆所在地点

续表

国家	地理位置	自然人文地理的媒介特性		与德龄家族的关系
日本	东京都	芝公园红叶馆		清廷驻日公使馆的官方招待所,德龄妹妹容龄舞蹈生涯开始的地方
		筑波大学		在德龄父亲裕庚的一手促成下,开中国近代学生留日之先河
法国	巴黎	奥什大街		德龄一家驻法时清廷驻法公使馆所在地
		法国爱丽舍宫		法国爱丽舍宫总统府接见瑞典国王的仪式上得到瑞典国王 Oscar 的握手和鞠躬称赞"你是我所遇到的第一个中国姑娘"的为中国争光的时刻
		塞纳河畔		德龄的法国弟媳的出生地
		法国圣心女子学院		德龄在法国就读的学校
		巴黎歌剧院		德龄妹妹容龄接受芭蕾舞教育和演出,在西方引起轰动
		法国芭蕾音乐舞蹈学院		
		法国圣西尔军校		德龄哥哥勋龄和妹夫唐宝潮就读的学校
美国	马萨诸塞州波士顿市	剑桥城	哈佛大学	德龄外甥女婿在此获得硕士学位,侄女在此获得博士学位
			拉德克利夫学院	德龄外甥女在此获得硕士学位
		波士顿港萨福克县(Suffolk County)		德龄外祖父约翰的祖籍,德龄儿子雷蒙德的墓地
	纽约州	长岛萨格港(Sag Harbor)		德龄丈夫怀特的出生地和墓地
		西点军校		德龄儿子就读的大学
		曼哈顿		德龄儿子逝世地,德龄为百老汇写剧本,其小说具有典型的维多利亚风格

国家	地理位置	自然人文地理的媒介特性		与德龄家族的关系
美国	加利福尼亚州	洛杉矶	约书亚树国家公园	德龄丈夫是这里的矿场老板并与德龄住在这里的别墅
			好莱坞	德龄丈夫投资电影公司支持德龄在海外传播清宫文化的事业
			洛杉矶退役军人事务部	为失去独子和妻子的德龄丈夫操办葬礼
		旧金山唐人街		德龄深入码头和纺织厂一线看望在美华工,被美国议会指定为中国平民救济委员会主席,发起为支援中国抗日捐财捐物的"一碗饭运动"
		加利福尼亚大学伯克利分校	校园南大门	德龄被撞身亡地点
			钟声教堂	德龄丈夫去世前存放德龄骨灰的地方
			奥克兰公墓	德龄丈夫年迈后把德龄葬于此
	哥伦比亚特区华盛顿市	美利坚大学国际服务学院、华盛顿法学院		德龄外甥女婿后的工作地点
	威斯康星州	威斯康星大学麦迪逊分校		
	夏威夷州	夏威夷群岛美西战争遗址		
	波多黎各自治邦	美西战争遗址		德龄丈夫参与的美西战争遗址
	关岛	美西战争后西班牙割让关岛成为美国海外领地		
英国	苏格兰			德龄丈夫的母亲祖籍
	谢菲尔德大学贝内特学院			德龄外甥女本科就读于该校
加拿大	卡尔顿大学			德龄外甥女婿后的工作地点
菲律宾	马尼拉			德龄丈夫参与的美西战争遗址

续表

国家	地理位置	自然人文地理的媒介特性	与德龄家族的关系
西班牙	马德里		德龄随父亲裕庚驻法时一家六口游欧洲的足迹
意大利	罗马		
德国	柏林		
俄国	彼得格勒州圣彼得堡		

附录 3　德龄家族自我呈现的录像媒介统计

姓名	关系	录像媒介内容	来源	录像媒介数量	形式	特征
德龄	本人	演讲	新浪视频网站	1 段，2 分钟	视频	身着清宫服饰在美国用中英文进行演讲
		清宫中穿宫廷旗服	原著	25 张	照片	皮肤雪白，与慈禧太后关系亲密。刚进宫时苗条清秀，久了两姐妹都变得很胖。德龄说是因为慈禧太后总赏赐很多食物，非要看着她们吃下去不可
		在欧洲穿低胸晚装	原著	1 张		穿着西化，俨然是欧洲白人
		摄影棚里穿旗服	网络，真实的具体出处不详	20 张		穿着高贵，深目高鼻，年轻时瓜子脸，大眼睛，身材苗条，年纪大了以后有些发胖，总是笑得很爽朗，个性直爽
		与妹妹容龄在地毯上穿和服	丘拉·那拉廊	1 张		看起来像日本人，气质含蓄温柔
		在生活中穿欧洲中世纪贵族洋装	当时的中外报纸	3 张		看起来很西化，穿着华丽，像西方童话中的公主
		在生活中穿现代西服	当时的中外报纸杂志	5 张		看起来很西化，穿着简单舒适，像现代人
		笔迹		1 张		签名 Princess Der Ling，德龄卖书时举行签售会，会有很多书迷慕名而来
		结合书中情节手绘的插图	原著	24 张		秦瘦鸥说是德龄闺密林女士画的插图，但看原著插图者的名字并不是林女士。插图无疑是德龄精心挑选的，认为画得很符合自己的心意，她在原著序言中对插图作者致谢

续表

姓名	关系	录像媒介内容	来源	录像媒介数量	形式	特征
容龄	德龄的妹妹	在宫中的屏风后面身着御前女官服	原著	1张	照片	证明了德龄姐妹确实是慈禧太后的御前女官的身份，可以在屏风后听政
		与宫眷合影	原著	2张		容龄没有与慈禧太后单独的合影，似乎不敢表现自己
		现代舞	舞蹈史研究者刘青弋说这些照片是采访容龄时赠予他们发表的	2张		在法国表演时的照片，穿着大胆前卫，一张是扮演蝴蝶仙子，一张是跳希腊舞，身材曼妙
		古典舞		6张		瓜子脸，长相标致，扮相和动作极富中国传统文化韵味，兼具西方芭蕾舞的优雅
		剑舞	法国大使馆和美国大使馆都有收藏	1段，3分钟	视频	穿着打扮和舞姿都像京剧，推测是受梅兰芳热的影响，拍摄这段电影想进军好莱坞
		笔迹	丘拉·那拉廊	1张		在给唐丽题的家书中自称老太太
			叶祖孚	1张		容龄自我生平介绍
			网友"枫影斜渡"的博客，自称曾任中国驻法国外交官	1张		容龄在清宫期间发给日本求助密电
		吸烟的照片		1张	照片	住处陈设高雅，姿态优雅
		在日式房屋内用日本人的跪姿穿着日本和服	丘拉·那拉廊	1张		宛如一位日本名媛
		新中国成立后的工作照	容龄好友漆运钧的外甥	1张		经过精心打扮，很注意形象
		穿黑色高领金丝绒外衣	张祖道	4张		始终微微地昂着头，在当时都是工农兵打扮的人中格外出众
		穿旗袍弹琵琶	瑞士记者瓦尔特·博萨特	6张		容龄擅长演奏多种乐器，受过良好的艺术教育，被瑞士记者誉为"末路仍贵族"

姓名	关系	录像媒介内容	来源	录像媒介数量	形式	特征
勋龄	德龄的二哥	身着军装,头戴花翎清朝军帽	网友"枫影斜渡"的博客,该网友自称曾任中国驻法国外交官	1张		深目高鼻,典型的白人长相,风度翩翩,宛如旧式的谦谦君子,和德龄书中描写的差不多
馨龄	德龄的弟弟	穿着清朝官服,都是结婚照	丘拉·那拉廊	3张		笑起来坏坏的,看起来有点玩世不恭,因为是家中幼子,个性比较放纵。但照片中的动作很绅士,体现出良好的家教
		与哥哥勋龄在法国蒙休公园骑马照	丘拉·那拉廊	1张		比较远,看不清脸,骑着西方的高头大马,看上去很悠闲、很自在
裕庚	德龄的父亲	全家合影	网友"枫影斜渡"的博客,自称曾任中国驻法国外交官	2张		因为生病,显得身体虚弱
		独照		1张		和德龄书中描写的差不多
		笔迹		1张		字迹俊秀,刚毅
路易莎	德龄的母亲	穿着清朝旗装独照	网友"枫影斜渡"的博客,自称曾任中国驻法国外交官	1张	照片	深目高鼻的白种人长相,穿着旗服还是像西方人,因此被当时的中国人视为异类
		在清宫中照看德龄姐妹并与慈禧、宫眷合影		3张		剑眉星目,正如传说中的看上去比较理性、彪悍,有男子风范,对德龄的父亲裕庚施行"妻管严",裕庚对她言听计从,这一点常被大男子主义的中国人笑话
怀特	德龄丈夫	都是与德龄拥抱的照片	格兰特的传记	1张		长得高高瘦瘦,穿着西装,仪表堂堂,无论是面部表情还是肢体语言都显得对德龄很宠溺
			华夏国拍2013秋拍卖会,影像专场	1张		
雷蒙德	德龄的儿子	德龄抱着4岁的雷蒙德	美国报纸	1张		长得很俊秀,活泼可爱
唐丽题	德龄的外甥女	童年随容龄出席各种慈善演出的舞台照	民国报纸	3张		圆脸大眼,娃娃头,长相甜美

续表

姓名	关系	录像媒介内容	来源	录像媒介数量	形式	特征
唐丽题	德龄的外甥女	大学毕业照和中老年的生活照	丘拉·那拉廊	7张		正如韩素音描写的，长着一张永远不会显出悲伤的脸，大学毕业时意气风发，婚后在泰国的花园里穿着清宫服饰宣传清宫文化，老年生日吹蛋糕上的蜡烛显得很幸福、很满足
		回北京探视容龄时的留影	容龄好友漆运钧的外甥	1张		一反常态地不施粉黛，衣着随意，眼角和嘴角耷拉，显得无精打采、很憔悴
		任民国外交部交际员时的照片	网络，真实的具体出处不详	1张		那时还是刚刚接触社会的少女，才华横溢，家世显赫，看上去相当自信
库克·那拉廊	德龄的外甥女婿	少年	丘拉·那拉廊	1张	照片	穿着西式风衣，在海上乘风破浪
		青年		2张		穿着西装，眼神明亮，有领袖风范
		中老年与妻子唐丽题和后代的合影		3张		重视生育，子女众多，是个慈父
		许泗漳（中国祖先）		1张		穿着中国传统服饰，表情威严
		许沁美（叔祖）		1张		穿着将军军装，强势，充满魄力
		许沁广（爷爷）		1张		穿着中国传统服饰，留着八字胡
		许文远（父亲）		2张		穿着军装，胸前佩戴着很多勋章，身份高贵，是一位英雄
		库猜·那拉廊（后代）	泰国报纸电子版	1张		长得非常像库克，年轻帅气，笑容明亮
唐宝潮	德龄的妹夫	穿着军装	丘拉·那拉廊	5张		不苟言笑，表情严肃
		穿着传统清朝服饰		2张		
		笔迹		1张		在给女儿的家书中意外地流露出温柔，自称 Daddy 安慰她

后　记

这本个人处女作是我在浙江大学读博期间取得的阶段性研究成果。从选题到成书长达七年的时间中,我由二十多岁变成了三十多岁,有很多对笔者给予帮助的人需要感谢。

首先是我的博士导师李杰(思屈)教授。李杰(思屈)教授非常支持我做这个选题的研究,并且以自己曾做过冰心研究的经历和季羡林老师对他的指导经验告诉我,研究德龄家族一定要从原著出发,不要被翻译的版本和别人的评论左右。他要求我一定要搜全了德龄的全部英文原著才可以开始研究。为了做到这一点,我曾经求助于浙江大学图书馆,但海外传递文献既慢又是按字数计算的,非常昂贵,于是我在没有任何研究经费支持的情况下,下决心自己买,一买就一发不可收,买了很多相关的外文旧书和文言文古书,堆满了半个书柜,前后总共花了三万余元,我也就此不回头地扎进了研究德龄家族的深海。在研究过程中,李杰教授对我的指导意见不仅受用于本书的写作,也受用于我今后的研究生涯。

我不放过资料中任何一个地名、人名的线索,而且总试图联系相关的研究者和德龄家族的后人,以获得更多的资料。其中,对我帮助最大的是葛洲坝集团企业文化部的陈万华先生和在美国的德龄家族的后人Chula Na-Ranong。陈先生在百忙之中,慷慨无私地给我提供他自己珍藏的一手资料,并耐心地跟我探讨德龄家族的细节。本书中引用了不少

他的观点和材料,更重要的是他给我的启发和鼓励。Chula Na-Ranong
则是在很多人试图联系他获取德龄家族资料他都不轻易回应的情况下,
对我的回应特别及时和详细。作为德龄的曾孙,能将这些珍贵的一手资
料保存至今实属不易。若非有心,恐怕早已失传。他对他家人的这份真
挚的爱,让我感受到了史料中所蕴含的感情温度,因此,我才能穿越德龄
家族的外在形象,深入各种细节中。可惜目前还不具备对他进一步进行
深访的条件和机遇。

　　我还要对美国纽约州立大学布法罗分校教授洪浚浩,美国威斯康星
大学传播艺术系教授潘忠党,浙江大学的韦路教授、邵培仁教授、吴飞教
授、王小松教授、庞继贤教授、施旭教授、沈弘教授、吴宗杰教授等诸位恩
师,给我宝贵机会赴台湾政治大学传播学院交流的老师们,我亲爱的舍
友张佳佳和吕玮同学,以及给我诸多关怀和帮助的诸葛达维、许咏喻、姜
剑等同学,帮助我翻译德语和法语等研究资料的浙江大学外语学院师
生,在日本读博研究日本中古史的学妹黄申龙,以及一直为我付出巨大
经济和情感支持的、我一生最爱的家人表示最真挚的感谢。

　　在本书的出版过程中,吴伟伟等多位编辑对本书提出了大量宝贵的
修改意见,付出了很多辛勤的努力,这本书也凝聚了他们的心血,在此致
以衷心地感谢。虽然已经尽了全力,但由于受研究条件所限,研究过程
中仍然留下了不少的遗憾,再加上自身水平有限,错漏在所难免,不当之
处还请各位读者批评指正,允许经验不足的我获得进一步成长的空间。

图书在版编目(CIP)数据

家族:一个传播研究的视角 / 黄柳菱著. —杭州:
浙江大学出版社,2020.11
ISBN 978-7-308-20585-6

Ⅰ.①家… Ⅱ.①黄… Ⅲ.①德龄(约 1884—1944)—
家族—研究 Ⅳ.①K837.125.6②K837.120.9

中国版本图书馆 CIP 数据核字(2020)第 171908 号

家族:一个传播研究的视角

黄柳菱 著

责任编辑	马一萍　吴伟伟
责任校对	张振华　许艺涛
封面设计	雷建军
出版发行	浙江大学出版社
	(杭州市天目山路 148 号　邮政编码 310007)
	(网址:http://www.zjupress.com)
排　　版	浙江时代出版服务有限公司
印　　刷	浙江新华数码印务有限公司
开　　本	710mm×1000mm　1/16
印　　张	12.5
插　　页	4
字　　数	198 千
版 印 次	2020 年 11 月第 1 版　2020 年 11 月第 1 次印刷
书　　号	ISBN 978-7-308-20585-6
定　　价	68.00 元